Livro das energias e da criação

A base energética da criação

Inspirado por Pai Benedito de Aruanda
Psicografado por Rubens Saraceni

Livro das energias e da criação

A base energética da criação

MADRAS

© 2025, Madras Editora Ltda.

Editor:
Wagner Veneziani Costa (*in memoriam*)

Produção e Capa:
Equipe Técnica Madras

Revisão:
Silvia Massimini Felix

Dados Internacionais de Catalogação na Publicação (CIP)
(Câmara Brasileira do Livro, SP, Brasil)

Aruanda, Pai Benedito de (Espírito).
Livro das energias e da criação: a base enérgica da criação/ inspirado por Pai Benedito de Aruanda; psicografado por Rubens Saraceni. – São Paulo: Madras, 2025.

ISBN 978-85-370-0558-3

3 ed

1. Criação 2. Espiritismo 3. Psicografia 4. Umbanda (Culto) I. Saraceni, Rubens. II. Título.

09-12410   CDD-133.93

Índices para catálogo sistemático:

1. Umbanda: Criação: Mensagens mediúnicas psicografadas: Espiritismo 133.93

É proibida a reprodução total ou parcial desta obra, de qualquer forma ou por qualquer meio eletrônico, mecânico, inclusive por meio de processos xerográficos, incluindo ainda o uso da internet, sem a permissão expressa da Madras Editora, na pessoa de seu editor (Lei nº 9.610, de 19.2.98).

Todos os direitos desta edição, em língua portuguesa, reservados pela

MADRAS EDITORA LTDA.
Rua Paulo Gonçalves, 88 – Santana
CEP: 02403-020 – São Paulo/SP
Tel.: (11) 2281-5555 – (11) 98128-7754
www.madras.com.br

Leitura para uma Reflexão Inicial	9
A Vida em Suas Múltiplas Formas	9
Aviso do Médium Psicógrafo	12
Uma "Visão" Energética da Criação de Deus	14
Apresentação	15
Esclarecimentos	18
Aviso ao Leitor	21
Energia	23
O que é Energia?	28
A Energia Divina (Primeira Parte)	32
A Energia Divina (Segunda Parte)	35
A Energia Divina (Terceira Parte)	40
Os Fatores Divinos	45
Os Fatores e os Tronos de Deus	49
Os Fatores Imanentes	51
Os Fatores de Deus	61
As Funções dos Fatores Divinos	70
Fatores Universais	70
Fatores Cósmicos	74
Ligações Fatorais	76
Fatores Positivos	78
Fatores Negativos	92
Fatores Neutros	100

Fatores com Duplas Funções ou Bipolarizados 103
Fatores Tripolares.. 106
Outros Fatores 112
Os "Magnetismos" 113
As Vibrações Vivas e Divinas 120
As Ondas Vibratórias... 129
As Ondas Vibratórias (2).. 149
    A Base da Criação 149
    As Formas das Ondas Vibratórias.................................. 152
    Ondas Vibratórias Fatorais 153
As Sete Vibrações Divinas.. 162
    Vibração 162
As Ondas Vibratórias em nosso Planeta................................ 165
O Mistério dos Símbolos 170
Ondas Vibratórias – Símbolos – Signos – Telas.................... 175
    Ondas Vibratórias... 175
    Símbolos 176
    Signos 176
    Telas... 177
As Irradiações Divinas... 180
    Irradiações Divinas... 181
O Mistério das Fitas 192
    Nota Explicativa 194
As Correntes Eletromagnéticas... 195
As Irradiações Planetárias.. 200
As Correntes Eletromagnéticas Planetárias 202
As Dimensões Planetárias da Vida....................................... 204
Os Sete Estados da Energia.. 208
    Primeiro Estado da Energia: Fatoral............................. 208
    As Estrelas Mentais da Vida... 210
    Segundo Estado da Energia: Essencial 214
    Terceiro Estado da Energia: Elemental 215
    Quarto Estado da Energia: Dual ou bielemental 219
    Quinto Estado da Energia: Tripolar ou trienergético........ 220

Índice

Sexto Estado da Energia: Natural ou polienergético 220
Resumo dos Comentários sobre as Energias 222
Comentários sobre o Universo 224
Os Átomos: A Energia "Materializada" 225
A Energia Divina no Macrocosmo 229
    Energia Divina 229
    Energia Universal 231
    Energia Cósmica 231
    Energia Estelar 232
    Energias Galácticas 234
    Energias Elementais Planetárias 235
Qualificação dos Padrões Energéticos Elementais 240
Energia Divina Elemental 244
Comentários Complementares: Divindades de Deus e as Energias 246
Divindades da Natureza 248
As Divindades Energéticas e as Mentais 254
Os Tronos de Deus 257
    Os Tronos de Deus 258
Energia-fator 262
Comentário sobre a Hereditariedade Divina dos Seres 266
A Hereditariedade Divina dos Seres 269
Os Fatores de Deus e os Seres 272
    Os Ácidos Nucleicos 272
    A Energia Divina 272
As Funções de um Fator e sua Forma 278
Divindades de Deus, Seres Divinos, Seres Naturais e Seres Espirituais 283
O Verbo Divino 288
Escrita Mágica Divina 290
Os Espíritos e as Energias 293
O Mistério dos Cordões Energéticos 296
O Mistério das Fontes Mentais Geradoras e Ativadoras 302

O Mistério das Fontes Naturais Geradoras de Energias e das
Correntes Eletromagnéticas 307
O Mistério das Fontes Vivas Geradoras de Energias 312
O Mistério das Formas Plasmadas 315
Comentário Final sobre as Energias Vivas e Divinas 318

Leitura para uma Reflexão Inicial

A Vida em Suas Múltiplas Formas

Vida: 1. Estado de atividade funcional, comum aos animais e aos vegetais;
    2. Existência;
    3. Tempo que decorre entre o nascimento e a morte;
    4. Maneira de vi ver;
    5. Conjunto de hábitos, de costumes.

– Quem ainda não refletiu sobre a vida e sua própria vida?

– A maioria!, é a resposta, sendo que uns pensam em como melhorar sua saúde; outros, em melhorar seus hábitos; outros, em melhorar seus ganhos e estado financeiro; outros, sobre seus relacionamentos, etc.

Enfim, todos os seres humanos pensam sobre a vida em algum(ns) momento(s) de sua existência.

Só que aqui não vamos comentar sobre as condições de vida das pessoas e sim, vamos comentar um dos maiores mistérios de Deus, que é a vida em si mesma e as múltiplas for mas em que ela se mostra.

– Observando a vida no plano material aqui no planeta Terra, vemos esse mistério mostrando-se em nós, nos bichos, nos insetos, nos micro-organismos, nas plantas, etc.

Cada forma tem seus meios de multiplicar-se, de viver, de adaptar-se aos meios físicos e de sobreviver em meio à adversidade climática.

Se pensarmos ou meditarmos sobre o mistério da vida só a partir da espécie humana, já temos motivos para nos admirarmos com a grandeza criacionista do nosso Divino Criador.

Mas, se expandirmos nosso horizonte de observação e contemplarmos as outras formas onde ela está presente, então veremos que o mistério criador de Deus transcende tudo o que imaginarmos porque Ele é inesgotável na sua criatividade e é capaz de pensar formas que fogem à nossa imaginação, por mais criativos que sejamos.

Por mais que os biólogos já tenham pesquisado, de tempo em tempo algum está descobrindo uma nova espécie de inseto, ou de anfíbio, de réptil, etc.

Apesar de já terem catalogado milhares de espécies de plantas, de vez em quando uma nova é descoberta.

Com os micro-organismos o mesmo acontece.

E todas as espécies ou "formas de vida" têm seus mecanismos próprios para se reproduzir e para se manter vivos, extraindo do meio onde vivem sua alimentação energética material ou biológica.

Todas as espécies precisam de uma alimentação básica e específica de cada uma delas, demonstrando-nos a grandeza divina que tanto pensou-as quanto aos meios onde viverem e nas alimentações energéticas sustentadoras da "vida" delas.

Sabemos que no lado material tudo é formado a partir dos átomos, a unidade básica da matéria.

Também sabemos que as células, que são a unidade básica do corpo humano (e do "corpo" das outras formas de vida), são formadas por átomos.

Assim como sabemos que as "matérias" inanimadas também são formadas por átomos.

Aqui chegamos ao ponto de reflexão, pois o mesmo tipo de átomo que formou o minério de ferro está presente no corpo humano como vitamina indispensável à sua sobrevivência, "alimentando-o" energeticamente.

Refletindo sobre isso chegamos à conclusão de que a criação divina é um todo interdependente e que os meios existem para sustentarem a vida em seu sentido mais amplo, que engloba todas as "formas de vida", com todas necessitando de algum tipo de alimentação energética para viver.

Independentemente do que acontece com cada forma de vida após o fim do seu ciclo no plano material, o espírito humano sobrevive à morte do corpo carnal e passa a viver no plano espiritual da criação, onde não existem átomos e sim, existe energia etérea alimentadora do corpo plasmático ou corpo energético.

A "vida" continuou a animar o ser espiritual que sobreviveu à morte do corpo carnal e, em seu sentido mais amplo, proporciona-lhe um meio onde possa viver em outro estado e ter nele seus novos alimentadores energéticos, que não são formados por átomos, mas sim por um novo estado da energia viva e divina emanada pelo nosso Divino Criador.

E, por mais que o espírito humano evolua e alcance outros níveis da criação, novos meios e novas formas de alimentação energética estarão à sua disposição para que continue a "viver sua vida", mistério esse recebido de Deus no momento em que foi criado por Ele.

No momento em que o ser foi criado, dali em diante precisou de algum tipo de alimentação energética e nunca mais prescindiu desse recurso mantenedor da vida.

Esperamos que com essa reflexão inicial o amigo leitor interesse-se de fato pela leitura deste *Livro das Energias e da Criação* e conheça por meio dos nossos comentários a base energética da criação, toda ela criada por Deus para que possamos viver "nossa vida" como melhor nos aprouver.

Aviso do Médium Psicógrafo

Amigo leitor, deste *Livro das Energias Vivas e Divinas* eu já retirei vários comentários e os desdobrei em outros livros, tais como:

Gênese Divina de Umbanda Sagrada
Código de Umbanda Sagrada
Iniciação à Escrita Mágica Simbólica
Código da Escrita Mágica Simbólica
Tratado de Escrita Mágica Simbólica
A Magia Divina dos Sete Símbolos Sagrados
E mais alguns outros.

Na *Gênese Divina de Umbanda* encontrarão o que daqui foi retirado e desdobrado junto com o Mistério dos Tronos de Deus, seus fatores, seus magnetismos e suas irradiações divinas.

Nos livros sobre a *Escrita Mágica Simbólica* encontrarão os comentários que foram retirados daqui e desdobrados junto com a simbologia divina gerada pelos fatores, pelos magnetismos e pelas vibrações divinas.

No *Código de Umbanda* desdobramos as sete irradiações divinas e as demonstramos como "As Sete Linhas de Umbanda Sag rada".

No livro *A Magia Divina dos Sete Símbolos Sagrados* desdobramos as ondas vibratórias e a partir de algumas delas criamos 31.233 símbolos sagrados, assim como nos livros de escrita mágica fundamentamos a "magia riscada" da Umbanda e demonstramos de forma clara e definitiva de onde provêm os símbolos e os signos mágicos usados desde os primórdios da humanidade.

E, tal como um dia a humanidade (Isaac Newton) descobriu a força gravitacional e explicou a "lei da gravidade"; e, tal como um dia Albert Einstein descobriu a equação correta que fundamentou sua "teoria da relatividade geral"; e tal como os pesquisadores da "física quântica" estão no limiar de importantes descobertas que certamente surpreenderão a humanidade, nós aqui estamos fazendo algo análogo, ainda que restrito ao lado espiritual e ao lado divino da criação, descrevendo com minúcia e detalhadamente os mistérios energéticos básicos da criação divina.

E, ainda que nossos comentários tenham um sutil fundo religioso, no entanto, aqui neste livro, os colocamos de forma neutra e sem questionarmos o que outros autores inspirados já escreveram sobre a Gênese.

Que cada um descreva-a segundo seu entendimento e sua compreensão acerca do nosso Divino Criador.

Mas recomendamos ao nosso leitor que avance na leitura deste nosso *Livro das Energias Vivas e Divinas* e depois leia os outros livros já citados e os que citaremos e recomendaremos mais adiante quando abordarmos outros aspectos ou "estados" da energia viva e divina emanada por Deus.

Uma "Visão" Energética da Criação de Deus

Muitas foram as tentativas ou teorias para explicar Deus a partir do nosso entendimento humano, sendo que cada uma atendeu ou ainda atende às necessidades evolucionistas de determinados grupos de pessoas. Mas todas guardam entre si uma semelhança, porque O colocam como o início e a origem de tudo e de todos.

A par de todas as teorias sobre Deus, aqui vamos desenvolver nossos comentários a partir do seu lado "energético".

Sabemos muito bem que Ele transcende tudo o que possamos imaginar porque é o Criador e nós somos suas criações mas, tão valida quanto suas outras interpretações, esta também é, ainda que limitada ao seu aspecto "energético" ou geracionista.

– Deus é o amor?

Ótimo, pois o sentimento de amor vibrado por alguém emite ondas vibratórias saturadas e transportadoras dos fatores divinos associados ao amor.

– Deus é a fé?

Ótimo, pois o sentimento de fé vibrado por alguém emite ondas vibratórias saturadas e transportadoras dos fatores divinos associados à fé.

Na verdade, o aspecto energético de Deus é uma base bem racional de discussão sobre Ele e sua existência, porque na criação tudo vibra e ressona nas telas vibratórias mentais divinas, cujas ondas originais e realizadoras partem do mental divino, que é Deus, irradiando-se e dando origem e sustentação a tudo o que criou.

E tudo isso, essas ir radiações divinas, são energéticas.

Apresentação

O título *Livro das Energias e da Criação* explica-se porque nele a criação divina é abordada a partir do seu aspecto energético.

Várias são as formas de descrição da criação e todas são válidas se servirem para incutir na mente do leitor a necessidade de reflexão para uma maior compreensão de Deus e de sua onipresença em nossa vida e no universo material onde atualmente cumprimos mais uma etapa da nossa evolução.

Este livro é o resultado de uma compilação dos estudos realizados em planos superiores da criação, em seu lado espiritual, onde espíritos detentores de um elevadíssimo grau de conhecimento sobre "energias" desenvolvem estudos profundos sobre elas, desde suas emanações divinas até suas concretizações como matéria.

O estudo das energias em "escolas espirituais" é antiquíssimo e acontece nas esferas mais elevadas, onde muitos espíritos dedicam-se a compreender Deus a partir de suas partes, uma vez que Ele como um todo transcende nossa capacidade mental e nossas faculdades cognitivas.

Somos só uma das incontáveis criações d'Ele, a maioria ainda desconhecida por nós, espíritos humanos, até agora limitados a esse nosso abençoado planeta, o único no sistema solar capaz de abrigar formas de vida como as conhecemos aqui no lado material.

Nas esferas mais elevadas, os estudos sobre o aspecto energético da criação são tão avançados que o que hoje os espíritos estudam e pesquisam só será conhecido no futuro, aqui no lado material.

Lembramos ao leitor que os estudos e pesquisas realizados por eles não se destinam a nós aqui no plano material, e sim fazem parte de suas preparações intelectuais e conscienciais para poderem galgar novos graus evolucionistas.

Informa-nos um mentor espiritual, a título de comparação, que a distância evolucionista que nos separa dessas esferas mais elevadas é a mesma existente desde nossos antepassados da "idade da pedra" até as mais avançadas academias de ciências da atualidade e que, se um de nós pudesse ser levado a uma dessas escolas espirituais, agiríamos como um "homem das cavernas", ainda muito instintivo ante cientistas e estudiosos racionalíssimos.

Nós nos sentiríamos deslocados em um meio que não teria nada a ver conosco, completamente desconhecido por nós, sendo que os pontos em comum seriam a crença na existência de Deus e tendo-O como nosso divino criador e senhor de toda a criação.

Até os conceitos sobre as divindades e nós, os espíritos humanos, são aperfeiçoadíssimos e completamente fundamentados nos mistérios da criação.

A essência é a mesma, mas a forma de abordagem e os conceitos fundamentais são muito mais elevados e racionais porque, a partir da quinta esfera ou faixa vibratória ascendente, os espíritos que nelas vivem já não encarnam mais e se um deles tiver de reencarnar sempre será um espírito missionário que prestará relevantes serviços à humanidade, seja sua missão voltada para o campo religioso, para o científico, o artístico, o político ou o filosófico.

São espíritos já livres de amarras cármicas e portadores de uma imensa luz interior que refletem à volta, tornando difícil vê-los porque o perispírito deles é rarefeito ou diáfano, restando-lhes suaves "traços", que delineiam suas silhuetas luminosas.

Enfim, estamos descrevendo só parcialmente espíritos que já estão galgando os graus mais elevados da evolução espiritual que acontece nesse nosso abençoado planeta.

O conhecimento lá existente transcende nossa ainda limitada capacidade intelectual, mais voltada para o plano material onde habitamos que para o espiritual, para onde retornaremos após nosso desencarne.

Os estudos desenvolvidos por eles são característicos da esfera onde vivem e, para poderem ser trazidos para o lado material da vida, precisamos nos limitar à essência deles porque eles partem de premissas e princípios interpretativos diferentes dos nossos que se baseiam em culturas e/ou religiões terrenas.

Da quinta esfera para cima não há religiões ou culturas como as entendemos aqui no lado material da vida, ainda necessitado da existência de "raças", "culturas" e "religiões" diferenciadas para que todos se diferenciem e evoluam de forma individualizada.

Mas ainda assim os espíritos guardam seus respectivos nomes e quando se faz necessário apresentam-se ou são apresentados por eles.

Esse é o caso de alguns nomes citados por nós, alguns muito conhecidos porque estão "vivos" na memória da humanidade.

Outros são desconhecidos mas têm contribuído para o avanço dos estudos realizados nas escolas das esferas superiores.

Os que citamos são só alguns entre milhares de referências.

Citamos Descartes, Kant, Copérnico, Abrahms, Edison, Lumiére, Sadek, Hashem, Ramish, Lemoresh, Zorik, Cooperfield.

Esses e muitos outros espíritos são irmãos na luz que sempre se interessaram pelos mistérios das energias, e isso é o que importa em nossos comentários.

O conteúdo ou comentário deste livro está fundamentado no trabalho de pesquisa desses espíritos e de muitos outros aqui não citados.

Pai Benedito de Aruanda teve acesso a uma parte deste trabalho e teceu comentários sobre as "energias" pesquisadas por esses espíritos, mas limitou-se às que julgou serem do nosso interesse e as comentou de uma forma que a leitura fosse acessível a todos os interessados no assunto "energias".

Creio que essa opção pela fundamentação das energias conduzirá o leitor ao ponto que nos interessa e que é o entendimento de que tudo é energia, ora em movimento ora em repouso.

Rubens Saraceni

Energia é uma palavra com um significado específico para os cientistas terrenos: energia é uma força capaz de realizar um trabalho.

Mas, para nós, neste livro e em outros de nossa autoria, a palavra energia se presta à identificação de um amplo espectro de radiações e irradiações emitidas através de ondas vibratórias mentais, elementais, etc.

Até a palavra "ondas" usada aqui possui um amplo espectro interpretativo.

Temos:

Ondas fatorais
Ondas essenciais
Ondas elementais
Duais ou bipolares
Trienergéticas ou tripolares

Curvas, retas, entrelaçadas, cruzadas, mistas, duplas, compostas, etc.

E, assim como a física tem suas definições para energia, tais como:

Força mecânica
Força hidráulica
Força nuclear
Força elétrica, etc.,

nós temos as nossas, às quais descrevemos assim:

Energia fatoral (dos fatores)
Energia essencial (das essências)
Energia elemental (dos elementos)
Energia cósmica (do Cosmos)

Energia universal (do universo)
Energia vegetal (dos vegetais)
Energia humana (das pessoas)
Energia estelar (das estrelas)
Energia galáctica (das galáxias)
Energia divina (de Deus e suas divindades)
Energia espiritual (dos espíritos), etc., etc., etc.

Enfim, a palavra energia tem um significado específico para nós, os espíritos que inspiramos este livro, e que pode não estar totalmente em acordo com seu significado nas ciências física e química.

Energia, para a física, é a capacidade que tem um corpo de realizar um trabalho; mas também é a maneira como se exerce uma força; é a força de vontade; é firmeza; é qualidade do que é energético.

E nós, aqui neste livro, falamos em ondas energéticas, magnéticas, eletromagnéticas, etc., mas sempre as empregamos para exemplificar radiações e irradiações que existem e acontecem no plano espiritual ou etérico da criação, nunca no que acontece no plano material da criação.

Logo, se recorremos a palavras com múltiplos significados e os usamos segundo nossa interpretação, este é um direito nosso e não precisamos pedir autorização aos químicos, aos físicos ou aos linguistas para assim procedermos, porque escrevemos este livro para leitores de obras esotéricas, alquímicas, magísticas e ocultistas, e não para estudantes de ensino médio ou para professores de física ou de química, sejam eles secundaristas ou universitários, pois estes têm seus próprios livros.

Este nosso livro, como todo livro esotérico ou ocultista, não precisa dessa aprovação, já que não faz parte de currículos escolares regulares e nós não pedimos a inclusão dele em nenhum curso regular acadêmico. E, assim como não fizemos esse pedido porque este livro não tem esse destino, também não temos de ter autorização da "comunidade científica" para escrevermos sobre as "energias etéricas".

Este livro também não é religioso e não temos de ter a autorização de nenhuma religião para publicá-lo. Portanto, não devem ligá-lo a essa ou aquela religião. E, por ser uma obra mediúnica, só ao seu médium psicografador ele pode ser associado e não à religião professada por ele.

Esperamos que você, amigo leitor, após ler este nosso livro, expanda sua compreensão sobre o lado oculto ou espiritual da criação a partir dessa nossa abordagem energética dele.

Saiba que no "mundo" espiritual existem muitos centros de estudos dedicados à pesquisa da gênese divina das coisas, tal como elas se mostram à nossa visão espiritual.

A evolução do conhecimento espiritual também existe e ele é expandido cada vez mais para que outras realidades ainda desconhecidas possam ser conhecidas e acessadas por todos os espíritos que, movidos por suas naturezas inquiridoras, desejam visitá-las e até viverem nelas, expandindo ainda mais suas faculdades mentais.

Ingênuos são aqueles que acreditam na existência de uma única realidade, a material ou em apenas duas: a material e sua contraparte espiritual.

As realidades de Deus ou seus universos paralelos são infinitos e localizam-se em paralelas ou em planos oposto mas que, na verdade, são complementares porque uns dependem dos outros e estão umbilicalmente ligados por meio de gigantescos vórtices eletromagnéticos com duplas vias de fluidez.

Se uns giram em sentido anti-horário, os outros ligados a eles giram em sentido horário, indicando que por meio de uma forma de giro saímos de uma realidade e passamos para outra, que em sentido inverso nos devolve à nossa.

Não vamos nos alongar aqui porque, em comentários específicos, terão todas as informações sobre alguns dos mistérios da criação.

Pai Benedito de Aruanda

Aviso ao Leitor

Aqui, vamos dar novos significados a termos técnicos e palavras já de domínio público e com significados outros para que a leitura deste e de outros livros de nossa autoria que descrevem coisas existentes no lado espiritual não seja truncada pela falta de uma explicação do significado que receberam de nós.

Às vezes, o significado só se torna compreensível após a leitura do capítulo todo, então, vamos nos antecipar e esclarecê-los.

– Estado: aqui, esse termo assume o significado de "algo" que, se for alterado, deixa de designar esse algo e passa a designar outra coisa.

Ex.: Estado do v azio absoluto
Estado do vazio relativo
Estado do espaço infinito
Estado da plenitude

– Fator energético: aqui, por fator entendam-no como a menor partícula existente na criação e é possuidor de uma propriedade que o identifica e, por ser partícula energética, realiza uma ação ou um trabalho específico que nomeia cada um dos fatores energéticos com o nome de um verbo, uma vez que os verbos são indicadores de ações específicas e únicas.

Correr é uma ação; andar é outra ação; parar é outra ação; estacionar é outra ação.

Correr é deslocar-se com movimentos rápidos.
Andar é deslocar-se com movimento lentos.
Parar é deixar de correr ou de andar.
Estacionar é ficar em um mesmo lugar por um longo tempo.

Todos esses verbos estão relacionados com os movimentos ou com a ausência de qualquer movimento.

Cada verbo tem um significado específico e de conhecimento público, porque eles já são de uso há muito tempo por toda a humanidade e em qualquer língua a mesma ação é identificada pelo mesmo verbo e tanto faz se é pronunciado por alguém em uma língua e por outra pessoa em outra língua, porque a ação será a mesma.

Recorremos aos nomes dos verbos para nomearmos essas partículas divinas, que são as menores existentes na criação e que são emanadas o tempo todo por Deus e por suas Divindades-Mistérios.

Também as nomeamos como "Tronos" porque são poderes assentados na criação; são permanentes, imutáveis e eternos.

Suas emanações energéticas são luminosas e coloridas e onde se condensam ou acumulam-se realizam suas ações, desencadeando processos únicos e não realizáveis por outras partículas ou fatores divinos.

Energia

Energia, o mistério da criação em toda a sua magnitude divina! Sim, esse mistério é transcendente porque tudo na criação é energia.

Encontramos a energia em tudo o que observamos e podemos classificá-la de muitas formas, tais como:

Energia aquática
Energia telúrica
Energia espiritual
Energia elemental, etc.

E, assim, se energia é a capacidade de um corpo realizar um trabalho, a encontramos em tudo e de muitas formas ou em padrões vibratórios diferentes.

Na verdade, ao abordarmos aqui as "energias etéricas" nos seus padrões vibratórios específicos, adiantamos que todas são gradações de uma única, que é a energia etérica divina (emanada por Deus) da qual tudo deriva e na qual tudo tem sua origem.

A energia divina deu origem às outras, que nada mais são que adaptações dela às condições de cada corpo celeste e dos seres que neles vivem, ainda que não nesse plano material da vida.

Essa energia divina é "viva" e é Deus em sua majestade criadora de tudo o que existe, seja material ou espiritual, seja animado (os seres) ou inanimado (a matéria).

Logo, essa energia divina e viva é parte do divino Criador que, de si, se exterioriza e desencadeia tudo, dando origem às formas como a encontramos onde vivemos.

Na criação, nada está desconectado de Deus e n'Ele tudo está contido, porque essa sua emanação divina é a "base" e o início da sua criação, que passa por muitos estágios ou adaptações até alcançar seu estado "concreto", material e em "repouso", estado esse que comentaremos em capítulo próprio.

Tal como a física, no estudo da força, cria várias áreas de trabalho e campos de pesquisas, fazendo surgir as várias "forças", tais como: forças hídrica, mecânica, etc., nós, ao comentarmos a energia divina, a encontramos em sua várias formas e temos então "energias" no plural.

Se a física pode desmembrar o estudo da força em várias "forças", nós também podemos desmembrar a "energia" em várias energias, e por isso criamos um *Livro das Energias*, simbolizando ao bom entendedor que se trata de um estudo sobre a energia etérica em suas múltiplas formas de ser estudadas, tal como acontece com a "força" na física.

Saibam que os espíritos encarnados e que vivem a realidade do plano da matéria, quando desencarnam, dão continuidade ao que iniciaram e realizaram nesse lado material da vida.

Uns, se eram religiosos, quando retornam ao "mundo maior", onde as limitações da matéria não existem mais, avançam celeremente no aperfeiçoamento das suas convicções e sua religiosidade.

Outros, se no plano material já buscavam as origens das coisas e as chaves mestras dos processos criativos do divino criador, quando se vêm na nova realidade e sem as limitações da matéria, avançam tanto no aprendizado e nas descobertas de alguns desses processos que se extasiam com o que descobrem.

Só que, se antes tinham as limitações da matéria, agora têm as limitações do mundo espiritual a impedi-los de transmitirem às pessoas tudo que, em espírito, descobriram ou "criaram" a partir do que descobriram.

Para que tenham uma ideia de como são as coisas nesse lado espiritual da vida, o espírito Aristóteles, que desencarnou há mais de dois mil anos, em uma visita de estudos e desenvolvimento de suas faculdades espirituais, foi conduzido pelo Arcanjo que rege o Colégio dirigido por ele a um universo paralelo superior ao nosso na "escala magnética divina".

Lá, estando em outra realidade e vendo tudo sob outro prisma visual, estudou a construção de um "aparelho" que é feito de "chapas" de cristais, uns incolores e outros coloridos, acoplados a um tubo de cristal transparente e que funciona como um visor no qual, dependendo do tipo de onda vibratória que é captada pelo prisma multicolorido acoplado a uma de suas pontas, mostra como é sua forma ou modo de fluir.

Energia

Dentro do tubo de cristal há um "plasma" gelatinoso (se é que podemos descrever dessa forma tal substância trazida por ele desse universo que visitou) que torna visíveis as ondas vibratórias captadas.

Mal comparando, esse aparelho desenvolvido pelo mestre Aristóteles se assemelha com os que os médicos usam para acompanhar os exames dos seus pacientes, em que em uma tela é visualizada uma onda luminosa que mostra os batimentos cardíacos.

Quando uma das "facetas" do prisma é ativada, ela capta certa quantidade de ondas e torna-as visíveis quando elas passam por dentro do tubo cristalino e enquanto ele não for movimentado elas não desaparecem e se mostram como são realmente, já que suas formas de fluir não se modificam em momento algum. Apenas as vemos soltarem de si micropartículas luminosas que, logo após serem liberadas, se apagam ou se descarregam, deixando de ser vistas.

Esse tubo está alojado dentro de outro aparelho (também desenvolvido pelo mestre Aristóteles) todo feito de "lentes de aumento" análogas às dos microscópios terrenos, e que pode ser graduado até um ponto tal que, se centrado em um átomo, mostra seu núcleo como um centro irradiante e mostra seus elétrons movendo-se como ondas energéticas ao seu redor.

Com esse aparelho já foram realizados estudos profundos dos átomos que formam a matéria e muitos dos nossos comentários sobre eles baseiam-se no que descobriram após estudá-los visualmente a partir do plano em que nós, os espíritos, vivemos.

Se alguns dos nossos comentários não encontram paralelo com os comentários das ciências terrenas, isso se deve ao nosso plano visual e ao que se nos mostrou nesses estudos, pois, se as pesquisas terrestres descrevem um átomo como formado por prótons, nêutrons e elétrons, também já chegaram as partículas subatômicas.

Saibam que se um dia o plano espiritual revelar como, com 500 gramas de quartzo, pode ser criada uma fonte geradora de energia "elétrica" na grandeza de um bilhão de kw/h, e que depois de ativada não se esgota jamais e não precisa ser recarregada, então nesse dia a humanidade viajará para outras galáxias por meio de "espaçonaves".

Mas não temos como provar o que aqui revelamos, certo?

Portanto, amigo leitor, receba essas nossas revelações como você quiser. Mas um dia, no futuro, ou as ciências terrenas chegarão a essas constatações ou você, já vivendo no plano espiritual, as descobrirá por si só, impelido pela mesma vontade que nos impeliu a esse campo dos mistérios da criação.

Bom, continuemos!

O fato é que o tubo desenvolvido pelo mestre Aristóteles mostra tantos tipos de ondas vibratórias que o número de tipos ou formas delas alcança a casa dos milhares de ondas, e cada uma flui em uma frequência específica e não toca ou interfere com o fluir das outras.

Mas essas ondas e muitos outros mistérios da criação comentaremos em capítulos específicos, porque muitos serão os comentários que aqui desenvolveremos.

O fato é que este livro é uma "gênese energética" e foi formatado a partir de estudos avançadíssimos, mesmo para o plano espiritual em sua quinta faixa vibratória horizontal positiva, que é onde está localizado no nosso "colégio".

Os espíritos mestres da luz do saber que desenvolveram esses estudos são muitos e, se aqui citamos alguns, é para mostrarmos aos leitores que todos os espíritos, ao retornarem ao "mundo maior", continuam a trilhar o caminho que percorreram no plano material.

Embora eles não se identifiquem formalmente para os encarnados, nós, os espíritos formatadores deste livro, sabemos quem são esses nossos irmãos na luz, que sempre se interessaram pelos mistérios das energias luminosas, magnéticas, coloridas e muito vibrantes que formam o "meio" exterior da criação. Isso é o que importa à nossa abordagem sobre as energias.

Não usaremos aqui termos em outras línguas e só recorreremos a termos técnicos quando precisarmos citar algo já identificado no plano material e que é útil aos nossos comentários, pois a língua portuguesa nos basta, já que é a língua falada pelo nosso médium psicografador desta obra, que vem responder à pergunta ancestral: "o que é energia?".

Antes de respondermos a essa pergunta, preparamos o veículo receptor com relação à origem da espécie humana, além de torná-lo apto ao entendimento das energias primordiais que compõem a criação.

Essa preparação foi conduzida pelo grande mago da luz cristalina Lahi-ho-ach-me-yê, que já o dirige há milênios incontáveis, tanto quando nosso médium viveu no plano material quanto no plano espiritual.

Com toda a "sutileza" que lhe é peculiar, o grande mago esgotou todo o materialismo conceitual do mental e do emocional do nosso médium para então nos dizer: "o meio está apto"; portanto, mãos à vossa obra para que alcancem os fins a que se propuseram com este *Livro das Energias e da Criação* do nosso Divino Criador.

Só poucos abdicam dos seus sentimentos pessoais e concentram seu espírito na recepção "telepática" de ensinamentos místicos, religiosos ou mágicos. Por entregar-se corajosamente de corpo e alma ao conhecimento da luz do saber das coisas divinas sem uma preparação intelectual científica mais avançada nos campos da física, da química, da astronomia, etc., servindo-se tão somente dos seus conhecimentos espiritualistas, faz-nos crer que o veículo mediúnico realmente está apto a receber os mistérios das energias.

Saudações ao veículo mediúnico dos seus irmãos na luz, Benedito de Aruanda e Meon, autores espirituais deste livro.

O que é Energia?

A física, ciência acadêmica, tem uma definição do que é ener gia:

Energia é a capacidade de realizar qualquer trabalho, a capacidade de exercer uma força.

A física também possui sua definição das várias formas como a energia é identificada e pode ser classificada:

Energia potencial
Energia cinética, etc.

A energia aparece sob várias formas e pode ser convertida de uma forma para outra. Mas todas as formas da energia têm algo em comum: requerem um sistema capaz de exercer uma força.

Logo, energia e capacidade de realizar um trabalho são sinônimos.

Vários são os ramos da física, tais como:
A óptica, que estuda a luz, relacionada com a visão.
A acústica, que estuda o som, relacionado à audição.
A mecânica, que estuda o movimento que é o fenômeno mais comum da vida diária.
A eletricidade, que estuda as propriedades elétricas da matéria.

A isso ainda devemos acrescentar a física quântica, a física nuclear e a física química, o magnetismo, etc.

Enfim, é um vastíssimo campo de estudos e uma ciência inesgotável e muito dinâmica porque uma nova descoberta altera seus rumos e abre novos campos de estudo.

Teorias aparentementecompletas em si logo são alteradas pelas novas descobertas e novas teorias são formuladas, direcionandoos pesquisadores para campos antes inimaginados ou só vagamente pressentidos.

Se observarmos, veremos uma física voltada para o macrocosmo e outra voltada para o microcosmo.

A física que estuda o macrocosmo está voltada para o que é tangível e mensurável.

A física que estuda o microcosmo está voltada para o infinitamente pequeno e o intangível.

Então temos, simplificando, duas físicas:

Uma, que estuda os fenômenos da natureza, já que física é uma palavra de origem grega e significa natureza, e podemos classificá-la como "física clássica".

Outra, que estuda o que há "por trás" desses fenômenos e não é detectável pelos órgãos dos sentidos, denominada como "física quântica".

Mas em todos os ramos da ciência temos essa distinção e é isso que a torna tão dinâmica: quando um dos dois polos de um ramo estaciona momentaneamente, o outro realiza várias descobertas, e estas abrem novas perspectivas que são aproveitadas pelo campo aparentemente esgotado, também realizando novas descobertas.

Assim é com a física, com a química, com a biologia, a filosofia, etc.

Por que escrevemos isso em um livro esotérico?

É porque este é um livro que, por meio das "energias", procura penetrar no lado oculto da criação e, tal como a física quântica fez, queremos criar uma nova visão sobre o intangível, o indescritível e o imensurável universo da "ciência divina", ciência não acadêmica, mas sim espiritual.

A ciência divina possui suas "academias" no lado espiritual da vida e possui suas "cadeiras", seus ramos de estudos, seus modos de explicar a criação divina, como são seus mecanismos ou seus desdobramentos até que ela alcance sua forma final ou sua cristalização definitiva e que conhecemos como "lado material da vida".

Ainda que os incrédulos e os ateus neguem ou não acreditem na existência do mundo espiritual, na existência do espírito e na existência de outros "estados da matéria" além dos já descritos pela química, e que são os estados: sólido, liquido gasoso e o estado de plasma, no entanto há muitos outros estados dela em outros planos da vida e não temos termos científicos ou acadêmicos terrenos para descrever esses outros estados.

Então recorremos a uma classificação "esotérica" e com um significado próprio para os termos que aqui usaremos porque estaremos comentando "energias" e não a energia estudada pela física, que é o estudo da força.

Não devem confundir o significado que certos termos têm para nós em nossos comentários com o significado que possam ter para os físicos ou para os químicos.

Se, para a química, "amálgamas são por definição ligas metálicas contendo mercúrio", qualquer pessoa atenciosa entenderá que essa palavra também significa mistura de cores, mistura de raças, etc., bastando dar uma olhada em um bom dicionário.

Se, para a ótica, as cores são as resultantes da deflação de um raio do sol, para nós as cores são estados diferenciados da energia irradiada pelo sol ou por qualquer outro corpo e cada cor é uma "qualidade" que aplicamos à cromoterapia ou terapia com as cores.

A ótica define as cores pelo comprimento de ondas. Nós temos à nossa disposição outros meios para estudá-las e podemos recorrer até aos sentimentos vibrados por uma pessoa para classificá-las, já que, se uma pessoa vibra um sentimento de amor, sua aura assume uma tonalidade, mas se vibra um sentimento de ódio ela assume outra tonalidade.

Que fique claro a todos que nós temos nossos métodos de estudo das cores e ele não é usado pela ótica do plano material.

Logo, se quiserem aquilatar as energias que aqui comentamos, sirvam-se da vidência, da sensibilidade e da percepção, porque não são os aparelhos óticos terrenos que usamos para estudá-las ou às cores que elas assumem e são classificadas por nós.

Um químico não é um alquimista, ainda que uma pessoa possa dominar esses dois campos do saber humano.

Um físico não é um mago, ainda que uma pessoa possa dominar esses dois campos do saber humano.

Alquimia e magia são anteriores à química e à física acadêmicas e estas são derivadas daquelas.

Um alquimista ou um mago apenas se serve dos elementos para alcançar outros objetivos, ainda não estudados pela química ou pela física acadêmicas, mas em vias de ser descober tos.

Aqui, comentamos sobre energias a partir do sentido que esse termo tem para nós no ocultismo, no esoterismo, na alquimia e na magia, que não são estudadas em faculdades.

Logo, este livro não foi escrito para mentes habituadas a raciocinar a partir de conceitos ou teorias cientificas acadêmicas porque aqui comentamos sobre energias telúrica, aquática, eólica, ígnea, mineral, vegetal, cósmica, universal, planetária, estelar, consciencial, emocional, racional, etc., e, até onde sabemos, ainda não existem essas identificações ou definições para a energia estudada nas faculdades acadêmicas.

Logo, este livro se destina ao ocultista, ao místico, ao espiritualista, ao alquímico, ao mago, ao esotérico, ao terapeuta em cromoterapia, ao terapeuta holístico mas não a um físico, a um químico, a um botânico ou a um psiquiatra, pois não foi para estes que nós escrevemos.

Pessoas com formação em um campo frequentam o outro campo, tal como um religioso frequenta uma academia de ciências, mas, como são campos diferentes das atividades humanas, um religioso não vai pregar sua religião em uma reunião acadêmica e um acadêmico não vai demonstrar alguma experiência empírica em uma missa.

Então, que você, leitor, seja qual for sua formação acadêmica ou esotérica, não confunda as energias que aqui abordamos com o estudo da força, realizado pela física acadêmica, e não confunda os estados da energia, aqui comentados por nós, com os estudos desenvolvidos pela química sobre os elementos.

A psiquiatria não estuda "energia divina". Logo, que cada um limite sua leitura ao que aqui comentamos e não confunda a energia divina aqui abordada. Nós a enfocamos a partir do espírito humano e dos seus estados, influenciados por ela, e não pelas teorias sobre o comportamento das pessoas, já desenvolvidas por psiquiatras.

Energia, para nós, tem um significado que pode ser apreendido pelo leitor não bitolado nas teorias científicas.

A Energia Divina (Primeira Parte)

A energia divina, gerada e emanada por Deus, está distribuída por toda a criação e nós a classificamos como o início energético da criação.

É a partir dessa energia divina que tudo se inicia e todos os processos criacionistas são desencadeados, dando origem aos "fatores" divinos.

A energia divina é a primeira e a mais sutil emanação de Deus.

Todos os nossos recursos investigativos se esgotaram quando chegamos a esse estado da criação e fomos obrigados a tomá-la por básica e original, ainda que possa haver outros estados da criação anteriores a esse, mas impossíveis de ser detectados, percebidos e classificados por nós.

Em verdade, essa emanação de Deus é a fonte geradora de tudo porque a encontramos na base de todos os processos criacionistas estudados por nós, os espíritos, e não conseguimos avançar mais, rumo ao "início".

Ela, de si, gera "fatores", que são as menores partículas encontradas no primeiro plano da vida, e cada fator é um mistério em si mesmo porque cada um tem uma função na criação, tal como os átomos encontrados na natureza participam na formação da matéria, cada fator contribui na formação dos "estados da energia", encontrados em tudo o que estudamos.

A energia divina gera o tempo todo os fatores e estes formam o primeiro estado da energia que classificamos como "estado fatoral".

Se fosse possível descrever a formação dos fatores, chegaríamos ao âmago da "fonte original", que é Deus. Mas, como isso não é possível, então nos limitamos a classificá-los como as micropartículas básicas da criação.

Só que essas partes não são possíveis de identificação e pertencem a uma "realidade de Deus" impenetrável e não tangível pelos nossos mais apurados recursos espirituais.

Então estabelecemos a energia divina como a base original, da qual todos os outros estados derivam e têm nela uma fonte alimentadora inesgotável e imensurável.

Com isso, podemos afirmar que ela está no limite entre "interior e exterior" de Deus. Ela é a fronteira que separa dois aspectos d'Ele: um, interno e impenetrável e outro externo e possível de ser estudado, entendido e classificado a partir da nossa noção de como é esse estado exterior da criação.

A energia divina, por causa dos tipos de fatores que ela gera de si, faz com que surjam dois novos tipos de energias ou dois padrões bem definidos e bem diferenciados, cada um deles com funções fundamentais nos processos criacionistas de Deus.

Um desses padrões ou tipos de energia, nós o classificamos como energia "cósmica", nome dado por nós, que a estudamos e que, por suas funções específicas, forma uma "tabela periódica" fatoral, onde se acomodam todos os "fatores ativos" de Deus.

O outro padrão ou tipo de energia, nós o classificamos como energia universal, nome dado também por nós, que a estudamos e que, também por suas funções específicas, forma outra "tabela periódica fatoral", onde se acomodam todos os "fatores positivos".

A partir dessas duas "partes" dos fatores surgem os padrões energéticos básicos e fundamentais de tudo criado por Deus, inclusive para os nossos sentimentos, que são coisas abstratas, mas nem tanto, porque eles são vibrações geradas no íntimo das pessoas e, ao serem exteriorizados, o são através de ondas vibratórias mentais que carregam em si as energias geradas pelos sentimentos.

Na criação nada realmente é abstrato, porque, se só os clarividentes podem ver as mudanças da tonalidade da aura de uma pessoa, no entanto são os sentimentos que geram energia nos mais diversos padrões, cada um deles em acordo com o sentimento vibrado pelas pessoas estudadas por nós.

Um sentimento, que é classificado como abstrato, gera um padrão específico de energia etérica, e mesmo em um padrão acontece alternância de tons, que vão desde o amarelo vibrante até o dourado concentradíssimo. Tudo isso acontece no espírito do ser, mas a partir de um sentimento, que é classificado como "abstrato". Mas no lado espiritual ele é um dos estados do espírito de quem o vibrar.

Saibam que nossos sentimentos geram, no nosso íntimo, fluxos energéticos fatorais que são exteriorizados pela nossa aura através de ondas finíssimas enfeixadas em raios luminosos ou escuros, caso sejam sentimentos negativos.

Então, que fique bem entendido que na criação divina não há nada abstrato e se alguma coisa o é em um dos planos ou em uma das muitas dimensões da vida, em outros essa coisa abstrata torna-se muito concreta e visível.

O mesmo acontece com a energia divina, que é a base "abstrata" da criação. Mas ela só é abstrata até um certo grau vibratório, pois dele em diante os fatores que a formam tornam-se visíveis, ainda que não nas suas formas, mas por meio das ligações entre eles.

Sim, se são fatores energéticos no entanto são como as enzimas, que são chaves e umas encaixam perfeitamente em outras, criando longas cadeias.

Costumamos, por analogia, comparar os fatores às enzimas, às proteínas, aos átomos, etc.

A Energia Divina (Segunda Parte)

A energia divina é original, primária e anterior a todos os outros estados onde ela pode ser encontrada e identificada por meio dos elementos da natureza.

Ela se espalha por todo o Universo, imantando tudo e todos (criação e seres). Um átomo contém essa energia primária; um gene também a contém; todas as galáxias são inundadas e hipersaturadas por essa mesma energia. Nada limita sua ação, pois tudo o que existe foi criado a partir dela, que é a base ou o início da criação.

A energia divina é a fonte de tudo o que está contido no Universo, e quando dizemos que o Universo é um corpo divino é porque tudo provém de Deus.

No nosso conhecimento do lado etérico da criação, entendemos que não há espaços vazios e o espaço cósmico está ocupado por outras realidades do nosso Divino Criador. Só há "vazios" no plano material da vida, sendo que o limitado alcance visual dos espíritos encarnados impede que vejam a existência desses outros universos, cada um ocupando o mesmo espaço, mas com cada um vibrando em sua "frequência", pois está destinado a outras formas de vida e a outros meios dela fluir a partir do seu doador divino, que é Deus, fonte primária emanadora dela.

O que deduzimos, a partir da descoberta da existência de outros universos, com todos ocupando este mesmo espaço e todos também infinitos porque são exteriorizações do Divino Criador, é que nada existe sem Ele, e tudo o que existe está contido n'Ele.

E mesmo que essa dedução pareça panteísmo, no entanto, observando o lado da criação invisível aos encarnados, nos embevecemos diante da infinitude da criação do nosso Divino Criador e nos sentimos em seu "interior" estejamos onde estivermos.

Para um espírito encarnado, sujeitado o tempo todo por doutrinas e mais doutrinas, todas tentando explicar a criação segundo a visão dos seus formuladores e com quase todos chamando a atenção de Deus unicamente para o nosso planeta e para a humanidade, revelarmos que a vida no plano etérico ou espiritual não tem fim ou limites geográficos pode deixá-lo confuso ou em dúvida.

Revelar que há planos espirituais isolados "dentro" de um planeta e que é infinito em si mesmo porque é uma exteriorização e uma manifestação de Deus a partir de um dos seus mistérios é contrariar dogmas e doutrinas antropomórficas, e todas exclusivistas quanto à "atenção" d'Ele.

Muitos negam até a possibilidade de haver formas de vida semelhantes ou não à nossa, nesse infinito e estrelado Cosmos que nos cerca de todos os lados.

Seguidores de doutrinas antigas apegam-se a datas recentes para a criação do "mundo", mesmo quando a ciência já provou a antiguidade do Universo e nós, os espíritos mentores dessa obra, adiantamos que o início da formação do nosso planeta Terra, assim como o do nosso sistema solar, foi há bilhões de anos solares.

O Sol era uma massa "incandescente", maior do que é atualmente e que, quando de sua explosão ou nascimento, "aprisionou" em seu campo gravitacional vários outros campos celestes menores. E energizou de tal forma esses campos que eles, hipersaturados de energia, tornaram-se "explosivos" e altamente irradiantes, mas que, com o passar do tempo e com a diminuição das poderosíssimas explosões solares, começaram a perder calor para o espaço sideral e começaram a se materializar ou resfriar, como queiram.

Três bilhões de anos foi o tempo que levou nosso astro rei para energizar os campos celestes que aprisionou à sua volta, com cada um deles percorrendo sua órbita ao redor do corpo aprisionador.

Três bilhões de anos para energização, outros bilhões de anos para o resfriamento e para a materialização da energia aqui aprisionada dentro do campo magnético planetário e, finalmente, o novo, já não tão novo planeta estava pronto para abrigar as novas e rudimentares formas de vida.

Sim, ainda que isso seja uma afirmação temerária, foi há cerca de 3 bilhões de anos que começaram a surgir as primeira formas de vida aqui no planeta Terra. A evolução da vida por meio de sua "materialização" teve início também nessa parte do Universo, assim como já havia tido em outras partes, mas que estão tão distantes do nosso planeta que a vida de um homem é muito curta para chegar até estes outros mundos habitados, já que seus atuais conhecimentos e recursos tecnológicos são muito limitados para tais jornadas estelares.

Mas chegará o dia em que a ciência terrena tanto confirmará as datas aqui reveladas como criará os meios necessários para que a espécie humana entre em contato com outras espécies.

"Nós, os espíritos, contatamos frequentemente espíritos de outros planetas e, inclusive, já visitamos dois outros planetas também habitados em seus lados materiais. Provavelmente catalogarão essas revelações como delírios ou imaginação fértil do nosso médium psicografador."

Mas podemos revelar também que, se há planos espirituais exclusivos dos planetas, também há um plano espiritual contínuo e que alcança todo o nosso universo em seus dois lados, o material e o etéreo, assim como alcança todos os outros universos, todos ocupando esse mesmo espaço.

Esse plano contínuo da criação é chamado por nós de atemporal, multidimensional e multivibracional ou "Reino das Divindades", pois é a partir desse plano que elas atuam sobre todos os universos ao mesmo tempo; sobre todos os planos internos dos planetas e sobre todas as faixas vibratórias ou dimensões intraplanetárias por onde a vida flui e evolui por meio das muitas formas geradas por Deus para ela fluir.

É por intermédio desse plano atemporal da criação que nos foi possível conhecer outros dois planetas habitados em seus lados materiais. E o tempo para chegarmos a eles a partir desse plano não durou mais que o tempo de os mentalizarmos, e já estávamos em seus lados etéricos ou espirituais.

A energia, em seus vários estados, está em tudo e em todos e nada existe onde não há energia. E, como tudo o que Deus criou, criou a partir da energia divina, então não há lugar vazio ou vácuo na criação.

O que há, e isso há, é uma base, infinita em todas as direções, na qual navegam placidamente as galáxias em seus movimentos inexoráveis rumo aos seus campos máximos de afastamento do ponto central que emitiu a energia já em seu padrão "essencial", o segundo estado da energia, estado esse que desencadeia a formação das micropartículas que formam os átomos ou os elementos da natureza terrestre ou de outros corpos celestes.

A energia divina, tal como a descrevemos, é um "caldo" fatoral (de fatores) e no meio desse caldo fluem tantos tipos de ondas fatorais que nos é impossível catalogar as formas de todas elas, já que quantas mais vamos descobrindo, mais temos para descobrir.

Até o número de formas ou "frequências" das ondas vibratórias que formam essa base da criação é infinito, como tudo mais criado por Deus, o infinito Criador Divino.

Nós entendemos que essa base primária ou fatoral da criação é a primeira manifestação de Deus e que sua segunda manifestação foi a criação dos alicerces (a energia em seu segundo estado), alicerces estes que desencadearam a terceira manifestação de Deus ou estado elemental da energia.

Sobre as sete manifestações de Deus, iremos comentá-las no capítulo destinado aos sete planos da vida.

O fato é que tudo o que existe se formou a partir da energia divina e, se estados anteriores dela existem, ainda não conseguimos detectá-los. E ninguém, encarnado ou desencarnado, pode dizer que tem a palavra final neste ou em qualquer outro campo do conhecimento, pois o tempo a todos surpreende, já que para nós tempo é sinônimo de revelações ainda inimagináveis da criação e, quando esgotamos ou cremos que realmente sabemos tudo sobre um mistério, outro maior e mais surpreendente começa a se mostrar e nos atrair para o seu âmago.

Por isso, porque algo já imensurável sempre está contido em um mistério ainda maior, dizemos que o universo material é uma materialização de um dos "corpos" de Deus (um dos seus mistérios) e também afirmamos que tudo o que existe, desde o micro até o macro, tudo está dentro d'Ele.

Se observarmos as longínquas galáxias, entenderemos o sentido evolucionista do infinito e gerador ser divino. Umas galáxias são espiraladas, outras são aglomeradas, etc., mas todas têm algo em comum: contêm estrelas, planetas, asteroides, poeira cósmica, etc. No universo mudam as aparências, porque a essência criadora de novos "mundos" e geradora da vida é sempre a mesma.

Isso se deve ao fato de haver apenas uma origem. Tudo existe em função dessa energia divina, básica e fundamental para a criação. Ela, como uma base "viva" e que a tudo mais origina, vivifica e sustenta, é a primeira emanação ou desdobramento do Divino Criador.

Ela é sutil e poderosa; é geradora incessante de novos "mundos"; é sustentadora de tudo o que sempre existiu e do que jamais deixará de existir. Ela sustenta a harmonia do Universo, assim como da menor de suas partículas.

Há duas maneiras de percebê-la: por meio da contemplação do suave movimento dos corpos celestes ou pelo tato, tocando a matéria, o último estado da energia divina, e que é o estado de repouso, confirmando a gênese bíblica, quando diz: e no sétimo dia Ele "repousou!".

A matéria é o sétimo estado da criação, quando Sua emanação energética primária alcança o estado de repouso.

Ao contemplarmos a natureza à nossa volta; o espaço sideral; o firmamento estrelado à noite; a maravilha que é a reprodução de uma semente, etc., estamos visualizando um pouco dessa energia. Ela, materializada, assume formas e aparências admiráveis e maravilhosas!

Ao contemplarmos uma longínqua estrela, lá está ela; se contemplarmos nosso semelhante, também ali ela está e sequer nos damos conta disso. Deus não é um ser que possamos visualizar, tocar ou imaginar como é, dando-lhe uma forma, seja em um desenho ou em uma escultura, porque Ele transcende nossa mente e imaginação.

Ele é o gerador da energia original da qual tudo o mais se originou e O trazemos em nós mesmos, podendo senti-Lo por atos e pensamentos elevados, tais como: fé e amor!

A Energia Divina (Terceira Parte)

A energia divina, formada pela soma de todos os fatores, é, para nós, o primeiro estado dela e está distribuída por toda a criação divina.

Ela é como um "oceano" que não tem início ou fim e não se limita ao plano material ou à sua contraparte espiritual porque, sem sofrer descontinuidade, essa energia está em todos os universos paralelos criados por Deus, mas inacessíveis aos nossos olhos carnais.

Esses universos, paralelos uns aos outros, abrigam formas de vida diferentes das que conhecemos aqui no plano material ou mesmo no plano espiritual.

Nosso plano espiritual ainda foi pouco explicado, sendo que os comentários sobre ele sempre se limitaram ao "mundo" dos espíritos que desencarnaram, não avançado muito além dessa realidade do mundo etérico.

Saibam que o lado espiritual da vida transcende tudo o que já foi descrito e o nosso planeta Terra é um "lar espiritual" importantíssimo para nosso Divino Criador que, acopladas à parte material dele, mantém tantas realidades que, se elas pudessem ser vistas pelas pessoas ou pelos espíritos vivendo nas faixas vibratórias espirituais, imediatamente o antropomorfismo aplicado a Deus cessaria e o verdadeiro universalismo passaria a existir e vibrar no íntimo de todos os seres humanos.

Sim, ligadas a este nosso planeta e tendo-o como sua base, sua parte sólida, existem tantas outras realidades espirituais densamente habitadas por seres espirituais que, se pudessem vê-las, veriam parte da grandeza de Deus e da sua criação, infinita em todos os sentidos e em todas as direções.

Poderosos vórtices energéticos "irrigam" todas essas outras realidades ou dimensões da vida hiper-habitadas, mas totalmente isoladas da nossa dimensão humana.

Dimensão, aqui nos nossos comentários, não significa largura, altura e comprimento, certo?

Dimensão, para nós, é uma realidade de Deus completa em si mesma e dentro dela existe tudo o que os seres que nelas vivem precisam para se sustentar e evoluir segundo a dinâmica evolucionista de cada uma delas, dinâmicas estas estabelecidas por Ele, o infinito em si mesmo.

Uma única base energética vivifica, alimenta, energiza, magnetiza e movimenta todas as dimensões da vida ligadas a esse abençoado planeta; assim como todas as outras dimensões espirituais ligadas aos outros planetas; assim como todos os universos paralelos ao nosso.

Essa base energética é formada pelo estado fatoral da energia, denominado por nós de "energia divina", a energia viva emanada por Deus em sua primeira exteriorização ou sua primeira manifestação.

Essa energia primária está dando sustentação ao primeiro plano da vida e é nele que Deus desencadeia todos os seus processos criacionistas e geracionistas.

Ela está na base da vida e dela depende tudo o que existe, seja um planeta, seja uma galáxia, seja o próprio universo material que é o sétimo estado da energia ou a energia em estado de repouso.

Um primeiro plano da vida existe e é a base energética viva e divina da criação, transcendendo tudo o que possam imaginar em termos de grandeza ou infinitude.

Nada existe se não estiver baseado ou fundamentado nesse primeiro plano da vida, formado pela energia divina, toda ela formada por fatores.

Os fatores, tal como já comentamos antes, são as menores partículas existentes na criação e se multiplicam o tempo todo porque são "vivos", tal como uma célula do nosso corpo humano.

A soma de todos os fatores forma o "caldo energético primordial da criação", sem o qual nada poderia existir, pois ele está na base ou no início de tudo e de todos.

Esse caldo energético é formado até por fatores que "alimentam" os sentimentos vibrados por nós, seres viventes do sexto plano etérico da vida, ou plano natural da criação.

A quantidade de fatores é infinita e só uns poucos milhares já foram bem identificados e tiveram suas funções vivas e divinas identificadas pelos espíritos que dedicam suas vidas e seus saberes a esse mistério do nosso Divino Criador.

Na energia divina existem tantos fatores, cada um com sua função, como existem as ondas vibratórias transportadoras deles, sendo que a onda que transporta um tipo de fator não atrai e não incorpora ao seu fluir outro tipo de fator.

Na energia divina encontramos a resposta às muitas formas existentes nos muitos reinos da natureza, seja ela a concreta e material com suas muitas espécies, seja ela a etérica e espiritual.

Cada fator tem sua forma de fluir ou de deslocar-se através da sua onda vibratória transportadora.

N.A.: Aqui neste livro só vamos mostrar os modelos de algumas ondas vibratórias transportadoras de fatores ou energia viva e divina. Então recomendamos que leiam os nossos livros: *Iniciação à Escrita Mágica Simbólica*, *O Código da Escrita Mágica Divina* e *Tratado de Escrita Mágica*, em que elas são discutidas e ensinadas "magisticamente".

O deslocamento de um fator dá forma à sua onda transportadora e, quando um fator se multiplica, a onda original se multiplica também, gerando de si novas ondas, tal como uma teia de aranha ou uma raiz que vai se entranhando no solo à sua volta por meio de suas ramificações.

Então, a onda energética divina, tal como uma raiz, é a base da criação ou o início das manifestações exteriores de Deus.

Na criação não existem vazios em todos os sentidos, pois se entre Terra e Lua não existe nenhum outro corpo celeste visível ou material, no entanto em outras realidades, em outras dimensões ou em outros planos da vida esse mesmo espaço está ocupado por inúmeros corpos celestes etéreos hiper-habitados, mas invisíveis aos nossos olhos.

Mas são realidades ou universos que não interagem estão separados uns dos outros por causa de suas frequências vibratórias.

Tudo o que neles existe vibra em um outro padrão ou grau vibracional e uma realidade não toca nas outras.

Para que entendam o que aqui comentamos, comparemos esse mistério de Deus à radiodifusão desta forma: a radiodifusão é a responsável pela transmissão das rádios. E existem muitas estações de rádio (as muitas realidades de Deus), e cada estação transmite sua programação (a forma de vida de cada realidade) em um comprimento de onda específico ou em uma frequência só sua (o grau vibratório de cada realidade). Com isso, a transmissão de uma estação de rádio não interfere nas das outras estações e as programações não se misturam, criando chiados e ruídos que impressionariam nossos tímpanos, mas nada nos comunicariam.

Eis aí uma forma simples de explicarmos as outras realidades de Deus que, se não são visíveis aos nossos olhos e não são alcançadas pelos nossos sentidos, se deve ao fato de que até nós, em nosso todo material, espiritual e mental, também fomos programados para só vermos, sentirmos e tocarmos o que vibra no "nosso grau" vibratório.

Aqui, no lado material da vida, tocamos e sentimos tudo o que é material. Até o ar que é formado pela combinação de átomos e é "matéria", podemos senti-lo passar por nós na forma de uma brisa suave, de um vento forte ou de uma ventania.

Mas não podemos tocar a energia etérica à nossa volta e não podemos pegar e segurar um espírito no nosso grau vibratório material.

A dimensão humana é composta de sete graus vibratórios da escala magnética divina, e esses sete graus ou sete faixas de frequências têm suas contrafaixas ou contrafrequências, tal como os fatores positivos têm suas contrapartes negativas ou anuladoras.

Em uma escala vibratória divina, nossa faixa humana situa-se entre os graus 271 e 279, perfazendo sete graus dessa escala desenvolvida no plano espiritual por espíritos pesquisadores dela. Mas sabemos que é uma escala sujeita a alterações graças às nossas limitações espirituais.

A escala, tal como o dial de um rádio, existe e tem sido usada por nós de forma satisfatória, ainda que saibamos que nas esferas espirituais mais elevadas outros são os recursos dos espíritos que nelas vivem, e outras são as formas de eles "lidarem" com essas outras realidades de Deus; inclusive, segundo nos revelaram espíritos superiores, na sétima esfera espiritual ascendente, os espíritos que nela vivem podem visualizar parcialmente as realidades posterior e anterior à nossa, a dos espíritos humanos.

São outros universos em si mesmos e, tal como um clarividente vê parcialmente o plano espiritual, esses espíritos já ascencionados veem, também parcialmente, outros universos.

O universo superior visto pelos espíritos que vivem na sétima esfera ascendente localiza-se no grau superior ao da nossa escala magnética, e os espíritos que vivem na sétima esfera descendente veem o universo que se localiza um grau magnético inferior abaixo da nossa.

É, se comentamos essas coisas aqui, foi só para que entendam que Deus é infinito em tudo o que fez e sua base geradora e criacionista é uma só, está para tudo o que criou e chama-se plano fatoral da vida, plano este que não tem começo, meio e fim e muito menos possui um local sólido, já que nele tudo é um imensurável caldo energético vivo e é o meio em que os espíritos, ainda inconscientes sobre tudo e sobre si mesmos, iniciam suas evoluções ou o despertar da consciência.

E essa base da criação é formada por fatores e suas ondas vibratórias.

Enfim, é uma energia, e é divina!

Os planos posteriores da criação são estes: [1]

Plano essencial
Plano elemental
Plano dual
Plano encantado
Plano natural
Plano celestial

---

[1]. Para conhecê-los melhor e às suas funções e destinações na criação, recomendamos a leitura do livro de nossa autoria denominado *A Gênese Divina de Umbanda Sagrada*, editado pela Madras.

Os Fatores Divinos

Nos comentários anteriores sobre a energia divina, esperamos ter passado uma ideia acerca do mistério que dá origem ao primeiro plano da vida, onde está a base energética e fatoral da criação, saturada de micropartículas denominadas "fatores divinos".

Comentemos essa energia fatoral:

O que nos foi possível observar até agora é que a criação divina transcende tudo o que já foi escrito sobre ela e, na verdade, ela é muito maior que nossa capacidade de imaginá-la ou de descrevê-la.

Por isso, vamos por partes para que, mais adiante, somando-as, tenhamos uma melhor compreensão da grandiosidade do nosso Divino Criador, sendo que aqui só estamos descrevendo-O a partir do seu aspecto energético, deixando de lado outros dos seus aspectos divinos.

O que observamos é isto:

1º) Deus gera e emana de si sua energia viva e divina em um padrão vibratório também divino e que faz surgir o primeiro plano da vida, denominado plano fatoral.

2º) Esse plano fatoral é todo formado por micropartículas (as menores existentes) que se deslocam através de "ondas vibratórias".

3º) Nesse primeiro plano cada fator flui através de um tipo ou modelo de onda, com seu padrão vibratório específico.

4º) Cada fator é um mistério em si mesmo e traz a capacidade de realizar algo inerente e associado a ele.

5º) Por ser capaz de realizar uma ação específica, nomeamos cada fator com o nome de um verbo ou uma função, fazendo surgir uma nomenclatura de verbos-funções para os fatores.

6º) Observando a multiplicação dos fatores vivos descobriu-se que eles se multiplicam continuamente e um fator projeta de si, após se carregar, duas réplicas; outro projeta três, quatro, cinco, seis ou sete réplicas simultaneamente. E cada uma de suas réplicas, após se carregar também, projeta o mesmo tanto de réplicas do seu multiplicador

Com isso, dizemos que eles multiplicam-se de forma geométrica.

7º) As multiplicações ou descargas fatorais são capturadas por ondas vibratórias denominadas por nós de "ondas vibratórias energéticas fatorais".

8º) Essas ondas vão capturando os fatores afins com elas e vão conduzindo-os para onde eles são necessários.

9º) Como os fatores são a menor partícula existente na criação, suas ondas transportadoras também são as mais finas ou as de menor calibre existentes no "exterior" de Deus.

Elas são finíssimas e sutis, impossíveis de ser sentidas ou percebidas por nós, os espíritos humanos.

10º) Como os fatores puros ou originais só são capturados e transportados por ondas vibratórias específicas e também originais, dizemos que há um tipo de onda vibratória para cada fator puro ou original.

11º) Fato esse que cria uma base original, formada por ondas vibratórias originais, com cada uma transportando um fator.

12º) Com isso, fator e onda são indissociados e daí surgem duas nomenclaturas iguais, sendo que uma serve para identificar os fatores e a outra serve para identificar as ondas vibratórias.

13º) Esse modelo de identificação é assim:

a) Fator agregador – função: agregadora!

b) Onda vibratória agregadora – função: agregar fatores e ondas afins.

a) Fator magnetizador – função: magnetizadora

b) Onda vibratória magnetizadora – função: magnetizar fatores e ondas afins.

E assim sucessivamente com todos os fatores e ondas vibratórias, com todos e todas sendo nomeados por verbos ou funções, também chamados por nós de verbos-funções.

14º) Tendo essa base discursiva à nossa disposição já no primeiro plano da vida, em que cada fator realiza uma função e cada um possui uma "rede de transmissão" só sua e que forma no todo uma tela vibratória do "tamanho" da criação com cada fator de uma mesma "categoria" realizando a mesma função onde quer que ele seja requisitado, então temos isto:

a) A energia divina é viva e realizadora.

b) Porque ela é formada por fatores e cada um realiza uma função ou uma ação ou um "trabalho" específico e cada um flui por uma rede ou teia ou tela plana formada por uma onda vibratória também específica, então temos para nós que a energia viva e divina forma ou dá origem ou faz surgir nesse primeiro plano da criação muitos tipos de "energias", com cada uma realizando uma ação ou trabalho específico na criação de Deus.

15º) Com isso entendido, então podemos afirmar que a energia viva e divina emanada por Deus traz em si todos os fatores divinos, e ela flui ou é emanada ou é irradiada por Ele através de muitas ondas vibratórias originais, com cada uma fluindo ou seguindo adiante de uma forma específica, só sua, e que tanto a distingue de todas as outras pelo seu modo de fluir, como dota-a de um "modelo" e de uma frequência únicas.

16º) A partir desse ponto, aí sim, podemos afirmar que existe um tipo de "energia" para cada verbo-função, sendo que cada uma flui ou realiza sua ação na criação através de um fator divino e de uma onda vibratória original, também nomeada como onda vibratória fatoral.

17º) Devido aos nomes dos fatores divinos serem os dos verbos, então temos isto:

Fator curador – vibração curadora = energia "curadora".

Fator gerador – vibração geradora = energia "geradora".

Fator transmutador – vibração transmutadora = energia "transmutadora".

Fator expansor – vibração expansora = energia "expansora".

Fator consumidor – vibração consumidora = energia "consumidora".

Fator energizador – vibração energizadora = energia "energizadora".

Expliquemos essas energias fatorais:

a) Os fatores curadores, transportados e irradiados pela vibração curadora, quando esta alcança o espírito de alguém com ele enfermo, imediatamente irradia o local da lesão ou enfermidade e inunda-o com os fatores curadores que, imediatamente, começam seus trabalhos de curar a lesão ou a enfermidade do espírito da pessoa.

b) Os fatores geradores, transportados e irradiados pela vibração geradora, quando direcionados para um local no plano espiritual, imediatamente começam a gerar o que nele está faltando ou que lhe foi anulado. E realizam o mesmo trabalho quando direcionados para a vida ou o espírito de uma pessoa.

c) Os fatores transmutadores, transportados e irradiados pela vibração transmutadora, quando irradiados para um local ou para uma pessoa, imediatamente começam a trabalhar e a transmutar o lado etérico do local ou o corpo espiritual da pessoa.

d) Os fatores expansores, transportados e irradiados pela vibração expansora, quando são projetados para algo ou para alguém, imediatamente começam seus trabalhos de expansão do que lhes foi determinado, seja expandindo os campos de uma pessoa ou de todo um domínio.

e) Os fatores consumidores, transportados e irradiados pela vibração consumidora, quando são projetados para algo ou alguém, imediatamente lhe consomem suas sobrecargas energéticas negativas e seus negativismos.

f) Os fatores energizadores, transportados e irradiados pela vibração energizadora, quando são projetados para algo ou alguém com algum tipo de desequilíbrio energético, imediatamente entram em ação e caso exista sobrecargas energéticas, essas são recolhidas. Mas, se o caso for de enfraquecimento da carga energética normal de algo ou de alguém, então realizam a reposição das que faltam.

Com esses poucos exemplos, esperamos ter esclarecido a ação dos fatores divinos, assim como das ondas vibratórias específicas que os transportam e os irradiam o tempo todo por toda a criação divina, saturando-a continuamente com milhões de micropartículas energéticas denominadas por nós como fatores divinos, a menor partícula da criação que, junto com suas ondas vibratórias transportadoras, formam no primeiro plano da vida a base energética e vibracional de tudo o que existe.

Os Fatores e os Tronos de Deus

Por fatores de Deus nós entendemos energias vivas, portanto divinas, que são geradas e irradiadas tanto por Ele na sua emanação quanto por suas divindades nas suas irradiações.

Se nos apropriamos do termo "fator", que tem vários significados e é usado tanto na aritmética quanto na genética, assim como em outros campos, aqui essa palavra assume a condição de identificadora de energias vivas emanadas ou irradiadas por Deus e por suas divindades.

Então, definimos os fatores de Deus desta forma:

São energias vivas e verdadeiros códigos genéticos energéticos, pois são capazes de desencadear processos formadores da natureza dos seres, de suas personalidades, dos seus psiquismos (psiquê) mais profundos, dos seus emocionais, dos seus racionais e de suas consciências.

Também são códigos genéticos divinos que estão na base de formação da matéria, seja ela animada por espíritos (as pessoas e os animais) ou inanimada (a água, o ar, a terra, os minérios, os cristais). E estão na formação dos planetas, das estrelas, das constelações, das galáxias e do próprio Universo.

Uma pessoa tem seu tipo físico definido por fatores de Deus.

Um espírito tem sua natureza e seu magnetismo definidos por fatores de Deus.

Deus gera fatores puros que vão se fundindo uns com os outros e vão formando fatores mistos, compostos e complexos.

As fusões de fatores puros não acontecem aleatoriamente, pois existem fatores opostos, paralelos, complementares e "sequentes" (os que só se fundem com fatores mistos ou compostos).

Mas o fato é este: a gênese divina tem início nos fatores puros de Deus.

Nós, os seres, somos gerados por Ele em seu íntimo mais oculto ou em plano vibratório interno, ao qual damos o nome de plano divino da criação.

Nesse seu plano impenetrável está a origem de todos os processos genéticos divinos (geradores de divindades) e espirituais (geradores de espíritos).

Esses processos genéticos dão a qualidade de tudo o que geram no íntimo de Deus e possuem mecanismos divinos que regulam seus desdobramentos posteriores, que acontecem já nos planos externos da criação, e que são classificados por nós como "o e xterior de Deus".

No íntimo de Deus está a origem de tudo o que Ele gera ou cria.

No Seu exterior estão os muitos planos da vida onde Seus processos genéticos vão se desdobrando e fazendo surgir tudo o que é necessário para que Sua obra divina vá se condensando em graus vibratórios cada vez mais densos, até que alcancem o grau vibratório da "matéria".

Mas esses desdobramentos vão acontecendo com todos os processos genéticos divinos e mesmo os espíritos vão se "densificando", até desenvolverem um magnetismo mental muito próximo do da matéria, pois só assim podem encarnar e viver em um corpo material.

Os Fatores Imanentes

As dimensões paralelas à dimensão humana são muitas, e todas estão dentro de um único grau magnético da escala divina. Se são paralelas à dimensão humana, é porque adotamos a Terra como o "centro" do nosso universo físico. Se alguém souber onde fica o centro do universo e como chegar até ele, por favor, não faça segredo disso, pois desejamos conhecê-lo!

Afinal, para nós, o centro do universo está em Deus. E se Deus está em nós e no nosso planeta, e Ele está, então, para nós, aqui é o centro do "nosso" universo e nosso ponto de referência para conhecê-Lo, entendê-Lo e explicá-Lo a partir de nossa capacidade intelectual "humana".

Então, vamos nos aprofundar no mistério da gênese, que criou o nosso universo físico e suas muitas dimensões da vida, todas paralelas umas com as outras, e todas infinitas em si, pois ninguém conseguiu achar o começo ou o fim delas ou dos seus níveis vibratórios, infinitos em si mesmos.

Sabemos que uma das causas de dúvidas na de religiosidade das pessoas são as gêneses "humanas" da criação divina. Elas são limitadíssimas e muito direcionadas para as coisas humanas. Logo, não retratam a origem das coisas senão a partir de fatos míticos, espantosos, imaginários ou sobrenaturais.

Mas nós sabemos que a criação divina é simples porque Deus Se repete e Se multiplica o tempo todo.

Afinal, a origem de uma pedra é a mesma de uma pedreira. A de um monte é a mesma de uma montanha. A de uma árvore é a mesma de uma floresta. A de uma molécula de água é a mesma de um oceano, etc.

Sim, porque o mesmo "magnetismo" que ligou o hidrogênio e o oxigênio, dando origem a uma molécula de água, é o responsável pela união de muitas delas, que deram origem aos oceanos.

O mesmo magnetismo atua tanto no micro quanto no macro, e tanto deu origem a uma molécula de água quanto a um oceano.

A esse magnetismo nós damos o nome de imanência divina ou "fator agregador".

Deus tem duas formas. Uma é interna e geradora e a outra é externa e imanente.

Na Sua imanência Ele está em tudo o que existe, pois se um átomo é minúsculo, no entanto, é a imanência divina que chamamos de "fator" agregador que o faz ser como é e o mantém em equilíbrio, que só é rompido pela ação de uma força externa superior à sua.

A mesma imanência divina, que dá forma e estabilidade a um átomo, dá forma e estabilidade ao nosso sistema solar, a uma constelação, galáxia, etc.

Essa imanência agrega, dá forma e estabiliza todas as coisas, porque ela é agregadora. É encontrada em nós, na própria forma do nosso corpo carnal ou espiritual. Mas, em um nível imaterial, nós a encontramos nas ideias, pois uma ideia só está completa se todos os seus componentes forem se agregando e formando-a.

A imanência agrega sílabas dispersas e dá forma a um termo, a uma palavra ou a uma ideia, que são coisas imateriais e pertencem ao campo do pensamento. E este tem no fator agregador a imanência que dá forma às coisas, define-as e permite-nos ter uma idéia definitiva de alguma coisa.

A imanência está em tudo. E, de agregação em agregação, Deus criou tudo o que existe.

Então, temos na imanência divina um fator agregador ou um "fator de Deus".

Como dissemos linhas atrás, a imanência agregadora é um fator divino que atua na agregação de partes, que por si sós já são definidas, mas que se forem reunidas darão origem a outra coisa, então vemos que na natureza há um fator divino que dá forma a tudo o que existe.

A imanência agregadora atua sobre tudo e sobre todos o tempo todo e durante todo o tempo porque é um fator divino que visa a agregar os "afins" e não permite a agregação dos não afins.

Mas em todas as coisas a agregação não ocorre por acaso ou aleatoriamente. E se não ocorre é porque um outro fator divino, que chamamos de "fator ordenador", atua como ordenador das agregações.

Se assim é, concluímos que junto com a imanência agregadora flui o fator ordenador, que não permite que átomos se liguem indistintamente.

O fator ordenador atua no sentido de só permitir que aconteçam as ligações preestabelecidas como úteis, equilibradas e aceitas como partes de um todo maior, que, no nosso caso, é nosso planeta.

Tudo o que se formar fora de uma ordem preestabelecida é caótico, inútil, nocivo e desequilibrador, tanto no micro quanto no macro.

Então, já temos dois fatores de Deus ou fatores divinos: a agregação e a ordenação. São fatores que estão na origem das coisas e das espécies.

A imanência agregadora sustenta as ligações dos agregados e o fator ordenador regula o que está sendo formado, para que não gere coisas caóticas ou espécies deformadas, que seriam inúteis à criação divina, à manutenção da vida e à estabilidade da natureza.

Deus é imanentemente agregador e é ordenador!

Mas, para que a mesma imanência que formou os átomos de hidrogênio e de oxigênio seja ativada para que se agreguem "ordenadamente" e deem origem à substância água, existe um outro fator divino, que chamamos de fator evolutivo ou transmutador. Ele atua no sentido de criar as condições ideais para que duas coisas diferentes, mas afins, se liguem e deem origem a uma outra coisa, já composta e útil à vida.

O fator evolutivo permite a passagem de um estado para outro. Ele é sinônimo de crescimento, pois permite que coisas menores se liguem e deem origem a uma maior. Então, átomos afins passam a formar moléculas, que passam a formar substâncias, que são muito maiores e até visíveis, pois os átomos não eram!

Então, temos isto: a imanência permite as ligações, a ordenação estabelece a forma como devem acontecer e a evolução direciona as ligações para que continuem acontecendo já em outras condições (estados) e passem a formar novas coisas.

O fator agregador liga.

O fator ordenador regula.

O fator evolutivo cria as condições para que as coisas passem de um estado para outro, no qual novas coisas se formam.

Agregação, ordenação e evolução!

Eis aí como a gênese acontece, porque são fatores divinos atuando nela e em tudo o que cria (idealiza) e gera (concebe).

Na agregação os afins se ligam.

Na ordenação, as ligações só acontecem se forem equilibradas e atenderem a uma ordem preestabelecida.

Na evolução são criadas as condições para que novas ligações imanentes ocorram e novas coisas surjam ordenadamente.

A teoria evolucionista diz que as coisas surgiram a partir da agregação de átomos que deram origem às moléculas, que deram origem às substâncias. Mas não diz que uma imanência divina preexistente foi estabelecendo as ligações; que um fator ordenador foi descartando as ligações caóticas; e que o fator evolutivo foi criando as condições para que ocorressem novas ligações e surgissem novas "coisas".

Sabemos que esses três fatores que citamos são partes da gênese divina ou gênese das coisas, e que há muitos outros fatores tão atuantes quanto fundamentais.

Vamos listar alguns fatores de Deus ou fatores divinos que estão na origem ou gênese:

Fator agregador
Fator ordenador
Fator evolutivo ou transmutador
Fator conceptivo
Fator gerador
Fator equilibrador
Fator racionalizador
Fator diluidor
Fator magnetizador
Fator paralisador
Fator criacionista
Fator transfomador
Fator energizador
Fator desenergizador
Fator concentrador
Fator expansor, etc.

Esses fatores, e muitos outros, atuam na gênese das coisas e são chamados de irradiações divinas, pois estão em tudo, em todos e em todos os lugares.

Quando um atua, sempre ativa outros, porque, para surgir algo novo, todo um anterior estado das coisas tem de ser paralisado, desenergizado, desmagnetizado e desagregado, senão deformará o que ali vier a ser criado.

Esses fatores divinos estão na origem de tudo. E muitos outros, que sequer imaginamos, porque são fatores compostos ou mistos, atuam sobre nós o tempo todo, ora nos estimulando, ora nos energizando ou nos paralisando porque estamos nos desarmonizando com o Divino Criador.

Quando nos elevam é porque nossos sentimentos e anseios íntimos são positivos e virtuosos. Quando são negativos, aí absorvemos fatores que visam a alterar nossa consciência e sentimentos íntimos negativados por pensamentos viciados.

Então, temos fatores ativos e passivos ou positivos e negativos.

Os fatores ativos vão nos movimentando ou estimulando até que criemos em nós as condições para nos transformarmos, desagregando velhos conceitos e iniciando a busca de novos, já em acordo com nossos anseios e necessidades e volutivas.

Sabemos que os elementos e as energias são os meios pelos quais absorvemos os fatores divinos, já que são tão sutis que, se não fossem assim, não teríamos como retê-los em nosso denso magnetismo mental.

Junto dos elementos ou energias, estamos absorvendo-os, internalizando-os e agregando-os ao nosso magnetismo, que pouco a pouco vai se imantando (ou fatorando) e adquirindo um padrão vibratório de acordo com nossa natureza íntima.

Sim, porque todo ser tem sua natureza individual, e em alguns ela é "aquática", em outros é "ígnea", em outros é "telúrica", etc.

Sabemos que o mistério "fatores divinos" está na origem de tudo, inclusive das hierarquias de Deus, que são as divindades.

As divindades "geram" energias fatoradas porque absorvem direto de Deus imensas quantidades de fatores divinos. Depois os irradiam, também em grandes quantidades, mas já adaptados aos seus padrões magnéticos, energéticos e vibratórios.

Essas energias fatoradas se distinguem umas das outras e, se estamos evoluindo sob a irradiação de uma divindade, então nossa natureza individual se imantará com o fator energético da "nossa divindade pessoal"; com o passar do tempo, assumimos atitudes semelhantes à dela, que é a regente (energizadora) do nosso mental.

Nos fatores encontramos nossa gênese e identificamos por qual deles fomos imantados quando ainda vivíamos no útero divino da "mãe geradora da vida", pois é nele que somos distinguidos por Deus com uma de Suas características genéticas divinas.

Sim, todos nós somos herdeiros de uma "qualidade" de Deus, já que Ele possui todas, mas nós só estávamos aptos a ser distinguidos por uma.

Só que, como Deus é único em tudo o que gera e também em Suas qualidades, então, a que herdamos é divina, infinita, abrangente e inesgotável em recursos e faculdades derivadas ou qualificativas.

Assim, se em nossa origem fomos distinguidos por Deus com uma de Suas qualidades, ela nos influenciará em todos os aspectos de nossa vida.

Nós destacamos sete qualidades de Deus, que trazemos ao nosso nível Terra, e identificamos com os sete sentidos da vida, que são:

Fé
Amor
Conhecimento
Justiça
Ordem
Evolução
Geração

As hierarquias divinas geradoras dos fatores que imantam essas qualidades divinas, já em nosso grau magnético planetário, nós identificamos com a hierarquia dos "Tronos" de Deus.

Então, temos sete Tronos de Deus, que são:

O Trono da Fé
O Trono do Amor
O Trono do Conhecimento
O Trono da Justiça
O Trono da Ordem
O Trono da Evolução
O Trono da Geração

Esses sete Tronos formam um colegiado ou uma regência, onde estão assentados ao "redor" do Trono planetário, que é uma individualização do próprio divino Criador.

Esse divino Trono planetário traz em si todas as qualidades de Deus, já adaptadas ao nosso grau magnético dentro da escala divina, e reproduz, em nível planetário, uma escala só sua, que, por ser divina, formou o magnetismo que desencadeou todo o processo de geração do nosso planeta Terra.

Sim. Este planeta não surgiu do nada ou por acaso. Ele antes foi pensado por Deus e só teve início assim que esse pensamento divino manifestou-se por meio de um de seus "jovens" Tronos planetários, que se projetou desde o "interior" do divino Criador para seu exterior, já como sua individualização em nível planetário.

No princípio do surgimento deste nosso planeta, o poderoso magnetismo do divino Trono planetário começou a gerar os fatores de Deus, e a atratividade era tanta que todas as energias que entravam em seu campo eletromagnético foram sendo retidas e "compactadas", criando um caos energético semelhante a uma massa explosiva.

Quando o magnetismo divino do jovem Trono planetário esgotou sua capacidade de absorver energias do nosso universo material, ele deu início ao desdobramento de sua escala magnética e de sua qualidade ordenadora e geradora, análogas às de Deus, e surgiu uma escala magnética planetária.

Essa escala planetária tem a forma de uma cruz, cujo centro neutro equivale ao centro do magnetismo do divino Trono planetário, que no nosso caso é o "Divino Trono das Sete Encruzilhadas", um Trono já não tão jovem hoje porque desde que se desdobrou já se passaram uns 13 bilhões de anos solares.

Essa é a idade, ainda que aproximada, do início da criação ou da gênese do nosso planeta Terra.

A escala magnética divina do Divino Trono das Sete Encruzilhadas o caracteriza e o distingue porque ele tanto repete a escala divina no sentido vertical como no horizontal.

Esta é a escala magnética do divino Trono planetário:

Ela forma sete graus vibratórios em cada um dos "braços" de sua "cruz", que se correspondem e repetem o mesmo magnetismo do divino Trono planetário, criando assim os níveis vibratórios ou graus magnéticos intermediários.

Esse magnetismo está na origem do nosso planeta e é o responsável pela sustentação de tudo o que aqui existe e de todos os seres que aqui vivem.

Sabemos que o Divino Trono das Sete Encruzilhadas é uma individualização de Deus, que traz em si mesmo todas as qualidades divinas do Divino Criador e, junto com incontáveis outros Tronos planetários, formam a hierarquia divina dos Tronos planetários que, no nosso grau magnético da escala divina, deram ou estão dando início à formação de planetas.

Nosso Trono das Sete Encruzilhadas e mais alguns outros semelhantes a ele "giram" em torno do "nosso" Trono Solar que, para nós, é o núcleo vivo de um sistema divino.

Esses Tronos Solares formam as constelações que são regidas pelos "Tronos estelares", que formam uma hierarquia que gira em torno dos "Tronos Galácticos", que giram em torno dos Tronos Universais, que formam o primeiro nível de Deus e são, cada um em si mesmo, um dos graus magnéticos da escala divina.

Nós não sabemos onde se localiza o começo ou o final da escala divina. Então, por analogia com a escala magnética do Divino Trono das Sete Encruzilhadas, estabelecemos um ponto neutro para dividi-la em graus magnéticos superiores e inferiores ao do nosso universo, que não se resume só à sua dimensão física, já que dentro dele há outras dimensões e mesmo em nosso planeta temos muitas dimensões planetárias.

Em Deus tudo se repete e se multiplica, tanto no micro quanto no macro.

Então, sabendo que a hierarquia dos Tronos de Deus inicia-se com os divinos Tronos regentes do Universo, agora podemos descrevê-la corretamente para que tenham uma noção aproximada da infinitude do Divino Criador, que é ilimitado em todos os sentidos, e, no entanto, está em um "grão de mostarda", tal como nos disse o mestre Jesus, que é em si mesmo uma individualização do divino Trono da Fé.

Bem, vamos à hierarquia dos Tronos de Deus:

1º) Deus;
2º) Tronos Regentes dos Universos (Tronos Universais);
3º) Tronos Regentes das Galáxias (Tronos Galácticos);
4º) Tronos Regentes das Constelações (Tronos Estelares);
5º) Tronos Regentes das Estrelas (Tronos Solares);
6º) Tronos Regentes dos Planetas (Tronos Planetários);
7º) Tronos Regentes das Dimensões Planetárias
(Tronos Dimensionais).

Esses Tronos cuidam da manutenção e estabilidade na criação divina e são em si mesmos individualizações de Deus, cada um adaptado ao seu grau vibratório na escala divina.

Mas outras hierarquias vão surgindo a partir dos Tronos que regem esses níveis magnéticos da escala divina e regem os subníveis magnéticos, auxiliando-os na manutenção da estabilidade, da ordem e da evolução.

Temos, ainda, as hierarquias dos Tronos atemporais:
Trono das Energias;
Trono do Tempo;
Trono das Passagens;
Trono da Vida;
Trono da Renovação;
Trono da Transformação;
Trono Guardião.

Esses Tronos são "atemporais" porque não atuam a partir de um ponto fixo ou um ponto de forças magnético.

Eles, onde estiverem, se assentam e, ali mesmo, se desdobram e começam a atuar, sempre visando a preservar ou restabelecer o "meio ambiente" onde se assentaram.

Nós, em nível planetário e multidimensional, temos os sete Tronos que formam a coroa regente planetária. Os sete Tronos assentados ao redor do Divino Trono das Sete Encruzilhadas são estes:

Trono da Fé;
Trono do Amor;
Trono do Conhecimento;
Trono da Justiça;
Trono da Lei;
Trono da Evolução;
Trono da Geração.

Esses sete Tronos são as sete individualizações do Divino Trono das Sete Encruzilhadas, que se repetem e se multiplicam por meio dele, já que cada um dá início às suas próprias hierarquias. E se muitas são as dimensões da vida dentro do nosso planeta, em todas elas esses sete Tronos planetários multidimensionais criam suas hierarquias auxiliares, cujos membros vão ocupando os níveis vibratórios da escala magnética planetária. Esses Tronos regentes dos níveis vibratórios se repetem e se multiplicam nos Tronos regentes dos subníveis vibratórios, que atuam bem próximos dos seres, pois estão no nível mais próximo de nós e são as individualizações dos regentes das dimensões.

Se descrevemos parcialmente as hierarquias dos Tronos, é porque são geradores de energias fatoradas e as irradiam por intermédio dos sete sentidos.

Sabemos que todo ser foi distinguido em sua origem divina por uma qualidade de Deus e foi "fatorado" quando ainda vivia no útero da Divina Mãe Geradora. Então, esse fator que nos "marcou" irá definir nossa herança genética divina e formará nossa natureza individual.

Sabemos também que um ser, ao alcançar um padrão magnético individual irradiante, começa a gerar energias e a irradiá-las para quem vibra no mesmo padrão, mas com magnetismo ainda absorvente.

Uns sustentando os outros doando as energias que geram naturalmente. Nessas doações "individuais", os geradores vão influenciando os absorvedores e, imperceptivelmente, vão moldando seus magnetismos, energias e natureza íntima. Ou não é verdade que um filho também herda dos pais seus hábitos, caráter e modo de viver?

Essa é a característica mais marcante da gênese divina, pois nada existe por si só ou só para si. Tudo se interpenetra, inter-relaciona e cria uma dependência mútua que dá estabilidade à criação, às criaturas, aos seres e às espécies.

Os fatores de Deus são a menor coisa que existe na criação e estão na gênese. Logo, as hierarquias divinas começam com a dos Tronos geradores de fatores puros, mas irradiados já a partir do seu grau magnético, em que estão atuando tanto na natureza quanto na vida dos seres.

Então, no início das hierarquias estão assentados os Tronos geradores de fatores divinos, que são identificados tanto com os fatores divinos quanto com a natureza terrestre, assim como com a natureza íntima dos seres e com os sete sentidos da vida.

Os Fatores de Deus

Por favor, entendamos fatores como micropartículas, as menores da criação, cada uma com uma qualidade, uma característica e uma função única, original mesmo! E fundamental a tudo o que existe.

Temos acesso a todos os fatores de Deus e temos todos eles em nós por meio do nosso corpo plasmático ou espiritual e do nosso corpo carnal, ainda que os desconheçamos.

Todos "estão" em nós, alguns em mínimas quantidades e outros em grandes quantidades.

Já comentamos que os fatores só são "visíveis" a partir de determinado grau vibratório da criação, e que é o grau elemental ou do plano elemental da vida.

Aqui, no plano material, os cientistas desenham estruturas das proteínas, das enzimas, dos átomos, etc., para descreverem como se dão as "ligações" entre micropartículas que, ligadas entre si por mecanismos muito precisos, formam moléculas, que se agrupam formando substâncias ou "matéria".

Os fatores gerados no primeiro plano da vida e que formam o plasma fatoral que denominamos energia divina ou padrão energético fundamental da criação também seguem esse processo pois vão se ligando uns aos outros por meio de "ligações eletromagnéticas".

Se denominamos "ligações eletromagnéticas" é porque os fatores são partículas energéticas, cada um vibrando em uma frequência específica. E as ligações só acontecem se dois fatores pertencem a um mesmo grupo de frequências afins, criando com isso as duas "tabelas fatorais" (a cósmica e a universal).

Na tabela periódica, os átomos são classificados por "famílias". Já nas duas tabelas fatorais, os fatores são classificados por grupos de "partículas eletromagnéticas afins" ou complementares que, em verdade, formam sequências ou "cadeias fatorais", cujo resultado são "formas fatoriais compostas" ou símbolos sagrados da criação.

Os fatores "afins" originam cadeias cujas formas são símbolos vibrando em alta frequência e que vão se reproduzindo infinitamente após se formarem com a ligação deles.

A energia divina é um mistério de Deus, pois nela são gerados os fatores, e estes, após se unirem e constituírem estruturas muito bem definidas e belíssimas, reproduzem-se continuamente.

Essas estruturas ou símbolos são tão vivos quanto uma célula; começam a se reproduzir e emanar cópias com o mesmo potencial energético, com o mesmo padrão vibratório, com o mesmo magnetismo e com as mesmas funções na criação.

As reproduções acontecem com os próprios fatores, pois cada uma dessas micropartículas eletromagnéticas absorve a "energia pura de Deus" e, após se sobrecarregar, multiplica-se em um, em dois... em até outros 77 fatores, iguais em tudo ao que os gerou.

O processo de multiplicação de um fator é um mistério magnífico, pois ele não cresce de tamanho, mas vai aumentando sua carga energética, que acelera sua frequência até um ponto em que o campo à sua volta "explode" e ele emite para todos os lados suas "cópias".

É fantástico o processo de multiplicação de um fator, processo esse que pode demorar alguns minutos ou alguns segundos, um milésimo ou um milionésimo de segundo.

Cada fator é uma "entidade" em si mesma e os classificamos como partículas vivas porque, tal como um micro-organismo, reproduz-se de si mesmo e depois emana essa multiplicação à sua volta, sendo que os novos fatores, assim que emanados, já iniciam seu processo de automultiplicação.

É um processo geométrico, pois um fator gera, por exemplo, três novos fatores, iguais em tudo a ele. E, logo depois, esses três novos fatores geram três outros cada um, e com isso, seu número vai aumentando como em uma progressão geométrica: 1 : 3 : 9 : 27 : 81 : 243 : etc., e isso sem contarmos que cada um dos três primeiros gera uma progressão só para eles, que continuarão a gerar novas progressões assim que concluírem seus ciclos e se reproduzirem.

Quando falamos em "Mistérios de Deus", muitos têm dificuldade para entender o real significado da palavra "mistério" e logo imaginam algo parecido com "os Mistérios Órficos" ou "os Mistérios de Elêusis", que eram iniciações secretas.

Iniciações são o que são: iniciação das pessoas e abertura de um conhecimento sagrado a elas, que evocarão certos poderes divinos e certas forças da natureza em benefício próprio ou de terceiros com rituais criados para tais finalidades.

Já "o mistério" a que nos referimos, ele é outra coisa, ainda que não deixe de ter uma analogia, pois, em uma iniciação, os iniciados reproduzirão as mesmas coisas que só o iniciador antes fazia.

Toda iniciação é chamada de "mistério" por causa disso.

Um professor pratica um mistério todos os dias, porque ensina aos seus alunos algo que antes eles não sabiam.

Por isso a expressão "cada um no seu mister" é correta, já que um aluno, se quiser praticar o "mister" do seu professor, só precisará estudar ainda mais e alcançar o grau dele para reproduzi-lo (iniciar novos alunos).

A esse processo ou prática de um mistério (o ensino) nós classificamos como "iniciação no meio".

A iniciação natural ou "iniciação na origem" é diferente e o iniciador reproduz a si a partir de si e é um "mistério original da criação" pois, ao reproduzir-se de si, está por inteiro na sua reprodução, que terá todas as suas qualidades originais.

Para que fique claro nosso comentário, tomemos um grão de feijão que, após ser plantado, germina, brota, cresce, floresce e gera muitos outros grãos de feijão, análogos ao grão original.

Isso é iniciação na origem e é um "mistério de Deus", um mistério original da criação.

Reproduzir-se de si é um mistério original ou uma qualidade adquirida na sua origem.

Reproduzir-se em outro é um mistério do meio ou uma faculdade adquirida no meio, tal como o mestre que se reproduz no seu discípulo, pois passa a ele as chaves do seu saber e este irá usá-las segundo sua própria capacidade, podendo remodelá-las ou não segundo seu próprio entendimento.

Um grão de feijão sempre estará nos novos grãos que gerará de si. Já um mestre nem sempre estará nos seus discípulos... e quase sempre estes só terão do mestre a chave que precisam para fazer brotar em si suas próprias faculdades mentais.

Por isso, se dizemos que a energia divina é original é porque ela gera em si os fatores e estes, por serem gerados em uma energia original, geram a si mesmos e se reproduzem integralmente. E suas reproduções, tal como no exemplo do grão de feijão, também se reproduzirão integralmente.

No estudo das energias etéreas e mesmo nas do plano material há essa diferença entre as energias originais e as derivadas da combinação de duas ou mais energias originais.

Cada fator é uma fonte energética com uma função específica na criação, e a união de vários fatores afins geram "concentrados energéticos", tal como os polivitamínicos ou polyminerais que atendem às várias necessidades energéticas das pessoas que recorrem a eles.

Assim, se cada fator é classificado como uma "energia" ou uma proteína, então eles têm a capacidade de realizar certos "trabalhos", tal como realizam as várias forças estudadas na física.

As tabelas cósmica e universal dos fatores de Deus são formadas cada uma delas por milhares de fatores com funções puras, mistas ou complexas.

Por "funções puras", entendamos os fatores que realizam um único "trabalho".

Por "funções mistas", entendam a união de dois fatores afins unidos e que realizam dois "trabalhos" ao mesmo tempo.

Por "funções complexas", entendam a união de vários fatores afins para a realização de múltiplos "trabalhos" ao mesmo tempo.

Os termos cósmico e universal têm a conotação de negativo e positivo e de ativo e passivo.

– Cósmico = negativo – ativo.
– Universal = positivo – passivo.

Obs.: cósmico, aqui, não é relacionado ao Cosmos, e universal não é relacionado ao Universo. Que isso fique entendido desde já, pois usaremos essas palavras com significados que têm, para nós, outros sentidos daqueles ulitizados na astronomia. E o mesmo faremos com outras palavras, dando a elas outros significados.

As tabelas a seguir são parciais, formadas só por alguns fatores. Mas cremos que elas servirão para tornar compreensível a função dos fatores de Deus e o trabalho que eles realizam na criação e na vida dos seres.

Tabela Parcial de Fatores Cósmicos

1. Fator Paralisador
2. Fator Diluidor
3. Fator Repulsor
4. Fator Desmagnetizador

5. Fator Consumidor
6. Fator Decantador
7. Fator Destruidor
8. Fator Desequilibrador
9. Fator Devorador
10. Fator Quebrador
11. Fator Separador
12. Fator Revertedor
13. Fator Degenerador
14. Fator Inibidor
15. Fator Partidor
16. Fator Amarrador
17. Fator Fechador, etc.

Comentários sobre esses fatores de Deus:

Fator Paralisador: esse fator tem por função paralisar a ação ou o trabalho dos outros fatores.

Fator Diluidor: esse fator tem por função diluir as misturas ou combinações fatorais.

Fator Repulsor: esse fator tem por função repelir a ação dos outros fatores ou mesmo repeli-los.

Fator Desmagnetizador: esse fator tem por função desmagnetizar os outros fatores, anulando-os.

Fator Consumidor: esse fator tem por função consumir os outros fatores.

Fator Decantador: esse fator tem por função decantar as energias emitidas pelos outros fatores ou mesmo decantá-los de um lugar onde estão concentrados e recolhê-los em si mesmos, anulando-os.

Fator Destruidor: esse fator tem por função destruir os outros fatores.

Fator Desequilibrador: esse fator tem por função desequilibrar o meio onde os outros fatores realizam seus trabalhos e, com isto, impedi-los de continuarem as suas multiplicações.

Fator Devorador: esse fator tem por função envolver (engolir) os outros fatores e acabar com eles.

Fator Quebrador: esse fator tem por função quebrar as ligações simples ou complexas formadas por outros fatores.

Fator Separador: esse fator tem por função separar fatores que se uniram aleatoriamente e começaram a realizar um trabalho nocivo aos seres.

Fator Revertedor: esse fator tem por função a reversão do trabalho realizado pelos outros fatores.
Fator Degenerador: esse fator tem por função degenerar os outros fatores.
Fator Inibidor: esse fator tem por função inibir a ação dos outros fatores.
Fator Partidor: esse fator tem por função partir os fatores compostos, formados pelas quatro partes deles: duas positivas e duas negativas.
Fator Amarrador: esse fator tem por função reproduzir-se em uma cadeia que "amarra" os outros fatores e impede que eles continuem a se multiplicar.
Fator Fechador: esse fator tem a função de fechar os outros fatores, paralisando suas multiplicações.

Muitos outros fatores negativos não são revelados aqui porque neles estão as chaves de acesso a mistérios que, se ativados por processos magísticos negativos, podem ser muito nocivos às pessoas.

Mas saibam que existem milhares de fatores cósmicos, cujas funções devem ser mantidas em segredo.

Agora, vamos a uma tabela parcial dos fatores universais ou positivos.

Tabela Parcial dos Fatores Universais

1. Fator Magnetizador
2. Fator Gerador
3. Fator Agregador
4. Fator Cristalizador
5. Fator Fixador
6. Fator Congregador
7. Fator Equilibrador
8. Fator Transmutador
9. Fator Gerador
10. Fator Energizador
11. Fator Expansor
12. Fator Ordenador
13. Fator Movimentador
14. Fator Criacionista
15. Fator Conservador
16. Fator Renovador

17. Fator Estimulador
18. Fator Vitalizador
19. Fator Regenerador
20. Fator Estruturador
21. Fator Potencializador
22. Fator Acelerador
23. Fator Multiplicador
24. Fator Mobilizador
25. Fator Concebedor
26. Fator Atrator
27. Fator Racionalizador
28. Fator Evolucionista
29. Fator Criativista
30. Fator Preservacionista
31. Fator Graduador
32. Fator Condensador
33. Fator Imantador

Comentários sobre esses fatores de Deus:

1. Fator Magnetizador: esse fator tem por função magnetizar tudo, inclusive os outros fatores.

2. Fator Direcionador: esse fator tem por função direcionar tudo, inclusive a ação dos outros fatores.

3. Fator Agregador: esse fator tem por função agregar os outros fatores.

4. Fator Cristalizador: esse fator tem por função dar forma final e permanente a tudo.

5. Fator Fixador: esse fator tem por função fixar cada coisa no seu lugar na criação.

6. Fator Congregador: esse fator tem por função reunir tudo e todos em uma mesma direção, inclusive fatores não afins, mas cujas ações são complementares.

7. Fator Equilibrador: esse fator tem por função equilibrar as ações dos outros fatores.

8. Fator Transmutador: esse fator tem por função transmutar as ações dos outros fatores.

9. Fator Gerador: esse fator tem por função gerar as condições para a multiplicação de tudo, inclusive dos outros fatores.

10. Fator Energizador: esse fator tem por função energizar toda a criação de Deus, inclusive seus outros fatores.

11. Fator Expansor: esse fator tem por função expandir a criação.

12. Fator Ordenador: esse fator tem por função ordenar tudo e todos, inclusive a ação dos outros fatores.

13. Fator Movimentador: esse fator tem por função dar movimento a toda a criação, inclusive aos outros fatores.

14. Fator Criacionista: esse fator tem a função de criar novas "coisas".

15. Fator Conservador: esse fator tem a função de conservar os meios por onde flui a criação.

16. Fator Renovador: esse fator tem por função renovar tudo o que "envelheceu" na criação, inclusive os espíritos.

17. Fator Estimulador: esse fator tem por função estimular tudo e todos os seres, inclusive a ação dos outros fatores.

18. Fator Vitalizador: esse fator tem por função vitalizar tudo e todos, inclusive os outros fatores.

19. Fator Regenerador: esse fator tem por função regenerar tudo, inclusive os outros fatores.

20. Fator Estruturador: esse fator tem por função estruturar tudo o que Deus gera.

21. Fator Potencializador: esse fator tem por função dar potência a tudo, inclusive aos outros fatores.

22. Fator Acelerador: esse fator tem por função acelerar as ações dos outros fatores.

23. Fator Multiplicador: esse fator tem por função multiplicar os outros fatores.

24. Fator Mobilizador: esse fator tem por função dar mobilidade a tudo que Deus gerou, inclusive aos outros fatores.

25. Fator Concebedor ou Conceptivo: esse fator tem por função conceber novas coisas, inclusive novos fatores.

26. Fator Atrator: esse fator tem por função atrair tudo o que tiver afinidades, inclusive outros fatores.

27. Fator Racionalizador: esse fator tem por função racionalizar tudo e todos, inclusive a ação dos outros fatores.

28. Fator Evolucionista ou Evolutivo: esse fator tem por função criar as condições para a evolução dos seres.

29. Fator Criativista: esse fator tem por função criar as condições para que expanda a criatividade dos seres.

30. Fator Preservacionista: esse fator tem por função preservar tudo e todos, inclusive os outros fatores.

31. Fator Graduador: esse fator tem por função graduar a ação dos outros fatores.
32. Fator Condensador: esse fator tem por função condensar os outros fatores.
33. Fator Imantador: esse fator tem por função imantar todos os outros fatores.

A lista dos fatores universais é interminável, mas aqui só mostramos alguns e suas funções na criação.

Caso queiram entender com mais profundidade o que eles realizam, basta pegar um dicionário e ver o significado dos verbos aqui usados para defini-los.

Por exemplo:
Fator condensador: que condensa.

Condensar: tornar denso ou mais denso; engrossar; tornar consistente.

Condensação: ato ou efeito de condensar; passagem de um corpo gasoso ao estado líquido.

Condensabilidade: propriedade de se condensar.

Mas também poderíamos chamá-lo de fator condensativo: que condensa; condensante.

E o mesmo se aplica a todos os outros fatores, cujos nomes guardam a essência dos significados que as palavras usadas têm no plano material, tal como acontece com o fator graduador:

Fator Graduador: diz-se do que gradua
    Graduado: dividido em graus
    Graduação: ato ou efeito de graduar
    Gradual: em que há gradação
    Graduar: dividir em graus

Retornando aos Fatores de Deus, eles são micropartículas energéticas, as menores existentes que, ao se aglomerarem, desencadeiam ações associadas aos seus nomes.

Aqui só explicamos alguns para que tenham noção do assunto que comentamos.

E se eles são micropartículas em estado de suspensão, há no entanto um meio de atraí-los, acumulá-los e transportá-los de um lugar para outro.

Em capítulo à parte saberão como isso acontece.

As Funções dos Fatores Divinos

Fatores Universais

Funções positivas ou universais

Um fator é uma função divina, tanto na criação quanto na vida dos seres.

Cada fator, como já comentamos, é uma micropartícula, e o acúmulo delas realiza um trabalho, seja gerando algo que beneficie os seres, seja desencadeando nos seres a geração de sentimentos íntimos que os direcionam em uma ou em outra direção.

Os meios em que os seres vivem são energizados continuamente pelos fatores transportados e irradiados pelas ondas vibratórias, mantendo-se sempre em equilíbrio e atendendo às suas funções de sustentadores de todas as formas de vida que neles vivem e evoluem.

Quanto aos seres, a absorção dos fatores divinos se dá de duas formas:

1ª) Por absorção natural e em quantidades predeterminadas por mecanismos divinos que regulam suas absorções naturalmentee sempre em acordo com as necessidades específicas de cada forma (espíritos, criaturas e espécies) por onde a vida flui.

A vida, assim como a energia, não tem plural, mas se usamos do plural na vida é para indicar as várias formas de ela existir e se mostrar para nós, assim como, se usamos a palavra energia no plural, é só para indicarmos seus vários estados ou os meios usados por ela para realizar seus trabalhos.

Logo, "vidas" ou "energias" é uma simplificação, um recurso literário para indicarmos os meios por onde a vida flui e de que forma a energia realiza seus trabalhos, cer to?

Voltemos às funções dos fatores divinos.

2ª) Por alteração do padrão eletromagnético e vibracional do mental dos seres.

Para que entendam essa alteração, tomemos como exemplo uma pessoa que levava sua vida normalmente mas que, de um momento para outro, começa a vibrar intensamente um forte sentimento de fé ou de amor, ou de esperança, etc., enfim, um sentimento virtuoso.

Pois bem: essa pessoa absorvia naturalmente uma carga de fatores relacionados com algum desses sentimentos e, de uma carga de 0 a 10, ela, como a maioria das pessoas, absorvia uma carga entre três e quatro ciclos de ondas vibratórias fatorais por um milionésimo de segundo.

Mas, ao desencadear em seu íntimo a vibração intensa de sentimentos de fé, esse sentimento precisa ser suprido por uma carga extra dos fatores alimentadores da sua fé, e a carga necessária para suprir seu mental aumenta automaticamente para cerca de seis ou sete ciclos de ondas vibratórias fatorais (o aumento dos ciclos absorvidos por 1 milionésimo de segundos) aumenta a quantidade de fatores descarregados dentro do mental dessa pessoa em questão. Assim ela não sofre nenhum esgotamento energético mental.

> Saibam que, assim como o cérebro precisa ser alimentado por nutrientes (vitaminas, proteínas, etc.), o mental precisa ser suprido por fatores, senão o ser não consegue usar todas as suas faculdades espirituais. E, assim como o cérebro, se não for oxigenado pela corrente sanguínea, pode sofrer lesões, o mental, se não receber sua carga fatoral necessária, também sofre lesões que incapacitam o ser de raciocinar ordenadamente.
>
> O corpo físico é o meio que o espírito tem à sua disposição para viver no plano material. Mas, se ocorrerem danos no cérebro, ele ficará bloqueado, assim como se ocorrer danos no mental, não importa se o cérebro está em perfeitas condições, porque faltarão os fatores necessários à boa atividade das suas faculdades espirituais, tais como: estímulo, coordenação de ideias, vitalidade, criatividade, perseverança, fé, esperança, amor, tolerância, resignação, tenacidade, etc.

- Os meios de transporte dos fatores divinos já sabemos que são as ondas vibratórias.
- Os fatores, também já sabemos que têm funções. Cada fator tem a sua.
- As ondas, já sabemos que a cada plano elas densificam-se e aumentam a carga fatoral que transportam, aumentando a energização dos seres e dos meios onde eles vivem.
- Sabemos que as ondas formadas por linhas retas são temporais e sempre avançam para a frente ou para os planos posteriores.
- Sabemos que as ondas formadas por linhas curvas são atemporais e "nascem" nos muitos planos da vida e que, a partir daquele em que nasce, ela se projeta para todos os outros simultaneamente.
- Sabemos que existem milhares de fatores divinos e que cada um deles realiza algo inerente à sua carga energética.
- Sabemos que fatores afins podem se associar, fundir ou misturar e formar cargas energéticas mistas, compostas ou complexas, realizando trabalhos mais amplos ou sustentando "estruturas" mais abrangentes.
- Sabemos que são "alimentadores" do nosso mental e sustentadores das faculdades mentais do espírito.
- Sabemos que os sentimentos são, cada um deles, alimentados por um ou vários fatores divinos.
- Sabemos que, assim como o cérebro, o mental também pode sofrer danos.
- E, finalmente, sabemos que, se existem fatores universais ou positivos, também existem os fatores cósmicos ou negativos; os fatores afins e os opostos; os complementares e os antagônicos; os que se unem ou fundem e os que se repelem ou se autoanulam, etc.

Os Fatores de Deus são a chave da gênese divina e a chave da natureza íntima dos seres. Para entenderem como eles influenciam nossa natureza e personalidade recomendamos o livro *Orixás Ancestrais – A Hereditariedade Divina dos Seres* (Madras Editora), em que mostramos como os fatores divinos determinam nossa evolução, ou *O Código da Escrita Mágica* (Madras Editora).[2] Para entenderem as vibrações divinas.

---

2. Aqui, neste livro, nunca ou só raramente as palavras positivo e negativo são sinônimos de bom e mau.

As Funções dos Fatores Divinos

Os fatores divinos universais ou positivos têm por função alimentar os seres e os meios onde vivem e são transportados por ondas temporais, e por ondas atemporais.

Os fatores cósmicos ou negativos também têm por função alimentar os seres e os meios onde vivem e são transportados por ondas atemporais ou por ondas temporais.

Geralmente, nas ondas vibratórias, positivo é sinônimo de universal ou passivo e negativo é sinônimo de cósmico ou ativo.

Alertamos para esse fato porque, se afirmarmos que há fatores positivos e negativos, ora estaremos nos referindo à forma como eles nos influenciam se absorvidos em demasia e ora estaremos nos referindo à composição energética que eles desprendem por meio dos seus microcampos eletromagnéticos.

Esses microcampos são absorvedores de vários fatores, combinando-os, e são irradiadores da energia já mista, composta ou complexa. Uns são benéficos para os seres e outros não são. Logo, pedimos atenção para as conotações de positivo e negativo em nossos comentários.

Nós comentamos energias fatoriais divinas, não leis físicas e químicas acadêmicas. Portanto, não admitiremos que críticos desqualificados do nosso livro entrem em searas que desconhecem.

Continuando, dizemos que os fatores universais são aquele que são absorvidos de forma natural pelos seres.

Por "absorção natural", entenda a captação dos fatores que são absorvidos passivamente e em quantidades de cargas dentro de um limite.

Acima do limite "coletivo" o ser começa a absorver fatores transportados em grandes quantidades pelas ondas atemporais.

Logo, os fatores transportados pelas ondas temporais também são chamados de "fatores temporais" e os transportados pelas ondas atemporais são chamados de "fatores atemporais".

Fatores positivos, passivos, universais ou temporais só são absorvidos pelos seres cujos mentais vibram dentro de uma faixa.

Fatores negativos, ativos, cósmicos ou atemporais só são absorvidos pelos seres cujos mentais vibram fora da sua faixa coletiva.

Nota: observem como as palavras vão assumindo significados análogos no contexto em que as empregamos nos nossos comentários.

Fatores Cósmicos

Os fatores cósmicos negativos ou ativos, tal como já comentamos parcialmente na abordagem dos fatores universais, destinam-se a suprir necessidades adicionais dos meios e dos seres que aumentaram a absorção deles por causa da alteração das suas vibrações mentais.

As cargas de fatores vão mudando segundo a alteração vibracional dos seres e, em alguém que tem fé em Deus e a vivencia com "naturalidade", a carga de fatores alimentadores é normal e flui dentro da "faixa vibratória geral" onde ele vi ve e evolui.

Mas, se esse mesmo ser altera sua fé, a carga fatorial terá de ser alterada para alimentar seu mental ou sofrerá uma sobrecarga ou um rápido esgotamento energético, porque todo estado alterado de religiosidade implica um maior ou menor consumo dos fatores sustentadores da religiosidade dos seres.

Assim, se alguém deixa de vibrar em seu íntimo qualquer sentimento de fé, a carga fatorial deverá diminuir, senão o ser em questão irá sobrecarregar-se desses fatores e ficará como que perdido ou desnorteado nesse sentido de sua vida.

Esses novos fatores absorvidos não faziam parte da carga anterior e natural para os seres determinada por Deus.

Esses novos fatores opostos ou antagônicos aos naturais, nós os englobamos nos "fatores cósmicos" ou atemporais, pois são necessidades extras das pessoas que os vibram e têm de ser alimentados.

Há fatores cósmicos complementadores dos universais.

Há fatores cósmicos opostos aos universais.

Há fatores cósmicos que só "trabalham" (realizam suas funções) se forem associados aos universais (e vice-versa).

Há os fatores cósmicos anuladores dos universais (e vice-versa).

Há os fatores cósmicos destruidores dos universais (e vice-versa).

Enfim, dependendo do sentimento que o ser estiver vibrando, ele atrairá via magnetismo mental as ondas vibratórias alimentadoras do seu sentimento e a ligação acontece a partir da alteração do padrão vibratório mental.

Há casos de pessoas que, tendo vivenciado um momento tormentoso em outra encarnação, e porque guardam muito vivas na memória espiritual as "emoções" daquela vida, são perturbadas ou incomodadas por causa da queda ou alteração vibratória que ainda ressonam por causa da intensa carga fatorial absorvida naquela época.

Essas pessoas procuram analistas, psicólogos, psiquiatras, neurologistas, sacerdotes, orientadores, etc., para ser ajudadas. E alguns procuram terapeutas holísticos que trabalham com regressões espirituais e têm sido muito auxiliadas, pois o retorno consciente ao evento passado desliga as ondas vibratórias fatorais alimentadoras de tais sentimentos, inexplicáveis à luz da psiquiatria, que trabalha com os "distúrbios de personalidade" dessa vida (palavras nossas que sintetizam as neuroses, psicoses e demais patologias comportamentais tratadas cientificamente e à luz da razão).

Ligações Fatorais

Os fatores puros e originais só realizam um tipo específico de trabalho na criação, fato esse que os distingue e os classifica pelo nome do verbo que acionam com suas funções na criação.

Mas, se originalmente são emanados puros, originais e com uma só função, eles também tem em si meios de se ligarem com outros fatores com funções complementares, expandindo seus campos de ações ou trabalhos e facilitando o que têm de fazer.

As ligações não acontecem ao acaso e, sim, obedecem a "chaves de ligação" eletromagnéticas.

Essas chaves são "eletromagnéticas" porque as ligações acontecem tanto em nível de fatores quanto de vibrações, uma vez que tanto existem fatores quanto vibrações que se atraem ou se repelem.

Se fatores e vibrações afins ou complementares se atraem e os não afins se repelem, inferimos que tanto eles quanto elas possuem seus magnetismos individuais e que tanto podem uni-los quanto separá-los.

Se demos o nome de "chaves eletromagnéticas", isso é só um recurso descritivo de algo que acontece o tempo todo tanto com os fatores quanto com as ondas vibratórias que os transportam.

É só uma comparação analógica com o que acontece em uma corrente elétrica aqui no plano material.

Assim como, comparamos a atratividade natural entre ondas afins que se fundem e adquirem um calibre maior e a capacidade de transportar dois fatores ligados entre si.

As comparações do que acontece no primeiro plano da vida, totalmente etérico, com o que acontece aqui no plano material tanto servem para estabelecermos uma comparação quanto para demonstrarmos que há uma correspondência analógica entre a energia fatoral e suas ondas vibratórias e a energia elétrica e os fios ou cabos que a transportam desde a usina de geração até seus consumidores finais.

Na verdade, tudo se repete de plano em plano e, se temos fatores curadores no primeiro plano da vida, aqui no plano material os temos já como princípios ativos das plantas e que são capazes de realizarem curar maravilhosas se ingeridos ou consumidor nas quantidades corretas.

Entendemos que essa correspondência entre as funções dos fatores e as dos princípios ativos das plantas nada mais é que eles, de plano em plano, concretizando-se na matéria sem perderem suas propriedades originais, determinadas a cada um deles pelo Divino Criador que os gerou e os irradiou, exteriorizando em cada um deles uma de suas qualidades divinas.

Nesse caso, suas qualidades curadoras.

É importante salientarmos isso para que o leitor entenda que o que Deus manifestou de Si o traz em si como sua qualidade original e que o caracteriza e o distingue em meio a tantas criações divinas concretizadas no plano material como "energia em estado de repouso" ou em "estado potencial".

Entendemos que o plano material corresponde ao sétimo dia bíblico, quando seu autor nos revela que no sétimo dia Deus repousou.

Essa afirmação bíblica é profundamente esotérica e encerra em si todo um campo interpretativo do "trabalho" realizado pelo nosso Divino Criador.

Os fatores originais foram nomeados por verbos justamente porque cada um realiza um trabalho específico e só seu e que cada um é em si um princípio realizador do Divino Criador. E, de ligação em ligação e de plano em plano da criação, acabam chegando ao plano material, não mais como fatores e sim como átomos que, ao se ligarem, criam as moléculas, que criam as substâncias, que criam as "matérias", com cada uma trazendo em si uma herança "fatoral divina" que as qualifica, as distingue e as classifica, permitindo-nos nomeá-las como positivas ou negativas, como benéficas ou maléficas, etc.

Tudo isso, devemos aos fatores divinos, as menores partículas existentes na criação porque foram exteriorizadas pelo Divino Criador na sua divina emanação energética, criadora e realizadora, as quais podemos ver aqui do plano material no infinito universo que nos cerca em todas as direções e que "simbolicamente" é o "Deus-energia" em repouso ... mas só aparente, certo?

Fatores Positivos

Os fatores-energias, os dividimos em grupos de positivos, negativos e neutros.

Essa é uma classificação nossa e atende ao nosso propósito de estabelecermos uma correspondência analógica entre o primeiro estado da criação e seu sétimo estado, sendo que o primeiro é puramente energético e o sétimo é totalmente materializado.

O primeiro estado da criação mostra-se com um estado energético criador-gerador e o sétimo estado dela mostra-se como materializado e estável.

Assim entendido, então vamos à classificação dos fatores divinos:

Observando a ação dos fatores e estudando ao máximo cada um deles, já identificados e classificados por nós, os espíritos que nos dedicamos a esse campo da ciência divina chegamos à conclusão de que era preciso separá-los e classificá-los de alguma forma.

Então os separamos em três classes:

Fatores positivos
Fatores negativos
Fatores neutros

Os fatores positivos assumiram essa classificação porque foram englobados em um conjunto de fatores que participam da criação divina gerando e dando-lhe existência, até que, de estado em estado da energia, chegamos à matéria.

Os fatores negativos assumiram essa classificação porque eles participam da manutenção, do aperfeiçoamento e da expansão da criação.

Os fatores neutros assumiram essa classificação porque participam da estabilidade e perenidade da criação.

Isso, em todos os sentidos que estudarmos os fatores divinos, certo?

Vamos a alguns exemplos desses três "tipos" de fatores:

– Fatores positivos: fator gerador, multiplicador, curador, construtor, agregador, magnetizador, cristalizador, expansor, energizador, amparador, conscientizador, ordenador, direcionador, movimentador, positivador, fortalecedor, vitalizador, potencializador, organizador, vivificador, condutor, prosperador, congregador, harmonizador, clareador, iluminador, etc.

Temos acima 26 fatores classificados como positivos por nós.

Vamos às suas funções principais na criação:

1º) Fator gerador: esse fator tem a função de gerar tudo o que se fizer necessário, inclusive outros fatores onde eles estiverem em falta.

Essa sua polifuncionalidade deu-nos a possibilidade de classificá-lo assim:

1) Fator gerador da fé.
2) Fator gerador do amor.
3) Fator gerador do conhecimento.
4) Fator gerador da razão.
5) Fator gerador do caráter.
6) Fator gerador do aprendizado.
7) Fator gerador de novos fatores ou geracionista.

1) O fator gerador da fé tem o poder de, ao atuar no íntimo de um ser, desencadear a partir do seu íntimo "sentimentos de fé".

2) O fator gerador do amor tem o poder de, ao atuar no íntimo de um ser, desencadear a partir do seu íntimo sentimentos de amor.

3) O fator gerador do conhecimento tem o poder de, ao atuar no íntimo de um ser, desencadear a abertura de faculdades cognitivas.

4) O fator gerador da razão tem o poder de, ao atuar no íntimo de um ser, desencadear o equilíbrio integral entre o íntimo e o exterior do ser.

5) O fator gerador do caráter tem o poder de atuar no íntimo de um ser e desenvolver de dentro para fora todo um estado de consciência firme, rigoroso e inquebrantável.

6) O fator gerador do aprendizado tem o poder de atuar no íntimo de um ser e abrir-lhe faculdades retedoras de conhecimentos os mais variados possíveis.

7) O fator gerador de novos fatores é denominado como geracionista porque, se necessário, ele projeta de si réplicas de outros fatores que, a partir do meio e do local onde foram projetados, dão início à automultiplicação, fato esse que faz com que os desequilíbrios surgidos nos meios e nos seres por causa da insuficiência de alguns fatores sejam reparados rapidamente, devolvendo o equilíbrio energético a tudo e a todos.

É certo que o fator gerador, por trazer em si a qualidade geradora de Deus, é capaz de gerar, quando necessário, todos os outros fatores. Mas aí recorremos a uma segunda classificação do fator gerador e que é esta:
Fator gerador ígneo
Fator gerador eólico
Fator gerador telúrico
Fator gerador aquático
Fator gerador mineral
Fator gerador vegetal
Fator gerador cristalino

Se o classificamos assim, por elementos formadores da natureza terrestre, é porque, ao se agruparem, se ligarem ou se fundirem eles geram o segundo estado da energia viva e divina emanada por Deus, e que formam o segundo plano da vida, denominado por nós de plano essencial da criação, o qual descreveremos mais adiante.

O fato é que essa classificação elemental é analógica, uma vez que vemos fatores afins se agruparem para gerar as energias essenciais e estas, também por afinidades, se agruparem para formar as energias elementais, estas sim perceptíveis pelo nosso espírito porque participam a criação do nosso primeiro corpo energético denominado por nós de "corpo básico elemental".

Antes das energias elementais surgirem, constituindo o terceiro plano da vida, houve a necessidade de dois planos anteriores onde a energia viva e divina emanada por Deus foi condensada em dois estados diferentes, com cada um deles em um plano da vida.

"Os planos da vida comentaremos em um capítulo posterior".

Retomando nosso comentário sobre o fator gerador, se o identificamos como gerador ígneo, eólico, etc., é só um recurso em que, recorrendo ao modelo analógico, usamos energias que só surgem no terceiro plano da vida, denominado elemental para explicarmos o que existe e tem seu início no primeiro plano, pois é nesse que os fatores se agrupam por afinidades.

Entendemos que esse "comportamento" dos fatores divinos obedece à lei das afinidades, em que os "semelhantes" se atraem e os opostos se afastam ou se repelem.

Então, se uma determinada classe de fatores se atrai e posteriormente se liga para formar a energia essencial e depois, já no terceiro plano da vida, as essências se ligam para formar a energia elemental, ígnea, por exemplo, podemos deduzir que esta é o resultado de fatores e essências "ígneas".

Recorrendo ao que há só em um estado posterior, podemos classificar também dessa forma os fatores divinos.

Logo, não é errado afirmamos que os fatores geradores dividem-se em geradores ígneos, eólicos, etc., já que é um recurso analógico para nomearmos algo novo para o plano material.

O fato é que existem tantos fatores geradores que preferimos englobá-los nessas sete categorias, uma vez que elas são regidas por poderes estáveis da criação assentados no primeiro plano da vida e que são denominados por "divindades fatorais" ou Tronos fatorais geradores e irradiadores dos fatores vivos e divinos, que captam as emanações energéticas de Deus e as irradiam já como fatores.

Englobamos os Tronos em sete categorias, com cada um regendo um dos sete sentidos da vida, que são estes:

Sentido da fé
Sentido do amor
Sentido do conhecimento
Sentido da justiça
Sentido da lei
Sentido da evolução
Sentido da geração

Esses Tronos são em si manifestações do Divino Criador e cada um é um mental divino do "tamanho" da criação porque ela está dentro do seu campo mental e tudo o que existe dentro do campo de cada um recebe continuamente um fluxo fatoral de "dentro para fora", ou seja: a partir do lado interno para o lado externo, alimentando as coisas e os seres com seus fatores originais.

Essa alimentação de "dentro para fora" é de difícil descrição para as pessoas aqui no plano material, por causa do nosso condicionamento no estado da matéria.

Mas ela existe e alimenta com a energia fatoral tudo o que existe na criação.

Na verdade, as coisas criadas no mundo manifestado e os seres que nele vivem e evoluem, antes de alcançarem o "exterior" de Deus, já preexistiam no "interior" d'Ele, ou seja:

O que hoje está no "lado de fora da criação" já esteve no interior dela, só que em outro "estado" e em outras condições.

Prosseguindo com nossos comentários sobre os fatores, abordemos o fator multiplicador.

2º) Fator multiplicador:

O fator multiplicador original tem sua forma específica, que é esta:

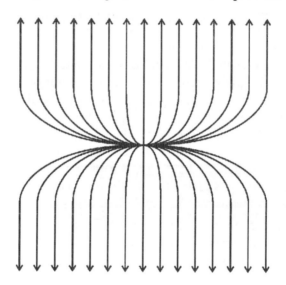

Agora, se essa é a forma original do fator multiplicador, no entanto, para multiplicar os pães (o trigo), ele assume uma nova estrutura e ela é parecidíssima com uma espiga de grãos de trigo.

Para multiplicar os peixes, assume uma forma parecida com uma espinha de peixe.

Reparem como há uma semelhança entre uma espiga de grãos de trigo e uma espinha de peixe.

Esse fator-energia "assume" uma forma diferente em cada "coisa" que multiplica.

No corpo humano, ele pode ser visualizado em nossas costelas. Talvez seja por isso que os autores da Bíblia escreveram que Deus criou a mulher a partir de uma "costela" do homem.

Poderemos visualizar sua presença em muitas coisas, mas não em todas, porque nem sempre estão visíveis aos nossos olhos humanos.

Mas que o fator multiplicador está em tudo e em todos, disso não tenham dúvida.

O Deus grego Netuno é uma personificação ou "humanização" dessa Divindade-Mistério de Deus.

Seu símbolo sagrado (um tridente) é parte do fator multiplicador, e não um símbolo "infernal" como o descreveram os cristãos de então que, não satisfeitos com a tomada do poder religioso, ainda demonizaram os ícones religiosos dos povos que conquistaram à custa de armas ou de uma suposta posse da "palavra" de Deus.

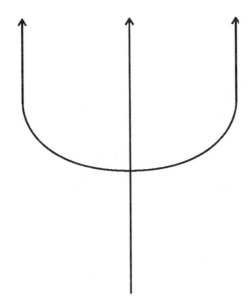

A bem da verdade, muitos ainda desconhecem o real significado do "Verbo Divino" ou da "Palavra de Deus" (os verbos realizadores de ações).

Até na Umbanda a ignorância sobre os símbolos de poder tem se mostrado, pois os Exus e as Pombagiras portadores de "tridentes" são associados por alguns ao mal ou são vistos como espíritos malignos.

Na verdade, são seres semelhantes a nós que os manifestam naturalmente ou foram iniciados em mistérios ou têm por função punir quem atentar contra a multiplicação natural das coisas.

À "direita" estão os espíritos sustentadores da multiplicação natural das coisas.

À "esquerda" estão os espíritos punidores de quem atentar contra a multiplicação natural das coisas.

Agora, para proteção da sociedade, é normal um judiciário e uma polícia bem aparelhadas e bem armadas para punirem os assassinos, os ladrões, etc., aqui no plano material.

Mas, no plano astral, o dos espíritos, quem irá puni-los, pois, tal como aqui, eles existem lá também?

Só que, aqui, está tudo bem!

Mas lá, que droga! Há o "diabo" para nos punir com seu perigoso tridente supressor da nossa horrível capacidade de multiplicarmos o mal e os maus, não é mesmo?

Saibam que a forma original do fator multiplicador nos mostra linhas ascendentes e descendentes.

As linhas ascendentes apontam para o alto, para a luz, para a vida, amparando sua multiplicação.

As linhas descendentes apontam para baixo, para as trevas, para a morte, suprimindo-as, recolhendo-as e punindo todos os que atentaram contra a vida.

O alto e o embaixo, trazidos para o meio, ficam à direita e à esquerda.

Portanto, quando um espírito da esquerda iniciado no mistério multiplicador estiver segurando sua "arma simbólica" (de símbolo ou fator) com a mão direita, estará sustentando a multiplicação do bem no seu campo de ação e atuação.

E, quando estiver segurando-a com a mão esquerda, estará punindo quem atentar contra a multiplicação natural das coisas.

Tudo é muito simples quando se conhece a simbologia e a função de um fator na criação.

Estavam certos os gregos antigos quando iam à beira-mar para oferendar o deus dos mares, Poseidon, com seu tridente.

Estavam e estão errados os seguidores da cultura religiosa judaico-cristã que atribuíram e ainda atribuem ao "tridente" uma função maligna.

Só deve temer sua ação punidora quem atenta contra a multiplicação natural das coisas.

É bom mesmo que temam, pois não atentam contra o crescimento natural das outras religiões?

Não ofendem os seguidores das outras religiões?

Não imputam aos "outros" a maldade que trazem no íntimo?

Fatores Positivos

Tridentes supressores para retirarem deles suas capacidades negativas de atribuírem aos outros o desequilíbrio que trazem em si, ora!

Exu manipula muito bem seu tridente, tanto para nos amparar quanto para nos punir. Afinal, foi para exercer essa função, entre tantas outras, que Deus o criou como é.

Os autores que escreveram sobre os símbolos jamais souberam que o fator multiplicador tem essa forma original e que assume outras parecidas quando está multiplicando as coisas criadas por Deus.

O fator original multiplicador, em sua forma mostrada aqui, tem por função multiplicar tudo e todos. Mas, ao multiplicar os pães, fica parecido com uma espiga de trigo e ao multiplicar os peixes fica parecido com uma espinha.

Mas, e ao multiplicar o amor?
Como é sua forma?
É esta:

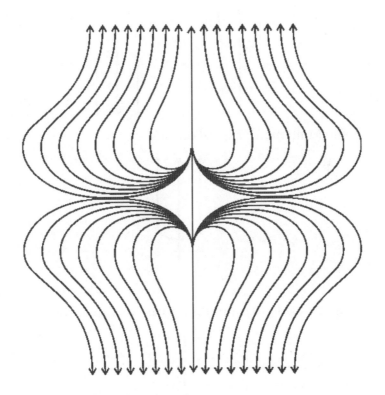

Seus Signos:

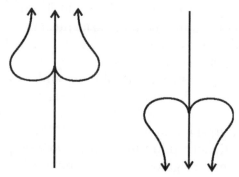

Que são diferentes dos signos multiplicadores originais, que são estes:

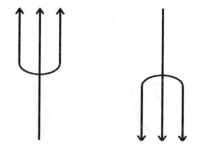

Signo Multiplicador Geral ou Original

Signo Anulador das Multiplicações Nocivas à Criação

Signo Multiplicador do Amor (da Gestação Natural)

Signo Anulador das Multiplicações Nocivas ao Amor (à Gestação Natural)

Teológica e simbolicamente estão justificados a existência e o uso do famoso e temido "tridente", tanto por Exu quanto por outros seres!

3º) Fator curador: esse fator tem a função de curar os seres cujo corpo espiritual entrou em desequilíbrio energético devido a alguma queda vibratória ou a alguma regressão consciencial.

As quedas vibratórias mentais expõem o corpo energético dos seres a vibrações cortantes, deletérias, etc.

As regressões conscienciais geram deformações e degenerações no corpo espiritual.

Além desses dois casos cujas causas são "internas", existem os casos de "agressões" de determinados "meios" aos seres que neles adentram inadvertidamente.

A função do fator curador é justamente a de curar seres espirituais com o corpo energético "enfermo".

Observem que estamos usando aspas porque estamos recorrendo a palavras usadas para "coisas" do lado material para, com elas, designarmos "coisas" do lado espiritual da vida, uma vez que, tal como acontece com o corpo biológico das pessoas, os corpos energéticos dos seres espirituais que não são "encarnantes" também estão sujeitos a certas enfermidades ou deformações.

Afinal, nada muda, ainda que aconteçam em outros "estados" de consciência e em outros meios da vida.

O fato é que o fator curador, assim como todos os outros fatores, repete a classificação dos fatores gerador e multiplicador, e mais uma vez recorremos à comparação analógica com as energias elementais, fazendo surgir estes fatores curadores:

Fator curador ígneo
Fator curador eólico

Fator curador telúrico
Fator curador aquático
Fator curador mineral
Fator curador vegetal
Fator curador cristalino

Esperamos que, com esses três exemplos, já não precisemos ressaltar em nossos comentários que com todos eles acontece essa "tipificação" a partir dos elementos formadores da natureza terrestre, já que em todos temos essa pluralidade, certo?

4º) Fator construtor: o fator construtor é de fundamental importância para a criação divina porque sua ação "construtora" ou "construidora" serve aos propósitos criadores divinos e é um fator que atua em paralelo com o fator estruturador, sendo que esse dá forma às estruturas (inclusive dos outros fatores) e o construtor torna-as "concretas", ainda que em outros estados da energia viva e divina, diferentes do seu estado na matéria ou "materializada".

5º) Fator agregador: o fator agregador tem a função de agregar tudo o que é possível unir-se para dar origem a novos "estados", novas formas, novas estruturas, novas energias fatoriais, novas "moléculas", novas substâncias, novas "matérias".

Sua ação agregadora é capaz de reunir com um propósito ou objetivo específico fatores contrários, criando os fatores duais ou com duas funções antagônicas entre si, tais como:

Fator misto agregador – diluidor
Fator misto magnetizador – desmagnetizador
Fator misto expansor – contrator, etc.

Esses fatores mistos ou duais são abundantes no quarto plano da vida, onde existem divindades possuidoras de mistérios duais ou com duplas funções, tais como:

– Agregar energias positivas e diluir energias negativas.
– Reunir seres afins e afastar os não afins.
– Construir o que é necessário para a evolução dos seres e demolir dos "meios" tudo o que começar a paralisar as funções evolucionistas e estimuladoras do crescimento íntimo dos seres.
– Magnetizador – desmagnetizador, em que magnetizam tudo o que é positivo e benéfico para os seres e desmagnetizam tudo que é negativo ou nocivo à evolução deles.

E assim sucessivamente com os fatores existentes no quarto plano da vida, denominado por nós como plano dual ou bipolarizador, pois é nele que surge o dualismo, e a bipolarização existente na criação torna-se visível e acessível ao nosso estudo do todo através das energias.

No quarto plano da vida o dualismo ou a bipolarização é tão acentuado que até os seres agrupam-se por afinidades com um dos dois polos magnéticos mentais das divindades duais que regem esse plano.

Nele, positivo e negativo; ativo e passivo; macho e fêmea; atrator e repelente; policromático e monocromático... e todos os demais "opostos" se tornam visíveis e é onde os fatores com dupla polaridade e dupla função mais se mostram e podem ser estudados com certa facilidade.

Voltando ao nosso comentário sobre os fatores positivos, continuemos, agora mais sinteticamente, com mais alguns:

Fator agregador – esse fator tem a função de ligar os fatores afins e dar origem a "coisas" estáveis na criação.

Fator magnetizador – esse fator tem a função de magnetizar ou de dar "magnestismo" aos outros fatores para que magneticamente se atraiam e se unam ou se repilam e se afastem.

Fator cristalizador – esse fator tem a função de dar forma final ou de "cristalizar" os outros fatores e o estado final das coisas.

Fator expansor – esse fator tem a função de expandir tudo o que é positivo na criação e é benéfico ou necessário para a evolução dos seres, inclusive pode expandir as faculdades mentais e o magnetismo mental deles.

Fator energizador – esse fator tem a função de energizar os meios onde os seres vivem e evoluem, assim como aos próprios seres.

Fator amparador – esse fator tem a função de amparar a ação dos outros fatores, os meios e a evolução dos seres.

Fator conscientizador – esse fator tem a função de alimentar as faculdades cognitivas e sustentar a conscientização e os estados de consciência dos seres.

Fator ordenador – esse fator tem a função de ordenar tudo o que existe, inclusive as ações dos outros fatores.

Fator direcionador – esse fator tem a função de direcionar ou de dar a direção certa a tudo e a todos na criação.

Fator movimentador – esse fator tem a função de dar movimento a tudo e a todos, inclusive aos outros fatores.

Fator positivador – esse fator tem a função de positivar tudo o que perdeu seu "positivismo" original e acabou neutro ou negativando-se.

Fator fortalecedor – esse fator tem a função de fortalecer tudo o que se enfraqueceu ou perdeu sua força original.

Fator vitalizador – esse fator tem a função de dar vitalidade ou de alimentá-la nos seres e, inclusive, aos outros fatores.

Fator potencilizador – esse fator tem a função de dar potência a tudo o que existe, inclusive aos outros fatores.

Fator organizador – esse fator tem a função de organizar a ação dos outros fatores, os meios e os seres.

Fator vivificador – esse fator tem a função de sustentar o que denominamos de "vida" em todas as formas em que ela se mostra, seja animal, vegetal, etc.

Fator condutor – esse fator tem a função de conduzir ou de dar condutibilidade a tudo o que existe.

Fator prosperador – esse fator tem por função fazer "prosperar" tudo o que é benéfico e de dar a tudo e a todos a qualidade prosperadora.

Fator congregador – esse fator tem a função de reunir tudo e todos em uma mesma direção.

Fator harmonizador – esse fator tem por função harmonizar tudo e todos na criação, inclusive a ação dos outros fatores.

Fator clareador – esse fator tem a função de dar "claridade" aos meios, ou seja: ele absorve luz e a devolve ao meio, clareando-o.

Fator iluminador – esse fator tem a função de dar luminosidade a tudo o que existe, inclusive aos outros fatores.

Esses dois últimos fatores são importantíssimos para a criação porque, sem a existência deles, ou tudo seria invisível aos nossos olhos ou nada veríamos, pois estão na base do que, aqui no plano material, é denominado como "luz e cor".

Estudos profundos sobre esses dois fatores nos revelaram que eles são determinadores do comprimento das ondas vibratórias (ou dos seus modelos e modos de fluir por toda a criação), assim como determinam a estrutura energética de cada fator, fato esse que os associa ao fator estruturador, ao construtor, ao multiplicador, ao modelador, etc., criando uma "família de fatores" afins cujas ações são complementares e onde um termina sua função o outro entra em ação para que a perfeição divina se mostre aos nossos olhos sem que seja preciso vermos nosso Divino Criador.

"Luz e cor" não são só efeitos óticos, mas sim o resultado final da ação de muitos fatores que atuam na base da criação dando a cada coisa criada sua forma, sua cor e sua luminosidade naturais.

Na verdade, sem exagero algum, podemos afirmar que observar os fatores atuando é ver uma das formas de Deus operar na sua criação e sobre tudo e todos que criou e gerou de Si.

Aqui, só demos alguns dos fatores positivos. Mas eles são milhares e cada um recebeu dos seus "descobridores espirituais" o nome de um verbo, que é uma ação.

Já que cada verbo designa uma ação e cada fator realiza uma função ou um trabalho específico na criação, então nomeá-los com os nomes dos verbos mostrou-se positivo ao estudo e à identificação deles pelos seus pesquisadores espirituais, que são espíritos evoluidíssimos e que quando reencarnam sempre trazem avanços às pesquisa científicas desenvolvidas aqui na Terra e em outros planetas, muito distantes do nosso para conhecê-los.

A associação dos fatores aos verbos e deles com o "verbo divino" não é aleatória, pois é através da energia viva e divina emanada pelo nosso Divino Criador que sua criação tem início, começando no primeiro plano da vida, onde assentou com os fatores divinos a base dela, que é o desdobramento da ação coordenada entre mentais, vibrações e fatores divinos que são mistérios divinos em si mesmos.

Fatores Negativos

Por "negativos" não entenda micropartículas energéticas nocivas, destrutivas ou malignas, e sim que são fatores cujas ações destinam-se a agir onde se fizerem necessárias para o equilíbrio da criação divina e dos seres que nela vi vem e evoluem.

O "negativo" aqui usado refere-se aos seus magnetismos, às suas funções e às suas ações.

Portanto, na criação de Deus não existe nada ruim, maligno ou desordenado e os fatores negativos têm funções muito bem definidas e só entram em ação quando se faz necessário.

Por isso os fatores classificados em positivos fluem através de vibrações denominadas por "permanentes" e os fatores negativos fluem através de vibrações denominadas por nós como "temporárias", sendo que recorremos a dois termos mas, aqui, têm funções especificas.

Na verdade, recordemos determinadas palavras para nomearmos coisas extrafísicas, tanto para não criarmos termos desconhecidos no plano material quanto porque existe uma correspondência analógica.

O fato é que os fatores negativos também foram nomeados por nomes de verbos e é fácil identificá-los pelos seus nomes, tais como:

Fator desmagnetizador
Fator contrator
Fator desagregador
Fator desequilibrador
Fator desordenador
Fator descristalizador
Fator diluidor
Fator devorador
Fator consumidor

Fator desenergizador
Fator arrasador
Fator dragador
Fator drenador
Fator decantador
Fator fechador
Fator paralisador
Fator escurecedor
Fator desligador
Fator esterilizador
Fator desestimulador
Fator desvitalizador
Fator despotencializador
Fator esgotador
Fator separador
Fator afastador
Fator repelidor
Fator rebaixador
Fator regredidor
Fator esvaziador, etc.

As ações desses fatores "negativos" visam a "repor" as coisas nos seus devidos lugares, ou seja: interferem nas ações de tudo, inclusive dos outros fatores, quando eles excedem seus limites ou seus campos de ação, assim como quando suas ações desviam-se de suas funções originais ou degeneram-se.

Os fatores negativos são importantíssimos para o equilíbrio da criação porque entram em ação automaticamente onde surge algum tipo de desequilíbrio.

Eles, tal como observamos nas ações dos fatores positivos, também se classificam por suas funções específicas e geram famílias de fatores negativos afins entre si.

No caso do primeiro fator negativo dessa nossa lista de exemplos, e que é o fator desmagnetizador, ele também se diferencia por campos de ação ou sentido e pode ser descrito dessa forma:
1) Fator desmagnetizador da fé
2) Fator desmagnetizador do amor
3) Fator desmagnetizador do conhecimento
4) Fator desmagnetizador da razão
5) Fator desmagnetizador da ordem
6) Fator desmagnetizador da evolução

7) Fator desmagnetizador da geração
Ou seja:
1) Fator desmagnetizador dos desequilíbrios surgidos no sentido da fé.
2) Fator desmagnetizador dos desequilíbrios surgidos no sentido do amor.
3) Fator desmagnetizador dos desequilíbrios surgidos no sentido do conhecimento.
4) Fator desmagnetizador dos desequilíbrios surgidos no sentido da razão.
5) Fator desmagnetizador dos desequilíbrios surgidos no sentido da ordem.
6) Fator desmagnetizador dos desequilíbrios surgidos no sentido da evolução.
7) Fator desmagnetizador dos desequilíbrios surgidos no sentido da geração.

Essa classificação dos fatores por meio dos sentidos é a mais abrangente que existe porque através deles englobamos praticamente todos os fatores já descobertos, estudados, analisados e classificados, uma vez que eles sempre se mostram e se repetem nos sete sentidos da vida.

Assim, estudando as energias elementais, mais uma vez os vemos na base energética formadora delas que, quando "decomposta" ou separada por um processo denominado por nós como "desfatorador", os vemos agrupados nas energias elementais por afinidades existentes nos sentidos.

Essas afinidades por sentidos acontecem desta forma:

O fator desmagnetizador da fé possui uma chave de ligação com o fator apatizador da fé, que possui uma chave de ligação com o fator diluidor da fé, que possui uma chave de ligação com o fator anulador da fé, que possui...

E assim acontece com todos os fatores positivos, negativos, neutros ou neutralizadores já estudados por nós, os espíritos ligados a esse campo de estudos das energias vivas e divinas.

Essa afinidade funcional dos fatores por meio dos sete sentidos revelou-nos a mais perfeita chave interpretativa da Gênese Divina da Criação através do estado das energias vivas e divinas.

De plano em plano vamos encontrando os mesmos fatores-energias já se mostrando em "estados diferentes" da energia emanada pelo nosso Divino Criador.

No primeiro plano da vida, encontramos fatores positivos, negativos e neutros atuando no sentido da fé. E vemos os mesmos fatores, levemente modificados, atuando nos outros sentidos.

No segundo plano da vida, denominado "plano essencial da criação", vemos os mesmos fatores (positivos, negativos e neutros) ligados por afinidades ao sentido da fé desdobrarem-se, ligarem-se ou fundirem-se e gerarem as "essências da fé".

E o mesmo acontece nos outros seis sentidos, onde fatores de uma mesma família mas com funções nos outros sentidos também se desdobram, ligam-se ou fundem-se gerando as outras "essências".

Então temos isto:

Os fatores da fé desdobram-se em essências da fé.

Os fatores do amor desdobram-se em essências do amor.

Os fatores do conhecimento desdobram-se em fatores do conhecimento.

Os fatores da razão desdobram-se em essências da razão.

Os fatores da ordem desdobram-se em essências da ordem.

Os fatores da evolução desdobram-se em essências da evolução.

Os fatores da geração desdobram-se em essências da geração.

Lembrando ao leitor que aqui sintetizamos as classificações para uma melhor compreensão da fórmula classificatória adotada por nós, e que é esta:

Os fatores-energia que atuam através do sentido da fé e que formam uma classe de funções reguladoras do primeiro sentido da vida, ao se desdobrarem energeticamente, alteram seus magnetismos, saem do primeiro plano através de vórtices eletromagnéticos específicos de ligação com o segundo plano da vida e, nele, ligam-se através de suas chaves ou fundem-se e geram as essências alimentadoras ou reguladoras ou neutralizadoras das faculdades essenciais da fé.

Lembramos ao leitor que as "essências" são o segundo estado da energia na criação e são sustentadoras-formadoras do segundo plano da vida e de tudo o que nele existe.

Fato esse que nos permite classificar as essências pelo mesmo modelo ou fórmula classificadora aplicada aos fatores, fazendo surgir esta classificação funcional:

Energia essencial da fé
Energia essencial do amor
Energia essencial do conhecimento
Energia essencial da razão
Energia essencial da ordem
Energia essencial da e volução
Energia essencial da geração

E, porque as energias essenciais também se desdobram e passam para o terceiro plano da vida onde se fundem ou ligam-se através das suas chaves e fazem surgir as energias do terceiro plano da vida, denominado por nós de "plano elemental da vida", então mais uma vez tudo se repete já em um terceiro estado da energia viva e divina emanada pelo Divino Criador, denominado como estado elemental da energia.

Observem que o primeiro estado da energia emanada por Deus é denominado "fatoral" – o segundo estado é o "essencial" – e o terceiro estado da energia é o elemental.

Sendo que nos três tudo se repete e, se temos fatores positivos negativos e neutros nos sete sentidos no primeiro plano da vida, também temos essências positivas, negativas e neutras no segundo plano da vida e temos energias elementais positivas, negativas e neutras nos sete sentidos no terceiro plano da vida.

É através do processo de desfatoramento das energias elementais que podemos descobrir e estudar os "fatores de Deus".

Retomando nossos comentários sobre os fatores negativos, o fato é que são importantíssimos para o equilíbrio e a estabilidade da criação e dos seres que nela vi vem e evoluem.

Se não, então v ejamos:

O fator desmagnetizador já o comentamos, certo?

Passemos aos se guintes:

Fator contrator – esse fator negativo tem a função de contrair tudo o que se expandiu além dos seus limites e sua ação se processa através do magnetismo individual de cada coisa criada por Deus inclusive, ele atua sobre as ações dos outros f atores.

Fator desagregador – esse fator negativo tem a função de desagregar todas as agregações que se desequilibraram e perderam suas funções originais ou as tiveram distorcidas.

Fator desequilibrador – esse fator negativo tem a função de tirar o equilíbrio de tudo e de todos que começam a criar dificuldades aos meios e aos seres.

Sua ação desequilibradora desestabiliza e tira o poder de ação de tudo e de todos, paralisando suas ações nocivas aos exteriores, fazendo com que voltem para si mesmo.

Fator desordenador: esse fator negativo tem a função de "desordenar" as ações classificadas como "nocivas" realizadas por tudo e por todos, inclusive as dos outros fatores quando eles "invadem" campos de ações pertencentes aos outros.

Com a desordenação, as coisas e os seres perdem seus rumos, seus prumos e seus sentidos de direção, descaracterizando-se e perdendo-se.

Fator descristalizador – esse fator negativo tem a função de desmanchar ou de desfazer a forma final das coisas em um estado, remetendo-as já alteradas a um outro estado.

Fator diluidor – esse fator negativo tem a função de diluir ou desfazer tudo o que foi feito em desacordo ou contrário aos princípios divinos.

Fator devorador – esse fator negativo tem a função de "devorar" e fazer desaparecer algo que esteja perturbando o equilíbrio dos meios e dos seres.

Fator consumidor – esse fator negativo tem a função de consumir todas as sobrecargas energéticas negativas ou tudo o que é prejudicial aos meios e aos seres.

Fator desenergizador – esse fator negativo tem a função de retirar de tudo e de todos as suas energias, vitais para suas funções ou ações, desenergizando-os.

Fator arrasador – esse fator negativo tem a função de arrasar ou "pôr abaixo" tudo o que estiver atrapalhando os meios ou a evolução dos seres. Ele faz desmoronar os "alicerces" até de sentimentos negativos já enraizados no emocional dos seres.

Fator dragador – esse fator negativo tem a função de dragar ou engolir tudo o que é nocivo aos meios e aos seres mas, diferentemente do devorador, ou do diluidor, ele só recolhe o que está em desequilíbrio e o retira do meio ou dos seres e o remete ao "vazio" onde será esgotado.

Fator drenador – esse fator negativo tem a função de "drenar" as sobrecargas energéticas ou as "coisas" que estão sobrecarregando os meios, retirando-as de um lugar ou de algo e enviando-as para onde precisam delas.

Fator decantador – esse fator negativo tem a função de decantar ou de "levar para baixo" tudo o que de negativo está atrapalhando os meios e desequilibrando os seres.

Fator fechador – esse fator negativo tem a função de fechar tudo o que foi aberto de forma negativa ou prejudicial aos meios e aos seres, inclusive as faculdades mentais deles.

Fator paralisador – esse fator negativo tem a função de paralisar tudo e todos em desacordo com os princípios sustentadores da vida, dos meios e da evolução dos seres. Inclusive, ele é capaz de paralisar a multiplicação natural dos outros fatores quando eles ultrapassam seus limites.

Fator escurecedor – esse fator negativo tem a função de tirar a luminosidade dos meios, das coisas e dos seres, adaptando-os aos seus "estados" na criação.

Fator desligador – esse fator negativo tem a função de desligar todos os tipos de ligações, sejam elas fatoriais, emocionais ou mentais.

Fator esterilizador – esse fator negativo tem a função de tornar estéril tudo e todos que estão atuando em sentido contrário aos princípios da vida.

Fator desestimulador – esse fator negativo tem a função de desestimular as ações negativas em tudo e em todos.

Fator desvitalizador – esse fator negativo tem a função de tirar a vitalidade das coisas, dos seres e das espécies animadas em desequilíbrio.

Fator despotencializador – esse fator negativo tem a função de tirar ou de anular a potência das "coisas" ou dos seres.

Fator esgotador – esse fator negativo tem a função de esgotar tudo e todos, inclusive as funções de outros fatores.

Fator separador – esse fator negativo tem a função de separar tudo e todos que não possuam afinidades naturais ou que, depois de se ligarem, se desvirtuaram de suas funções ou propósitos originais.

Fator afastador – esse fator negativo tem a função de afastar umas coisas das outras, sejam elas animadas ou inanimadas.

Fator repelidor – esse fator negativo tem a função de repelir tudo e todos que não se afinizam ou de repelir o que é nocivo aos seres.

Fator rebaixador – esse fator negativo tem a função de rebaixar o grau vibratório ou o grau magnético de algo ou de alguém, remetendo-os a um outro estado.

Fator regredidor – esse fator negativo tem a função de fazer regredir ou de "voltar para trás" tudo o que se desvirtuou ou se "perdeu" na sua evolução.

Fator esvaziador – esse fator negativo tem a função de esvaziar, de "tornar vazio", tudo que sofrer sua ação, sendo que ele só esvazia os negativismos.

Bem, aí têm alguns dos fatores negativos e suas funções naturais na criação e na vida dos seres, sendo que cada um deles, aqui descritos de forma sintética, daria um amplo comentário que precisaria de muitas páginas para contê-lo.

Lembrando ao leitor que para cada fator positivo existe um negativo e para ambos existe um fator neutro que atua como neutralizador das ações ou das reações naturais que acontecem entre eles.

Os fatores foram nomeados com os nomes dos verbos porque entre os positivos e os negativos temos fatores que realizam ações semelhantes mas não iguais, criando um "sinonimia funcional" entre os fatores positivos e outra entre os fatores negativos.

Já entre os fatores positivos e os negativos existe uma "antonímia funcional", pois se um liga o outro desliga; se um reúne o outro separa; se um agrega o outro desagrega; se um energiza o outro desenergiza.

A isso devemos acrescentar que todo fator positivo repele seu oposto negativo e vice-versa.

Fatores Neutros

Os fatores "neutros" recebem esse nome, mas não são propriamente neutros, e sim são neutralizadores dos fatores positivos e negativos ou de suas ações ou de suas funções.

Só os denominamos por neutros porque a ação deles está voltada para os outros fatores e para impedir que se anulem caso os de uma mesma família ou função venham a se "chocar" com os de sua família oposta.

Mas as funções dos fatores neutros vão muito além do que revelamos e, atuando de "dentro para fora" das coisas criadas, eles lhes dão estabilidade e durabilidade acomodando os outros fatores e neutralizando suas multiplicações quando algo alcança o "estado" ideal e cristaliza-se em uma forma ou estrutura definitiva.

As ações dos fatores neutralizadores são indispensáveis à harmonia e ao equilíbrio da criação como um todo e a cada uma de suas partes, muitas delas aparentemente antagônicas.

Os fatores neutros não são influenciados pelos fatores positivos e negativos, e para cada um deles existe um fator neutralizador de suas ações.

A classificação dos fatores neutros também obedece à dos positivos e dos negativos, mas os descrevemos assim:

Fatores neutralizadores do sentido da fé.
Fatores neutralizadores do sentido do amor
Fatores neutralizadores do sentido do conhecimento.
Fatores neutralizadores do sentido da justiça.
Fatores neutralizadores do sentido da lei.
Fatores neutralizadores do sentido da evolução.
Fatores neutralizadores do sentido da geração.

Fatores Neutros

Uma vez que existem os mesmos fatores positivos e negativos em cada um dos sete sentidos, para cada um deles existe um neutralizador específico, tais como:
– Fator neutralizador do fator magnetizador cristalino ou da fé.
– Fator neutralizador do fator magnetizador mineral ou do amor etc.
E assim sucessivamente com cada um dos fatores magnetizadores ... e os desmagnetizadores.

Aqui não vamos nos alongar nos fatores neutros, mas vamos dar alguns exemplos de suas ações:

1º) Fator neutralizador do sentido da fé.

Esse fator tem a função de neutralizar determinados aspectos da religiosidade de um ser.

O sentido da fé é composto por muitas faculdades mentais e, caso uma delas entre em desequilíbrio, este provoca alguma alteração no "comportamento religioso" do ser.

Uma faculdade mental é algo delicado e sensível e, caso se desenvolva de forma distorcida ou negativa ela influencia o estado de consciência do ser e altera sua percepção, sua sensibilidade e a qualidade da sua religiosidade.

Como as faculdades atuam a partir do íntimo e da consciência dos seres e são únicas e insubstituíveis, então, caso sofram distorções ou desvios de suas funções elas alteram aspectos íntimos, atitudes e expectativas de quem as distorceu ou vem dando a elas usos viciados negativos.

Como exemplo do que estamos comentando, citemos um exemplo fácil de ser constatado pelo leitor.

Exemplo: "Uma pessoa converte-se a um dos muitos ramos dos cultos afros existentes no Brasil".

Ótimo!

Então começa a aprender muitas coisas ligadas ou relacionadas à magia e descobre que existem forças mágicas ou espirituais que atuam negativamente se forem ativadas com propósitos negativos.

Aos poucos várias pessoas vão se habituando a recorrer a essas forças para seus "acertos de contas" pessoais. E chega um momento que, para elas, proceder dessa forma é natural e não acarretará reações das leis divinas.

Esse procedimento de "acertar contas pendentes" com magias negativas é uma distorção consciencial que exigirá uma ação profunda da Lei Maior na vida e no íntimo dessas pessoas com desvios comportamentais, caso isso ainda seja possível.

Em alguns casos, a simples reação às suas ações mágicas negativas já é suficiente para inibi-las em seus desvios. Mas a mudança do estado da consciência leva tempo e é uma ação interna de "dentro para fora".

Então os mecanismos da Lei Maior ativam certas vibrações transportadoras de fatores e a ação retificadora tem início na vida do ser desequilibrado. E vários fatores neutralizadores são ativados para que neutralizem as faculdades mentais distorcidas ou desequilibradas.

Essa ação é interna e processa no íntimo da pessoa atuada pelos fatores neutralizadores.

Esse é só um exemplo da ação dos fatores neutralizadores, que realizam tantos tipos de ações que é impossível listá-las.

Se os nomeamos como fatores neutros é porque as ações deles não são autônomas, e sim dependem de ativação por "mecanismos" divinos da Lei Maior que os ativam e os direcionam.

Fora isso, eles estão espalhados por toda a criação e não interferem nas ações dos fatores positivos e dos negativos.

Fatores com Duplas Funções ou Bipolarizados

Estudando e analisando os fatores, encontramos com duplas funções positivas, duplas funções negativas e duplas funções positiva-negativa.
Ou seja:
Se uma função liga, a outra desliga.
Se uma função une, a outra separa.
Se uma função magnetiza, a outra desmagnetiza.

Isso para os de duplas funções positiva-negativa, pois para os de duplas funções positivas temos estes exemplos:
Fator misto magnetizador-condensador
Agregador-expansor
Cristalizador-afixador
Energizador-vitalizador, etc.

E para os com duplas funções negativas temos estes exemplos:
Fator cortador-recolhedor
Fator diluidor-dispersador
Fator paralisador-petrificador
Fator consumidor-desenergizador, etc.

Esses fatores duplos são abundantes na criação e tanto são irradiados quanto manipulados pelos seres divinos mantenedores da criação, que recorrem a eles para anularem desequilíbrios e ao mesmo tempo desencadearem ações retificadoras.

As "combinações" de duplas funções são tantas que achamos melhor comentá-las superficialmente para que fique registrado aqui a existência e a importância deles na criação, fato esse que fundamenta e justifica a existência de uma classe de divindades denominadas duais ou com duplas funções.

Divindades essas que serão comentadas na parte que descreve a manipulação mental dos fatores pelos poderes divinos.

Comentemos os fatores duplos dos nossos exemplos:

Fator positivo-negativo ligador-desligador:

Esse fator duplo tem a função de ligar aos seres vibrações necessárias às suas evoluções e aos seus equilíbrios energéticos. E tem a função de desligar todas as vibrações que estão paralisando suas evoluções ou desestabilizando-os energeticamente.

Fator unidor-separador:

Esse fator duplo positivo-negativo tem a função de unir tudo o que for "afim" e a de separar tudo o que for oposto.

Fator magnetizador-desmagnetizador:

Esse fator duplo positivo-negativo tem a função de magnetizar (dar magnetismo) a tudo e a todos na criação e tem a função de desmagnetizar tudo e todos que se desequilibraram na criação.

Lembramos ao leitor que as palavras magnetismo, magnetizar e magnetizador usadas aqui por nós diferem dos significados científicos terrenos sobre essas propriedades físicas.

Para nós elas têm significados muito próximos dos que receberam no "espiritismo" e na magia.

Em nossos estudos identificamos os magnetismos como propriedades que individualizam e classificam as "coisas" sejam elas divinas, naturais ou espirituais; sejam animadas ou inanimadas.

Se usamos essas palavras é porque vemos que desde o plano fatoral até o material tudo o que existe só existe porque possui um magnetismo próprio.

Em nossas observações do lado espiritual de cada átomo, constatamos que eles possuem seus campos magnéticos individuais que sustentam suas estruturas e lhes dão estabilidade.

Se não possuíssem isso que denominamos por "campo magnético", suas partículas formadoras não se agregariam e não dariam origem a diferentes tipos de átomos.

No seu lado espiritual, cada tipo de átomo possui um "campo magnético", que é igual para todos os de um mesmo elemento químico.

Cada átomo possui seu "campo magnético atômico", que por sua vez possui suas "chaves de ligação" com alguns outros tipos de átomos, fato esse que facilita suas ligações para formarem moléculas, que também se ligam e formam a "matéria".

Se isso não é possível de ser visualizado no lado material, no entanto, temos no lado espiritual meios de visualizá-los e estudá-los, diferenciando-os e até comparando-os com os "fatores tripolares", que comentaremos no próximo capítulo.

Fatores Tripolares

Os fatores tripolares diferem dos bipolares ou com duplas funções porque além delas têm uma terceira, constituída por um fator neutralizador.

Os fatores tripolares são resultados de ligações entre fatores puros complementares, onde positivo e negativo são partes de um todo, separadas pelos fatores neutros.

Um fator tripolar da "fé", em seu polo positivo intensifica a religiosidade de alguém; em seu polo negativo a anula; e em seu polo neutro só a neutraliza.

Os fatores tripolares são irradiados para a criação através das ondas vibratórias mentais de divindades denominadas tripolares, pois elas tanto podem inundar um meio da vida habitado por milhões de seres com seus fatores tripolares quanto podem recolhê-los.

Essas irradiações mentais visam a reequilibrar os meios e os seres que neles vivem e evoluem.

A ação de um fator tripolar é abrangente porque sua parte positiva fortalece o ser no campo de atuação dele, ao mesmo tempo em que neutraliza suas faculdades desequilibradas e "descarrega" com seu polo negativo as que estiverem sobrecarregadas por "energias e vibrações" negativas.

Um fator tripolar é capaz de emitir de si em uma fração de tempo milhões incontáveis de réplicas do fator que forma seu polo positivo ou do que forma seu polo negativo ou do que forma seu polo neutro.

Essa "faculdade" ou potencialidade dos fatores tripolares os torna um dos recursos mais utilizados pelos seus geradores divinos, pois, caso exista excesso de um tipo de fator em seu campo de ação ou domínio na criação, imediatamente eles acionam seus fatores tripolares reequilibradores e em segundos todo o meio regido por algum ser divino tripolar volta ao seu equilíbrio energético.

Os seres divinos cujos magnetismos mentais são tripolares são denominados como "guardiões da criação divina" e tanto atuam nas faixas vibratórias positivas quanto nas negativas, assim como na faixa neutra que divide as duas anteriores.

Essas divindades tripolares, por possuírem um magnetismo mental tripolar, tanto absorvem os fatores positivos puros quanto os fatores negativos puros e seus neutralizadores e, por meio de "mecanismos" que fogem ao nosso comentário aqui, já os irradiam tripolarizados ou com triplas funções, sendo que as positivas e as negativas são opostas-complementares, e as neutralizadoras tanto podem atuar no campo do polo positivo quanto do negativo.

Essa "versatilidade" dos fatores tripolares os torna insubstituíveis e seus magnetismos são encontrados na matéria, ainda que voltados para o lado espiritual dela, certo?

Pessoas iniciadas ou familiarizadas com a "magia divina" sabem que o uso dos elementos (água, ar, fogo, terra, vegetais, cristais, minérios, etc.) obedecem ao magnetismo dos fatores tripolares, onde o polo positivo é irradiante, o polo negativo é absorvedor e o polo neutro é neutralizador

O polo positivo irradia energias elementais benéficas às pessoas.

O polo negativo recolhe as energias negativas projetadas contra as pessoas.

O polo neutro neutraliza possíveis sobrecargas negativas geradas pelas pessoas.

Essa tripolaridade dos elementos deve-se aos fatores tripolares inerentes a cada tipo de matéria ou "energia elemental em repouso na matéria".

Observem mais um vez que aqui estamos comentando o que só é possível de constatação se for pelo lado espiritual dos elementos e mesmo dos átomos, certo?

Esse alerta visa ao leitor desavisado que pode confundir nossas abordagens a partir do lado espiritual com as dos cientistas terrenos que estudam a matéria a partir do seu lado material.

As "coisas", no lado material, se mostram em acordo com as leis da matéria.

Já nos seus lados espirituais, elas se mostram em acordo com as leis do plano espiritual.

Observem que a tripolaridade é tão importante que nós, os "espíritos humanos", a possuímos, assim como muitas "raças" de seres ou "espíritos naturais" que vivem e evoluem em realidades paralelas à dimensão humana da vida também possuem o magnetismo mental tripolar.

Essa tripolaridade magnética existente em nosso mental é algo difícil de ser compreendida se nos limitássemos ao conceito de magnetismo do lado material da dimensão humana da vida.

Diferentemente do magnetismo das ligas naturais de ferro ou do magnetismo produzido por uma corrente elétrica que passa por um condutor e que produz um campo magnético, campo esse que se desfaz assim que a corrente é cortada, o magnetismo que aqui comentamos é permanente e inerente à parte ou ao lado espiritual de tudo que existe na criação, seja inanimado (a matéria) ou animado (os espíritos).

Se nos servimos da palavra magnetismo, isso se deve ao fato de que certas propriedades de um ímã, denominadas propriedades magnéticas, também e por analogia mostram-se no magnetismo mental dos espíritos, tais como:

Atração e repulsão
Campos magnéticos
Norte e sul magnéticos, etc.

Comentemos essas "propriedades magnéticas dos espíritos":

Todos os espíritos humanos possuem nos seus mentais um tipo de magnetismo tripolar que reage aos pensamentos e aos sentimentos íntimos do ser, assim como reage às influências externas.

As influências externas podem ser assimiladas ou repelidas ou neutralizadas.

Mas os sentimentos e os pensamentos íntimos alteram automaticamente a polaridade magnética do ser positivando-o ou negativando-o.

Mas antes comentemos sobre o polo neutro do magnetismo mental:

O polo magnético mental neutro tem a função de dotar o ser de uma capacidade de manter-se neutro ou de neutralizar seus pensamentos, sentimentos e vibrações negativas, assim como não permite que essas coisas, vibradas contra ele por outras pessoas, penetrem no seu mental e o desequilibrem.

O mental, estando magneticamente neutro, só absorve as energias necessárias às suas funções normais voltadas para o cotidiano dos seres.

Agora, quando pensamentos e sentimentos íntimos ocupam a mente e a consciência do ser, o magnetismo mental positiva-se e começa a atrair vibrações transportadoras de energias alimentadoras desses sentimentos e pensamentos positivos, fato esse que expande o campo mental e os campos vibratórios do espírito do ser, tornando-os luminosos e criando uma aura repelidora de vibrações e projeções mentais negativas direcionadas a ele.

A manutenção do "positivismo mental" sempre depende da qualidade dos pensamentos e dos sentimentos, não dando abrigo na mente aos negativos ou destrutivos e não permitindo que os sentimentos negativos se "enraízem" no íntimo do ser, alterando seu estado de espírito e negativando seu mental.

Fato esse que faz o magnetismo do ser oscilar para o seu polo negativo, negativando o seu mental para "baixo".

Essa oscilação da polaridade do mental acontece para cima ou para baixo, sendo que há toda uma "gradação" para ambos os polos.

Esse é um assunto extremamente complexo e precisamos nos estender nesse comentário para que essas informações sejam úteis ao leitor.

Comecemos pelo princípio:

Estudando o mental humano, os espíritos estudiosos dos fatores descobriram que a tripolaridade magnética inerente aos fatores tripolares, por analogia, repetia-se no mental dos espíritos.

Aprofundando os estudos, eles descobriram que o magnetismo mental era oscilatório e alterava-se de acordo com os pensamentos, e os sentimentos e que, quanto mais intensos os pensamentos mais e mais ondas vibratórias transportadoras de energias ligavam-se aos seres observados, tanto nos mentalmente positivos quanto nos negativos.

"Seguindo" visualmente as vibrações positivas que entravam pelo chacra coronal e as negativas, que entravam pela parte de trás do chacra frontal, viram que em alguns casos as vibrações provinham das primeiras faixas vibratórias; em outros provinham das segundas faixas; em outros das terceiras faixas ... e assim sucessivamente até chegarem às sétimas faixas.

Como já era do conhecimento desses "espíritos pesquisadores" o mistério das sete faixas vibratórias positivas, das sete faixas vibratórias negativas e da faixa neutra que "separa" os dois lados da dimensão espiritual humana, tudo se explicava.

Essa faixa neutra, como seu nome diz, é neutra e não atrai e não repele nenhum tipo de vibração, seja ela positiva ou negativa, e sim permite que os seres que nela se encontram "puxem" para si as vibrações das faixas vibratórias com as quais se afinizarem ou vierem a "ligar-se" graças aos seus magnetismos mentais.

Agora, quanto às faixas vibratórias positivas e suas correspondentes opostas e negativas, os pensamentos e os sentimentos vibrados pelos espíritos (encarnados e desencarnados) "ressonam" e atraem vibrações afins no justo grau magnético com que os estão vibrando intimamente.

Se o ser está vibrando determinado sentimento no terceiro grau magnético mental positivo, suas vibrações ressonarão na terceira faixa vibratória positiva.

Se o ser está vibrando determinado sentimento no segundo grau magnético mental negativo, suas vibrações ressonarão na segunda faixa vibratória negativa.

Quando as vibrações mentais emitidas pelos espíritos ressonam em uma faixa vibratória, imediatamente é emitido em sentido contrário um fluxo de ondas no mesmo grau, que entram pelo chacra correspondente pois, se os mais expostos às reações são o coronal e a parte posterior do chacra frontal, no entanto o tipo de sentimento "abre" o chacra correspondente para a entrada do fluxo em sentido contrário, proveniente justamente da faixa em que o sentimento ressonou.

Com essa "descoberta" foi possível, após a observação de muitos espíritos e pessoas, criar uma escala vibratória do magnetismo mental dos seres humanos.

Escala essa que se aplica a todos indistintamente e independentemente da "raça", da "cor", da formação cultural e religiosa dos espíritos e das pessoas.

Avançandos no estudo dessa escala vibratória mental, as "descobertas" não cessaram mais, e hoje as escolas espirituais estudam pelo processo analógico as correspondências entre essa escala magnética mental e tudo o que existe na criação.

Ela é comparada ao espectro das cores; ao comprimento das ondas vibratórias; às sete faixas vibratórias positivas e negativas; às sete irradiações divinas; aos sete planos da vida; às sete energias elementais, etc.

Quando ocorreu essa descoberta pelos espíritos estudiosos do "corpo espiritual" dos seres humanos, não sabemos na atualidade.

Mas essa escala magnética mental já vem sendo descrita e estudada nas escolas espirituais há muitos séculos.

A escala vibratória mental graficamente é esta:

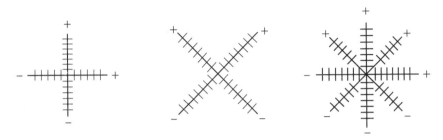

Essa escala vibratória e magnética é um modelo padrão que pode ser aplicado a muitas áreas de estudos, porque onde ela não se mostra octogonal ou octopolar, mostra-se tetrapolar em cruz ou em X.

Mas as correspondências analógicas dos graus vibratórios magnéticos sempre se repetem. E sempre é encontrada uma faixa neutra pela qual fluem vibrações classificadas como neutras porque transportam os fatores neutros ou neutralizadores dos desequilíbrios, correspondendo mais uma vez aos fatores tripolares e ao magnetismo mental tripolar dos seres humanos.

Estudando o magnetismo mental, descobriu-se que ele tem propriedades específicas que o tornam um mistério em si mesmo, uma vez que o grau que está vibrando, seja ele positivo, negativo ou neutro, imanta os campos vibratórios protetores dos seres. Campos esses que, se positivos, atraem vibrações positivas; se negativados, atraem vibrações negativas.

Como as vibrações são transportadoras das "energias fatoriais", então até a alimentação energética dos espíritos é influenciada pelos seus mentais.

Outros Fatores

Além dos fatores puros e unipolares (positivos ou negativos); dos fatores mistos ou bipolares (positivos-negativos); dos fatores tripolares (positivo, negativo e neutro); temos os fatores tetrapolares, pentapolares, hexapolares, heptapolares, octopolares, eneapolares, etc.

Para não nos alongarmos no assunto "fatores divinos" e simplificarmos a compreensão dos termos aqui utilizados, resumimos os comentários a esses conceitos:

Fatores tetrapolares – esses fatores com quatro polos magnéticos são formados pela ligação de quatro fatores diferentes.

Fatores pentapolares – esses fatores com cinco polos magnéticos são formados pela ligação de cinco fatores diferentes

Fatores hexapolares – esses fatores com seis polos magnéticos são formados pela ligação de seis fatores diferentes.

Fatores heptapolares – esses fatores com sete polos magnéticos são formados pela ligação de sete fatores diferentes.

Fatores octopolares – esses fatores com oito polos magnéticos são formados pela ligação de oito fatores diferentes.

Fatores eneapolares – esses fatores com nove polos magnéticos são formados pela ligação de nove fatores diferentes.

Esses e outros fatores com mais polos magnéticos são denominados fatores complexos porque realizam várias funções simultaneamente.

Os "Magnetismos"

Primeiro vamos dar algumas definições sobre o magnetismo estudado no lado material.
Definições:
Magnético: 1- concernente ao magneto ou ao magnetismo;
2- que atrai como o ímã;
3- atraente, sedutor.

Magnetismo: 1- Fis. Poder atrativo do ferro magnético, dos ímãs ou magnetos, e propriedade que têm de se orientar na direção norte-sul;
2- influência que um indivíduo exerce sobre outro;
3- fascínio, encantamento.

Magnetizar: 1- comunicar magnetismo a;
2- atrair, fascinar, dominar.

Magneto: Fis. Ímã.

Muito bem!
Aí temos as definições de algumas palavras ou termos usados no estudo do magnetismo e das propriedades magnéticas usadas pelas pessoas e pelos físicos, para que mais adiante ninguém venha a confundir-se com o uso que daremos às abordagens dos "magnetismos" estudados pela "ciência espiritual", ciência esta que não estuda a criação a partir do seu lado material, e sim estuda-a a partir do plano espiritual e de como as coisas se mostram nele ou para ele. E mesmo os "tipos" de matéria, que são estáveis no "lado" material, mas mostram-se como massas energéticas em seus "lados" espirituais.
O ponto de partida não é a matéria, e sim os fatores divinos que surgem no primeiro plano da vida, com cada um realizando uma função

(ou trabalho) em uma frequência vibratória só dele, porque cada fator traz em si suas propriedades energéticas e magnéticas.

Cada fator puro é em si uma energia e possui seu magnetismo específico, que o faz vibrar em determinada frequência e em mais nenhuma outra.

Mesmo os fatores de uma mesma família, tais como os "geradores", no caso do gerador ígneo, ele possui seu magnetismo, que lhe dá sua frequência vibratória específica e diferente da do fator gerador aquático, do fator telúrico, etc.

A energia do fator realiza seu trabalho ou sua função na criação.

O magnetismo de um fator determina sua frequência vibratória, por meio da qual realizará seu trabalho.

Essa mesma "frequência" faz com que um tipo de fator só seja absorvido e transportado de um lugar para outro pela onda vibratória cuja frequência seja a mesma.

Fato esse que impede que um (e todos) fator seja deslocado de um lugar para outro por qualquer tipo de onda vibratória, que também poderia estar transportando outros tipos de fatores, que atrapalhariam a realização do trabalho do fator necessário para tanto.

A perfeição divina já se mostra no primeiro plano da vida e com as menores partículas da criação, assim como na seletividade das ondas transportadoras dos fatores.

Essa propriedade magnética de cada fator é que permite que os afins se atraiam e os contrários se afastem ou se repilam.

Também, ela é a "chave" de ligação entre eles, onde fatores de famílias diferentes mas que atuam em uma mesma função se liguem em cadeias e deem origem às essências, o segundo estado da energia.

Essas ligações entre afins positivo e/ou negativos de famílias diferentes acontece desta forma:

Um fator gerador aquático liga-se a um fator concebedor aquático; a um fator agregador aquático; a um fator expansor aquático; a um fator ordenador aquático; a um fator estabilizador aquático; a um fator congregador aquático; a um fator energizador aquático; a um fator direcionador aquático; a um fator movimentador aquático; a um fator equilibrador aquático; a um fator renovador aquático; a um fator condensador aquático; a um fator transmutador aquático; a um fator condutor aquático; a um fator multiplicador aquático, etc., e forma uma cadeia fatorial que, ao completar-se e fechar-se em si mesma, desenvolve um campo eletromagnético só seu e começa a multiplicar-se "geometricamente" já como "essência", fazendo surgir o segundo estado da energia na criação, estado esse que dá a origem energética ao segundo plano da vida, denominado plano "essencial" da criação.

Esse "essencial" relaciona-se ao termo cientifico dado às essências extraídas dos vegetais, tanto para uso em perfumaria quanto uso terapêutico.

Se usamos o termo "essencial" é porque, ainda que se trate de estados diferentes da energia, há um paralelo analógico entre a "energia essencial" do segundo plano da vida e as essências aromáticas extraídas das plantas.

Assim como as essências terrenas sublimam-se e dissolvem-se no ar, desaparecendo, é comum cadeias de fatores geradores de "energia essencial" desfazerem-se, liberando-os no espaço.

Essa é uma forma de transportar os fatores do primeiro plano da vida para o segundo plano, e as essências em concentração excessiva desagreguem-se e liberem seus fatores já em um plano diferente, deixando-os em um "estado de suspensão", prontos para religarem-se ou recombinarem-se caso isso seja necessário.

Tudo isso é possível graças ao magnetismo inerente a cada fator, sendo que mais uma vez alertamos o leitor para que atente para o significado que damos aqui à palavra "magnetismo", que se assemelha ao magnetismo estudado na física, mas estamos nos referindo às propriedade atratoras e repulsoras de cada uma dessas micropartículas energéticas, as menores da criação, certo?

Não queremos que pessoas desavisadas confundam nosso livro "esotérico" com alguma dessas ciências terrenas. E muito menos às palavras ou termos tecnocientíficos aqui usados, devido às correspondências analógicas com as propriedades dos magnetos de ferro.

Estudando as energias desde o primeiro plano da vida até que elas condensem-se em substâncias sólidas, líquidas ou gasosas (a matéria), descobrimos que são essas duas propriedades magnéticas dos fatores que, a partir da matéria para o lado espiritual, dota tudo e todos de um campo eletromagnético, em nós conhecido como "campo áurico".

Concluímos também que a criação tem duas bases ou extremos, sendo que uma base é interna e fatoral e a outra é externa e material, e que entre os dois extremos existe uma diferença imensurável, porque no plano interno as partículas são "minúsculas" e no plano externo elas se mostram agregadas em corpos celestes gigantescos.

De fato, o micro está no macro, energeticamente falando.

Inclusive, partindo de Deus através de sua emanação, a energia viva e divina percorre uma "longa distância" até que se concretize no plano material, repousando no seu fluir contínuo, sendo que as energias fatorais percorrem um longo caminho de vinda mas, após se "materializar", criam o meio para que tudo o que está vindo retorne às suas origens.

Isso é assim com as energias fatorais e é assim conosco, os espíritos, gerados e emanados por Deus ainda no estado de "inconscientes" mas que, após alcançarmos o lado material da criação, estacionamos por um tempo como que para descansarmos da nossa longa jornada trilhada desde o primeiro plano da vida até chegarmos à matéria, para só então começarmos nosso retorno durante o qual iremos nos "desmaterializando" e nos sublimando, até que, hiperconscientes, retornemos ao nosso Divino Criador.

O Divino Criador, em sua infinita perfeição e onisciência, preparou todo um complexo caminho de vinda até a matéria e cujo ponto inicial é o primeiro plano da vida, assim como preparou todo um caminho de retorno, cujo ponto inicial é o universo material e sua contraparte espiritual, a base estável da evolução dos seres.

Se na "descida" até o estado material da criação tudo foi se transmutando de um estado mais sutil para outro mais denso, no retorno tudo tem de se sublimar e transmutar-se consciencial e energeticamente de um estado mais denso para outro mais sutil.

Esse "vir e retornar" acontece com tudo e todos emanados pelo Divino Criador e suas leis são eternas e imutáveis.

Essas leis divinas são reguladoras dos procedimentos e o magnetismo é um dos meios que elas usam para manter ou recolocar tudo e todos em seus devidos lugares.

Inclusive, o magnetismo mental dos seres é tão perfeito que assim que uma pessoa desencarna seu espírito "vai" estacionar em uma faixa vibratória afim com seu grau vibratório mental, cuja escala já descrevemos.

Esse processo acontece desta forma:

Uma pessoa tem sua vida, semelhante às das outras.

Mas em dado momento ela começa a negativar-se devido às dificuldades que se mostram insuperáveis.

O negativismo mostra-se de várias formas (raiva, inveja, ódio, ira, mágoa, frustração, decepção, desestímulo, apatia, angústia, etc.).

Dependendo da intensidade dos sentimentos íntimos do ser e da duração deles, seu magnetismo mental oscila para baixo e afixa-se em um grau magnético negativo.

Ao estacionar e afixar-se nesse grau vibratório negativo, o espírito da pessoa negativada começa a ligar-se a ondas vibratórias negativas transportadoras de energias, que se ligam a ela através dos seus chacras, desde os maiores até os menores, e inundam-na de energias negativas, realimentando seu negativismo mental.

Aos poucos o "todo espiritual" da pessoa negativada sobrecarrega-se negativamente e ela torna-se permanentemente negativa.

Se ela nada fizer para anular ou transmutar seus sentimentos íntimos, seu magnetismo mental a manterá "em espírito", dentro de uma faixa vibratória negativa, fato esse que, assim que a pessoa desencarnar, já só em espírito, ela se verá dentro de um meio espiritual escuro, sombrio e assustador, habitado por outros espíritos também negativados porque em vida na carne também foram incapazes de alterarem seus sentimentos negativos.

A lei das afinidades, tal como acontece com os fatores, reúne em um mesmo local todos os seres afins, magneticamente falando.

É o grau magnético mental que determina a região astral que o recém-desencarnado habitará.

Como as faixas vibratórias negativas abrigam espíritos com magnetismos mentais negativados e esses espíritos, porque seus sentimentos emitem continuamente vibrações energéticas e magnéticas negativas, então atraem para si diversos tipos de formas de vida, desde as microscópicas até formas enormes e assustadoras, que têm por função absorverem justamente as energias emanadas por eles, os espíritos cujos magnetismos mentais se negativaram de forma permanente.

O horror se instala na vida desses espíritos infelizes e sofredores porque não foram capazes de substituir o ódio pelo amor; a ira pela harmonia; a ganância pela generosidade; a soberba pela fraternidade; a inveja pela lealdade; a frustração pela esperança; a mesquinhez pela compaixão; a mágoa pela resignação; a angústia pela refle xão; etc.

Na dor e no desespero por ver-se ou por sentir-se sendo devorado vivo e sem um fim para o seu tormento, muitos desses espíritos voltam-se para Deus como último recurso, enquanto outros se dementam e transformam-se em aberrações, pois no desespero alcançam seu mais baixo grau vibratório magnético e são atraídos pelo magnetismo de alguma esfera ou faixa vibratória extra-humana.

O inverso ocorre com as pessoas que desenvolvem e sedimentam em seus íntimos sentimentos nobres, virtuosos e elevados: nessas o magnetismo mental oscila para cima e na maioria dos casos observados ele afixa-se em um grau vibratório positivo, fato esse que faz com que as pessoas positivas despertem do transe do desencarne já em uma faixa vibratória positiva, cujo magnetismo dela é afim com o do mental do espírito recém-desencamado.

Na verdade, ainda que seja difícil de explicarmos ou de o leitor compreender, o fato é que o "espaço" é o mesmo, mas tudo e todos estão dentro de um único espaço, mas que a tudo mantém separados e isolados devido a que cada ser e cada coisa, desde a menor até a maior, tudo e todos possuem seus magnetismos individuais, que os colocam em sintonia vibratória mental com as faixas vibratórias afins e, sem sair de onde estava, o espírito do recém-desencarnado se vê dentro de um meio sombrio e hostil ou dentro de um meio luminoso e acolhedor.

Tudo isso acontece graças à perfeição, à onisciência e à onipotência do Divino Criador, que fez sua criação tão perfeita que "em espírito" todos estão onde devem estar por causa de seus magnetismos mentais, que ao oscilar para cima elevam o ser. E se oscilar para baixo, rebaixa-o e "desloca-o" para a faixa vibratória afim com seus pensamentos e sentimentos íntimos, estes sim os verdadeiros graduadores do magnetismo mental dos seres.

Não há um espaço para o "céu" e outro para o "inferno" porque tudo e todos ocupam o mesmo espaço, mas em graus magnéticos diferentes.

O magnetismo que comentamos aqui é fundamental para o equilíbrio da criação porque tudo e todos que se desarmonizam, se desequilibram e se desafinizam com um meio, imediatamente se "ligam e se deslocam" para outro.

Na verdade, nosso "lado" espiritual também sofre oscilações devido às oscilações do nosso magnetismo mental e o magnetismo aqui comentado por nós tem pouco a ver com o magnetismo estudado na ciência acadêmica terrena denominada física, uma vez que esta estuda as propriedades e os efeitos do magnetismo de alguns "elementos", enquanto o magnetismo estudado na ciência divina abrange tudo o que existe, desde os fatores até os maiores corpos celestes existentes no plano material da criação.

Que ninguém venha a confundir-se ou a confundir seus semelhantes atribuindo-nos o que não comentamos. E, se não tiver conhecimento dos "magnetismos" das coisas criadas por Deus, então primeiro aprenda sobre eles para depois, aí sim, comentar sobre nosso livro.

Em nossos estudos identificamos os magnetismos através do que eles realizam durante suas emissões ou suas descargas eletromagnéticas e os nomeamos com os nomes dos fatores, que são verbos.

Então temos os mais variados tipos de magnetismos, tais como:

Magnetismo aquático
Magnetismo telúrico
Magnetismo eólico
Magnetismo ígneo
Magnetismo mineral
Magnetismo vegetal
Magnetismo cristalino

Sabemos que parece difícil para uma mente limitada ao estudo do magnetismo desenvolvido no plano material aceitar esses magnetismos; mas eles existem e são estudados, pesquisados e encontrados já nos fatores divinos, cujos magnetismos os individualizam e os classificam.

Que cada um "abra" sua mente e deixe fluir por ela uma "nova visão" da criação divina, uma visão esotérica ou interna de tudo o que Deus criou.

As Vibrações Vivas e Divinas

Definições:

Vibração: 1- ação ou efeito de vibrar; oscilação;
2- tremor do ar ou de uma voz;
3- movimento, agitação, abalo.

Vibrante: 1- que vibra; vibrátil, vibratório;
2- sonoro bem timbrado;
3- que excita ou comove.

Vibrar: 1- agitar, bradir;
2- fazer soar;
3- comunicar vibrações.

Vibrátil: vibrante; que é suscetível de vibrar.
Vibratório: vibrante; que produz, ou que é acompanhado de vibração.

As vibrações vivas e divinas, em um primeiro momento, são emitidas pelo nosso Divino Criador.

E, em um segundo momento, são emitidas por mentais divinos denominados Divindades-Mistérios de Deus.

As vibrações fluem na criação, na forma de ondas vibratórias cujos movimentos e deslocamentos criam telas gigantescas que abrangem toda a criação, sendo que nós, os espíritos, não conseguimos encontrar o começo ou o fim de uma dessas telas vibratórias e o máximo que conseguimos foi identificar alguns milhares delas; estudá-las, descrevê-las, identificá-las e classificá-las por suas funções na criação.

As Vibrações Vivas e Divinas

Lembramos ao leitor que fatores, magnetismos, vibrações, irradiações e energias vivas e divinas formam um conjunto que, quando colocado em ação, é um realizador poderosíssimo e essas partes desse conjunto são meios "criadores" do nosso Divino Criador.

Como tudo provém de Deus, as "vibrações mentais" d'Ele emitem e projetam em ondas seu pensamento criador e suas vontades divinas.

Essas "projeções mentais" do nosso Divino Criador geram o mistério das ondas vibratórias vivas e divinas, poderosíssimas e realizadoras; criadoras e geradoras de tudo o que existe na criação, pois tudo provém d'Ele.

Como as vibrações mentais divinas fluem através de ondas, nós as denominamos como ondas vibratórias vivas e divinas.

Daí surge o mistério das ondas vibratórias que, desde o primeiro plano da vida até o sétimo plano, mostra-se como algo gigantesco e que, sem quebra de continuidade, provém desde o "interior" da criação, localizado em Deus e alcança ou chega até o lado espiritual que é a contraparte etérea do lado material. E ali, dá início à geração do plano material, onde micropartículas extremamente vibrantes são retidas em campos eletromagnéticos "atômicos" e dão origem aos átomos, a unidade básica da matéria.

O longo percurso percorrido pelas ondas vibratórias, sempre levando para a "frente" as energias vivas e divinas originais, obriga-as a transmutarem-se de plano em plano para prosseguirem no trabalho de transporte desde o interior de Deus até seu exterior, concretizado na materialização das energias geradas por Ele.

Apesar de as ondas vibratórias mentais vivas e divinas possuírem cada uma sua frequência própria ou seu comprimento específico, no entanto elas fluem por graus vibratórios da escala magnética mental divina e geram o Mistério das Sete Vibrações, descritas por nós desta forma:

Vibração divina da fé
Vibração divina do amor
Vibração divina do conhecimento
Vibração divina da justiça
Vibração divina da lei
Vibração divina da evolução
Vibração divina da geração

Também as nomeamos pelos fatores divinos que mais as simbolizam:
Vibração divina congregadora
Vibração divina concebedora
Vibração divina expansora
Vibração divina equilibradora
Vibração divina ordenadora
Vibração divina transmutadora
Vibração divina geradora

E, porque essas sete vibrações dão sustentação energética à formação da matéria, também as nomeamos pelos tipos de matérias que elas "geram", e que são estas:
Vibração divina cristalina
Vibração divina mineral
Vibração divina vegetal
Vibração divina ígnea
Vibração divina eólica
Vibração divina telúrica
Vibração divina aquática

Mas também, "individualizadas", damos-lhes os nomes dos fatores-energias que transportam e irradiam, tais como:
Vibração curadora
Vibração cortadora
Vibração abridora
Vibração fechadora
Vibração expandora
Vibração polinizadora
Vibração conscientizadora
Vibração magnetizadora, etc.

Em razão do grande número de fatores e das vibrações que os transportam e os "levam" para toda a criação, não vamos cansar o leitor com a repetição de nomes-verbos, e sim vamos descrever detalhadamente o processo de crescimento ou de expansão das ondas vibratórias, pois acreditamos ser importante a compreensão desse mistério que se inicia em Deus e nos chega até a matéria.

Comecemos!

O fato é que todas as vibrações divinas "nascem" no interior de Deus e todas as que criaram a base vibracional da criação, desde a primeira emitida até as que estão sendo emitidas nesse momento, estão ligadas ao mental divino do nosso Divino Criador.

Portanto, não existe uma única onda vibratória que não está ligada ao mental d'Ele. E, se fosse o caso e Ele "desligasse" uma delas imediatamente, ela deixaria de existir.

Com isso entendido, então adentremos nesse mistério divino!

Deus realiza tudo a partir de Si, e sua "vontade" divina comanda todos os seus atos criadores. E, porque Deus não é um ser e sim é o poder divino em si mesmo que a tudo gera e tudo encerra em si mesmo, eis que suas vontades criadoras fluem através de suas vibrações mentais, que são realizadoras e são um dos meios que Ele possui para exteriorizá-las e incorporá-las à Sua criação.

As vontades divinas, após serem exteriorizadas, trazem em si a perfeição d'Ele e são realizadoras em si mesmas.

Cada onda vibratória viva e divina é a manifestação de uma vontade divina, e mesmo a vibração contínua emitida pelo nosso espírito e pela contraparte espiritual da matéria é a realização de uma vontade divina do nosso Divino Criador, que faz com que tudo e todos emitam suas vibrações.

Nada que não seja "fruto" ou resultado de uma vontade divina adquire estabilidade, permanência e eternização.

Mas tudo que resultou de uma vontade d'Ele adquire essas mínimas qualidades e integra-se à criação como fruto de uma vontade divina.

Portanto, o mistério das ondas vibratórias está fundamentado em Deus!

As ondas vibratórias partem do mental divino e cada uma flui de uma forma e espalha-se por toda a criação, criando em cada plano uma tela vibratória que ocupa todo o espaço infinito, sendo-nos impossível localizar seu começo ou fim, já que ela está em todos os lugares.

E, porque cada fator é transportado por uma onda vibratória diferente, então temos um número infinito delas, com cada uma formando uma tela vibratória só sua.

E, porque cada onda vibra em uma frequência só sua, temos o mistério das vibrações divinas.

– Temos as ondas vibratórias denominadas originais porque transportam um só fator.

– Temos as ondas vibratórias duplas porque transportam dois fatores opostos.

– Temos as ondas vibratórias mistas porque transportam vários fatores combinantes.

– Temos as ondas vibratórias complexas porque transportam cadeias de fatores.

Também classificamos as ondas vibratórias desta forma:

Ondas vibratórias unipolares
Ondas vibratórias bipolares
Ondas vibratórias tripolares
Ondas vibratórias tetrapolares
Ondas vibratórias pentapolares
Ondas vibratórias haxapolares
Ondas vibratórias heptapolares
Ondas vibratórias octopolares, etc.

As ondas unipolares realizam uma única função.
As ondas bipolares realizam duas funções.
As ondas tripolares realizam três funções.
E assim sucessivamente com as demais.

Os modelos das ondas vibratórias diferem entre si, mesmo as que transportam fatores de uma mesma família.

Isolada, uma onda assemelha-se a um raio cósmico que "risca" no espaço uma luminosidade mas, no caso delas, o "caminho" percorrido deixa visível o "desenho" de uma onda que flui em uma direção, outra forma uma linha ondeada, outra forma uma linha entrelaçada, etc., com cada uma diferente de todas as outras.

Mesmo entre as que formam linhas retas ou com curvas ou entrelaçamentos aparentemente iguais, ampliando-as ao máximo que nos foi possível, verificamos que elas se assemelham a fios ou cabos com uma forma bem definida, sendo que vimos algo assim:

Ponta de uma onda vibratória triangulada: △

Ponta de uma onda vibratória quadrada: ☐

Ponta de uma onda vibratória pentagonal: ⬠

Ponta de uma onda vibratória hexagonal: ⬡

Ponta de uma onda vibratória losangular: ◊

Ponta de uma onda vibratória oblonga: ◊◊

Ponta de uma onda vibratória estrelada: ☆

Ponta de uma onda vibratória circulada: ◯

Ponta de uma onda vibratória em cruz: ✚

Ponta de uma onda vibratória em guirlanda para fora: ◇

Ponta de uma onda vibratória bitriangulada: ✡

Aí há alguns "modelos" das pontas de algumas ondas vibratórias, sendo que existem muitos outros "desenhos" formados pelas pontas delas, ainda que tenhamos obtido esses e outros desenhos ampliando-as milhões de vezes em nossos aparelhos, especialmente construídos para o estudo de tudo o que já comentamos e do que nos é interditado revelar para o plano material.

Observando o modelo da onda e seu modo de fluir na criação, chegamos à conclusão de que a "forma" de cada uma delas mantém uma semelhança com os fatores que transporta.

Se cada onda vibratória possui sua "forma" própria e só transporta o fator ou fatores cuja frequência vibratória corresponde ao dela, então deduzimos que um fator, seu magnetismo, sua função e sua frequência mantêm uma correspondência com sua onda vibratória transportadora e irradiadora na criação e formam um todo magnificamente perfeito, divino mesmo!

E, porque existem fatores duplos, mistos, compostos e complexos, também encontramos suas ondas vibratórias transportadoras e irradiadoras, com cada uma formando uma tela vibratória do "tamanho" da criação.

Isso no primeiro plano da vida, porque no segundo plano elas aumentam seus "calibres" e tornam-se ondas vibratórias "essenciais"; no terceiro plano da vida passam por uma nova "transmutação" e são classificadas como elementais, etc.

Na verdade, temos isto:
Primeiro Plano – ondas vibratórias fatorais
Segundo Plano – ondas vibratórias essenciais
Terceiro Plano – ondas vibratórias elementais
Quarto Plano – ondas vibratórias bielementais
Quinto Plano – ondas vibratórias trielementais
Sexto Plano – ondas vibratórias naturais
Sétimo Plano – ondas vibratórias celestiais.

Há uma gradação ou transmutação das ondas vibratórias emitidas pelo Divino Criador, pois no primeiro plano são ondas fatorais;

– No segundo plano, um feixe de ondas fatorais dá origem a uma onda vibratória essencial.

– No terceiro plano, um feixe de ondas essenciais dá origem a uma onda vibratória elemental.

– No quarto plano, um feixe de ondas elementais dá origem a uma onda vibratória bielemental.

– No quinto plano, um feixe de ondas bielementais dá origem a uma onda vibratória trielemental.

– No sexto plano, um feixe de ondas trielementais dá origem a uma onda vibratória natural.

– No sétimo plano, um feixe de ondas naturais dá origem a uma onda vibratória celestial.

– No sétimo plano, um feixe de ondas celestiais dá origem a uma onda vibratória que sai desse nosso universo em duas (ou mais, direções, sendo que uma dirige-se para um outro universo "inferior" ao nosso e outra dirige-se a outro universo "superior" ao nosso.

Fato esse que é outro mistério do nosso Divino Criador, ilimitado em todos os sentidos!

Mas essas ondas que partem para outros universos levando-lhes "nossas" energias têm uma contrapartida, pois deles nos chegam suas ondas vibratórias "celestiais", trazendo para o nosso universo energias acumuladas neles.

Até aqui, as ondas que comentamos provêm do mental divino do nosso Divino Criador e as mesmas ondas, sem quebra de continuidade, foram passando por enfeixamentos e transmutações sem nunca terem interrompido seus trabalhos na criação ou seu fluir de plano em plano até saírem do "nosso" universo através de seu lado espiritual ou etéreo.

"Lembramos mais uma vez o leitor que estamos descrevendo eventos que não se passam no lado material da criação, certo?"

As ondas vibratórias dividem-se em vários tipos.

Então temos isto:

Ondas vibratórias energéticas
Ondas vibratórias magnéticas
Ondas vibratórias eletromagnéticas

As ondas energéticas transportam energia.

As ondas magnéticas transmitem o magnetismo ou magnetizam as "coisas" criadas por Deus, dando a cada uma seu magnetismo individual e seu grau vibratório.

As ondas eletromagnéticas tanto energizam quanto magnetizam tudo o que tocam.

Para que tenham uma noção da grandeza das ondas vibratórias aqui comentadas, saibam que existe uma onda vibratória energética curadora; uma onda vibratória magnética curadora; e uma onda vibratória eletromagnética curadora... para o fator curador.

E o mesmo acontece nos planos posteriores com as energias "curadoras" já em outros estados, tais como: essencial, elemental, etc.

O que descrevemos para o fator curador aplica-se a todos os outros fatores, sejam eles puros, mistos, duplos, compostos ou complexos.

E o mesmo acontece nos planos posteriores da criação.

As ondas vibratórias até aqui descritas e que começam a fluir a partir do mental do nosso Divino Criador, sempre seguindo em frente de plano em plano até "saírem" desse nosso universo, são denominadas ondas vibratórias temporais.

São temporais porque seguem o ritmo da criação e sempre avançam para os planos posteriores da criação, cada vez "engrossando" mais e mais seus "calibres".

Mas existe um outro tipo de ondas vibratórias denominadas "atemporais".

As ondas vibratórias atemporais "nascem" em todos os planos da vida, ou seja: surgem dentro deles!

Elas "brotam" de gigantescos vórtices energéticos, magnéticos e eletromagnéticos e projetam-se tanto para dentro do plano onde surgiram como também se projetam para os outros planos da vida, estejam eles à sua frente ou atrás dele.

São denominadas como atemporais porque não seguem os ciclos e os ritmos da criação e tanto avançam para dentro do seu plano de origem quanto avançam na linha do tempo para os planos posteriores quanto recuam nela para os planos anteriores, constituindo-se também elas em mais um mistério do nosso Divino Criador.

As ondas vibratórias temporais são denominadas "ondas retas" porque partem do mental divino e projetam-se sempre para "a frente" na criação.

As ondas vibratórias atemporais são denominadas "ondas curvas" porque partem de todos os planos da vida e tanto atuam no plano onde surgiram como nos planos anteriores e nos posteriores.

As ondas vibratórias, com cada uma vibrando em um comprimento ou em uma "frequência" específica, constituem-se no terceiro mistério da gênese energética da criação.

O primeiro mistério é o dos fatores divinos.
O segundo mistério é o dos magnetismos divinos.
O terceiro mistério é o das vibrações divinas.

Esses três mistérios e muitos outros do nosso Divino Criador criaram as bases energéticas, magnéticas e vibratórias da criação e têm dado sustentação e amparo a tudo o que Ele criou, está criando nesse momento ou ainda criará, pois essas bases divinas são eternas, estáveis e infinitas em si mesmas, mostrando-nos a grandeza divina do nosso Divino Criador.

As Ondas Vibratórias

Toda ação flui por intermédio de um meio, que a conduz até seu destino final.
Uma carta flui por meio dos correios.
Um telefonema flui mediante cabos telefônicos.
A programação de uma estação de rádio flui por meio das ondas emitidas pela sua antena transmissora.
A água de um reservatório flui por intermédio de canos.
Enfim, tudo tem seu meio de fluir e chegar ao seu destino final.
Não poderia ser diferente com a "energia fator" liberada com o verbo divino.
Esse meio são ondas denominadas vibratórias.
Temos ondas vibratórias fatorais, essenciais, elementais, mistas, compostas, complexas, etc.
Se vários são os nomes das ondas vibratórias transportadoras da energia-fator realizadoras das ações determinadas pelos verbos, então tem de haver algo que diferencie umas das outras, certo?
E há?
Cada onda tem seu desenho ou sua forma de crescimento.
São tantos os modelos de ondas vibratórias existentes que não podemos afirmar quantas existem.
O fato é que existem e realizam suas funções na criação, alimentando tudo e todos com a energia-fator transportada por cada uma delas.
Cada modelo de onda vibratória que realiza uma só função ou trabalho é classificada como pura; se realiza duas ou mais funções, é mista ou dupla; se realiza várias funções, é composta; se realiza muitas funções, é complexa.

As ondas vibratórias espalham-se por toda a criação de Deus, desde o mais sutil e elevado plano até o mais denso e baixo, chegando à "matéria" já como sua qualidade, que diferencia uma coisa de outra.

Existem ondas com traços retos e ondas com traços curvados.

As ondas temporais dividem-se em retas propriamente ditas; em zigue-zague; em angulações; em retráteis; em cr uzadas, etc.

As ondas atemporais dividem-se em curvas propriamente ditas; em ondeantes; em espiraladas; em entrelaçadas, etc.

O desenho formado no fluir de uma onda determina sua classificação, mas ondas com traçados muito parecidos desempenham funções diferentes.

Nós, para facilitar o entendimento sobre esse mistério de Deus, simplificamos a classificação das ondas em dois g rupos:

Ondas retas ou que formam ângulos.

Ondas curvas ou que formam arcos.

Ondas retas, aqui, são aquelas que têm seus desenhos formados por traços retos.

Ondas curvas, aqui, são aquelas que têm seus desenhos formados por traços arqueados ou curvados.

Exemplos:

Onda Reta   Onda Curva

Onda Reta (em zigue-zague)   Onda Curva (ondeante)

A simplificação visa a um melhor entendimento, para que todos possam entender e se servir desse mistério de Deus.

As ondas retas são chamadas de temporais porque seguem o fluir expansionista da criação e "nascem" ou aparecem no primeiro dos sete planos da vida e a vançam, alcançando os outros planos.

As ondas curvas são chamadas de atemporais porque nascem ou aparecem em todos os planos da vida e, a partir de onde nasceu, avançam para todos os outros.

Assim, temos um tipo de ondas (as angulares) que são estáveis, permanentes e formam uma base sustentadora da criação.

E temos outro tipo de ondas (as curvas) que são cíclicas, pois tanto aparecem de repente assim como desaparecem para, mais adiante, reaparecerem.

As ondas retas ou temporais são estáveis, permanentes e criam o "espaço" em cada um dos sete planos da vida, dando estabilidade a tudo e a todos, criando o ritmo.

As ondas curvas ou atemporais são instáveis, cíclicas e criam o movimento em cada um dos sete planos da vida, criando o tempo e os ciclos.

Ritmo e ciclo;
Cadenciamento e alternância;
Perenidade e transformação;
Som e notas musicais; etc.

Os muitos modelos das ondas vibratórias já identificados são englobados em dois grandes grupos, porque todos os já estudados revelam funções que, se retas, têm a ver com o espaço e, se curvas, têm a ver com o tempo.

Retas e curvas, espaço e tempo, ritmo e ciclos.

Cada uma dessas ondas, retas ou curvas, formam uma tela ou rede que se espalha por toda a criação, alcançando tudo e todos, e saturando-os com a energia-fator que transportam e liberam o tempo todo.

Também há outro mistério envolvendo essas ondas: elas são encontradas em todas as posições possíveis e imagináveis!

Vemos a tela de uma onda fluindo horizontalmente e vemos a mesma tela fluindo verticalmente. E as vemos em todos os graus de inclinação ou obliquidade em relação a essas duas.

Não devem compará-las aos raios solares que avançam para o espaço infinito em todas as direções, porque uma onda vibratória transportadora de energia-fator não procede como um raio solar, pois este flui ou avança sem se multiplicar ou desviar-se da sua direção.

Já as ondas sobre as quais comentamos, estas avançam um pouco e criam um micropolo magnético que as multiplica em todas as direções.

Elas são algo difícil de descrever com um recurso gráfico tridimensional porque são multidimensionais.

Nós desenvolvemos na tela plana uma forma de descrever o crescimento de uma onda vibratória transportadora de energia-fator, ainda que seja limitadíssimo.

132 — *Livro das Energias e da Criação*

Observem estes modelos:

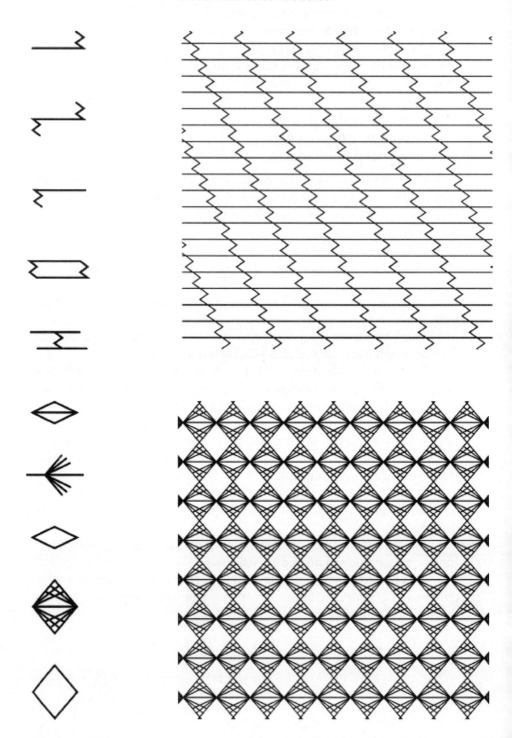

As Ondas Vibratórias 133

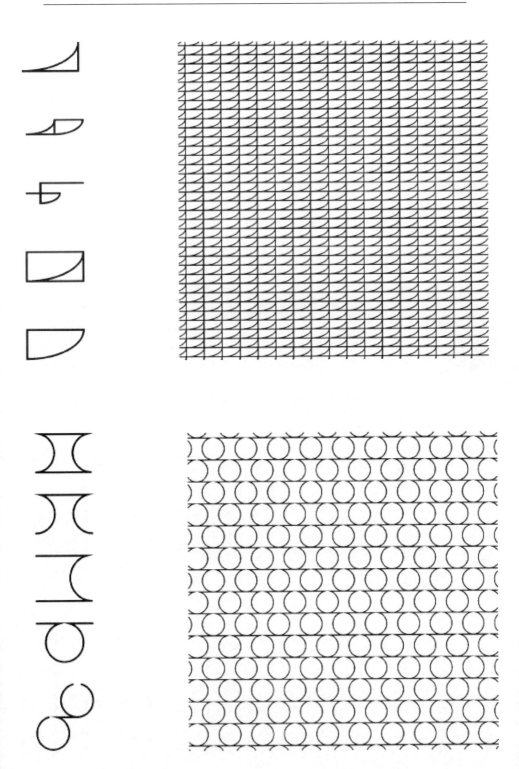

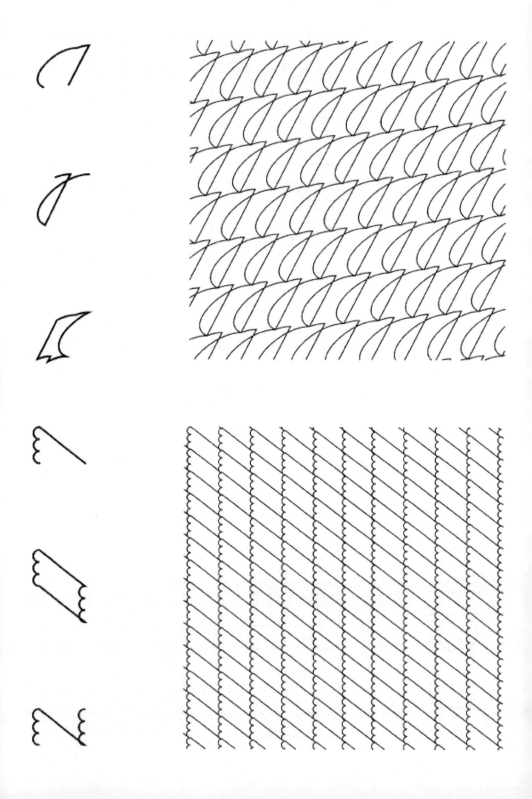

As Ondas Vibratórias 135

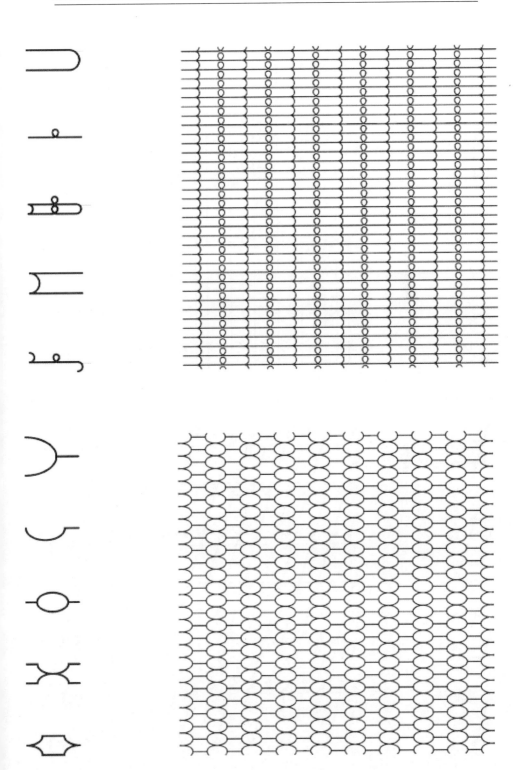

136 *Livro das Energias e da Criação*

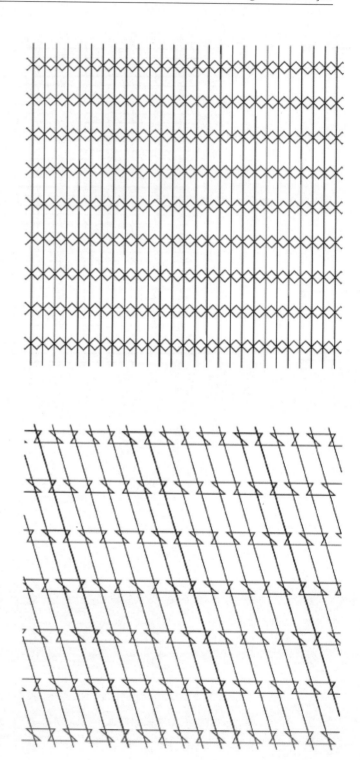

As Ondas Vibratórias 137

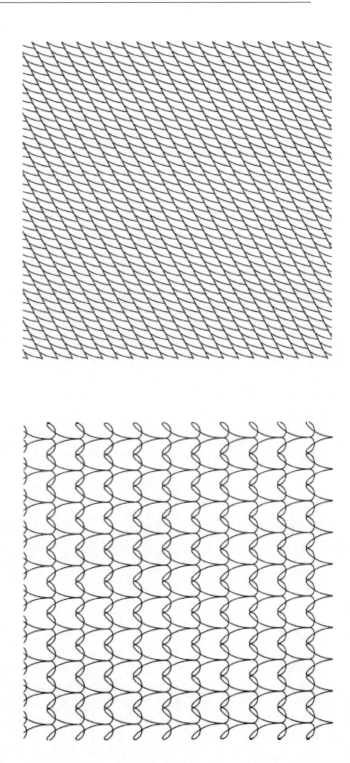

Livro das Energias e da Criação

As Ondas Vibratórias 139

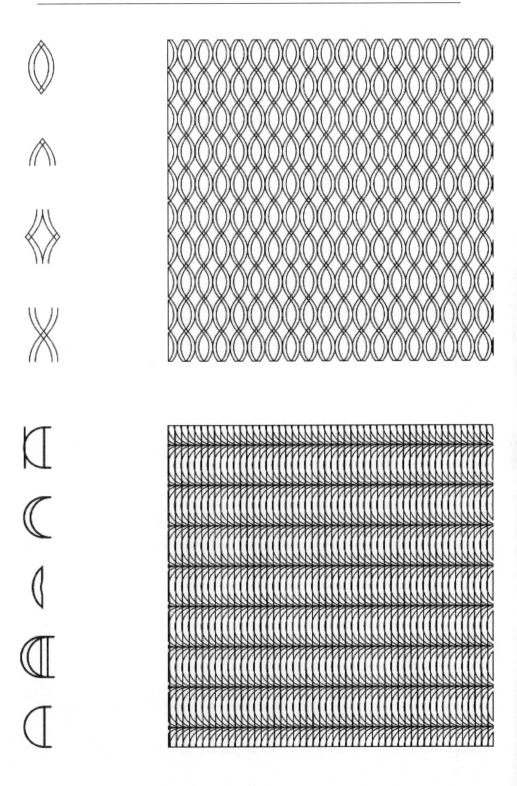

140   *Livro das Energias e da Criação*

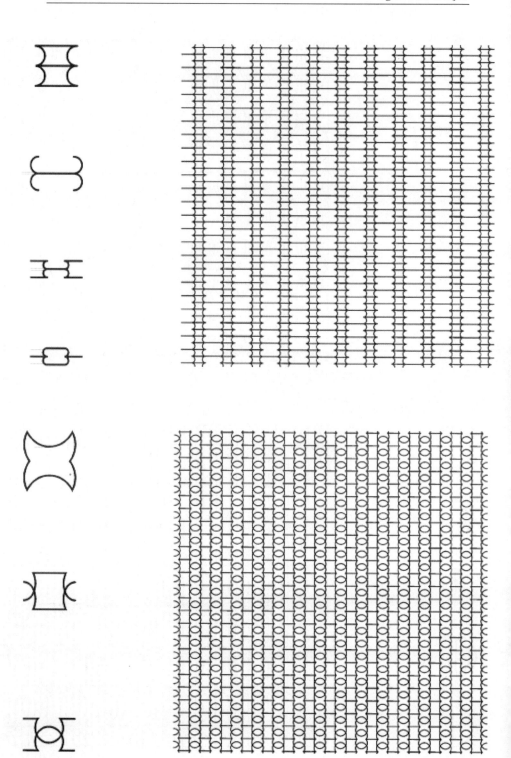

As Ondas Vibratórias 141

Nesses modelos de telas só são mostradas partes delas, pois cada multiplicação aumenta o entrelaçamento ou o entrecruzamento, chegando a um ponto em que é quase impossível separá-las ou desemaranhar seus desdobramentos.

Aqui só mostramos uma multiplicação simplificada e em um plano. Imaginem se as multiplicações fossem multidimensionadas.

As formas das telas são infinitas e cada uma vibra em um grau só seu, não tocando em nenhuma outra, criando uma rede única em toda a criação.

Essas telas vibratórias são chamadas de permanentes porque mantêm suas funções inalteradas, dando perenidade à criação divina.

Elas formam uma base para que, sobre ela, tal como sobre um alicerce, Deus possa construir tudo e abrigar todos nessa sua construção infinita.

Ainda não sabemos quantas dessas ondas vibratórias transportadoras de fatores-funções existem.

No decorrer dos tempos, espíritos estudiosos vêm pesquisando esse campo e já descobriram quase 12 mil ondas vibratórias, suas telas, seus fatores-funções e boa parte da simbologia formada por elas, já que é impossível desenvolver a simbologia completa de uma onda, pois são infinitas as possibilidades.

Além das telas há o estudo dos símbolos formados por elas e há o desenvolvimento de um "signário" próprio de cada uma.

Então temos isto:

Ondas vibratórias
Telas vibratórias
Símbolos
Signos

As ondas formam as telas.
As telas formam os símbolos.

Os signos são retirados dos símbolos e são partes ou pedaços das ondas.

Os símbolos são polos eletromagnéticos emissores de energia-fator que realizam trabalhos gerais.

Os signos são emissores de energia-fator que realizam trabalhos específicos.

Os símbolos realizam muitos trabalhos ao mesmo tempo e os signos realizam apenas alguns.

Mas, combinando signos, conseguimos criar novos símbolos, que realizam novos trabalhos.

As Ondas Vibratórias 143

Tal como a ligação de átomos diferentes geram moléculas diferentes, a ligação de signos diferentes gera símbolos capazes de realizar novos trabalhos na criação sem que percam suas funções originais.

Um signo que tem uma forma, unido ou ligado a outro que tem outra forma, criam um outro, denominado de duplo, pois tem dupla função.

Essa ligação gera novas funções. Mas, se a ligação for diferente, ainda que use os mesmos signos, aí novas funções são criadas e novos trabalhos são realizados.

Observem:

signos isolados

signos ligados

signos entrelaçados

signos fundidos

Cada um desses signos duplos realiza trabalhos diferentes, ainda que conserve suas funções originais.

Vamos dar funções a esses dois signos para que possamos entender o que estamos comentando.

= Signo graduador telúrico. Esse signo foi retirado do símbolo formado pela tela vibratória graduadora telúrica. Sua função é graduar as coisas por meio da energia telúrica.

= Signo expansor eólico. Esse signo foi retirado do símbolo formado pela tela vibratória expansora eólica. Sua função é expandir as coisas por meio da energia eólica.

A onda vibratória graduadora telúrica tem este modelo:

Seu Signo:

O crescimento dessa onda gera esta tela vibratória:

Seu crescimento:

Tela Vibratória graduadora Telúrica

Onda Vibratória Expansora Eólica

Seu Signo:

Seu crescimento:

Signos compostos:

Tendo dois signos e sabendo suas funções, podemos desenvolver novas funções ou novos campos nos quais elas se realizam.

Vejamos:

Signo Graduador Telúrico
Signo Expansor Eólico
Signo Duplo Graduador-expansor
Esse signo g radua à esquerda e expande à direita.
Se ele g radua à esquerda, o que ele está g raduando?
Se ele e xpande à direita, o que ele está e xpandindo?
As explicações são estas:

Signo Graduador Telúrico. Esse signo tem por função graduar o comportamento dos seres para que se mantenham dentro de uma faixa tolerável, proporcionando-lhes uma evolução estável.

Signo Expansor Eólico. Esse signo tem por função expandir os campos de ações dos seres, permitindo-lhes que evoluam continuamente.

Unindo os dois ou fundindo-os, temos um signo com dupla função, pois ao mesmo tempo em que gradua o comportamento evolucionista de um ser à esquerda, também lhe abre novos campos à direita por meio dos quais evoluirá continuamente.

Esses dois signos estão nos dizendo muitas coisas porque são representadores de funções divinas indispensáveis à evolução dos seres.

Agora, se o signo graduador é telúrico, ele tem a regência de um Trono, que é o da Evolução.

E, se o signo expansor é eólico, ele tem a regência de outro Trono, que é o da Lei.

Por meio desse signo duplo ou com dupla função, dois poderes estão atuando ao mesmo tempo, graduando os comportamentos à esquerda e expandindo os campos de ações à direita dos seres.

Quando falamos em "à esquerda", estamos nos referindo às dimensões da vida existentes à esquerda da dimensão humana.

Quando falamos em "à direita", estamos nos referindo às dimensões da vida existentes à direita da dimensão humana, que é a nossa, onde vivemos e evoluímos.

Agora, existem outras ondas graduadoras e expansoras, tais como:

Graduadora Ígnea
Graduadora Aquática
Graduadora Vegetal
Graduadora Eólica
Graduadora Mineral

Graduadora Cristalina
Graduadora Atemporal

Existem outras ondas expansoras:

Expansora Mineral
Expansora Aquática
Expansora Ígnea
Expansora Telúrica
Expansora Cristalina
Expansora Vegetal
Expansora Atemporal

Aqui, no nosso exemplo, só mostramos uma onda vibratória graduadora e outra expansora.

Mas, para expandirmos o entendimento sobre a simbologia, mostraremos uma nova onda vibratória, seu crescimento e seu signo:

Onda Vibratória Cristalizadora Reta (Cristalina).

Cristalizar = modelagem = acabamento

Cristalina = cristal = firmeza

O Trono regente da onda vibratória cristalizadora reta cristalina é o Trono masculino da fé.

Então, a onda vibratória cristalizadora reta cristalina é regida pelo Trono da Fé e tem por função modelar e dar um acabamento ou uma forma estável à religiosidade de um ser.

Onda Vibratória Cristalizadora Reta:

Seu crescimento:

Seu signo:

Esta onda se mostra sempre na horizontal e cresce emitindo ou projetando réplicas de si mesma.

Aqui, na tela plana, só podemos mostrar suas reproduções para cima e para baixo. Mas ela, tal como um eixo central, projeta réplicas em todas as direções.

Imaginem uma circunferência, e seus 360°, e um eixo que passe pelo seu centro e projete réplicas idênticas para 360 direções diferentes, uma para cada grau dela.

É isso que essa onda vibratória cristalizadora reta cristalina faz ao reproduzir-se.

Essa é a sua forma de crescimento, pois há outras formas de crescimento para outras ondas cristalizadoras retas, tais como:

Cristalizadora Reta Mineral
Cristalizadora Reta Vegetal
Cristalizadora Reta Ígnea
Cristalizadora Reta Telúrica
Cristalizadora Reta Aquática
Cristalizadora Reta Eólica

Essas outras ondas cristalizadoras retas têm outros modelos e outras formas de crescimento ou multiplicação, formando outras telas vibratórias.

E ainda há as ondas vibratórias cristalizadoras curvas, que também têm seus modelos e suas formas de crescimento.

Mas aqui nos limitaremos à onda vibratória cristalizadora reta cristalina para demonstramos como a simbologia se serve dos signos-funções para criar novos "símbolos de poder" capazes de realizar muitas funções ao mesmo tempo.

Signo Graduador Telúrico

Signo Expansor Eólico

Signo Cristalizador Cristalino

Signo Duplo Graduador-expansor

Signo Duplo Graduador-cristalizador

Signo Duplo Expansor-cristalizador

Signo Composto: Graduador, Expansor, Cristalizador

Símbolo: Graduador-expansor-cristalizador, regido pelos Tronos da evolução, da lei e da fé.

Os símbolos e signos representam poderes universais assentados na criação e estão à disposição de todos os que queiram servir-se deles. Só que, sem perderem suas funções originais, eles assumem a qualificação do seu usuário.

Na magia simbólica, os nomes devem ser observados com atenção, pois por trás deles estão mistérios que recebem nomes de acordo com suas funções.

Essas funções são vibrações divinas que, por si só, realizam trabalhos específicos porque a energia-fator que transportam e irradiam tem essa finalidade. Essa interpretação tem de ser correta para que tudo assuma sentido e seja verdadeiro, senão o usuário do simbolismo não sai do lugar comum e cai no interpretativismo, que mais afasta que o esclarece.

Não ajuda muito dizer que o verde simboliza isso ou aquilo.

As cores têm funções, pois estão indicando o "comprimento da onda" que transporta a energia-fator.

Se energia é energia, no entanto a cor que assume as ondas vibratórias que a transportam é o indicador de sua função ou do trabalho que realizam. E, como não são poucos os fatores que assumem uma mesma cor, então o intérprete das cores deve ficar atento às tonalidades de cada uma delas, pois cada cor também possui esse espectro de tons.

O verde-claro não realiza o mesmo trabalho que o verde-escuro. Pertencem a um mesmo "espectro de tons verdes", no entanto estão agindo em campos diferentes e fazendo trabalhos específicos.

O mesmo acontece com os signos e símbolos usados na magia riscada simbólica.

Se os signos são iguais, mas estão inscritos em posições diferentes, então a mesma vibração está realizando sua função original em campos e em coisas diferentes.

Se os signos são parecidos, mas não são iguais na abertura de grau ou na sua curvatura, então realizam trabalhos diferentes no mesmo campo e nas mesmas coisas.

Ser igual mas estar em uma posição diferente indica trabalho em campo diferente.

Ser diferente mas estar na mesma posição indica que trabalhos diferentes estão sendo realizados ao mesmo tempo no mesmo campo.

Todos esses detalhes devem ser observados e entendidos para que a simbologia assuma seu verdadeiro significado e importância.

Tal como as várias tonalidades de uma mesma cor indicam diferenças importantes a ser observadas, a abertura de ângulo ou a curvatura também indicam diferenças fundamentais nos signos e símbolos. Eis uma regra clara:

Serem parecidos não significa que são iguais e fazem a mesma coisa, ou seja: não têm as mesmas funções e não realizam o mesmo trabalho.

Eis outra regra:

Um signo ou um símbolo tem sua função original, que é imutável, mas sua função realiza-se no campo de ação de quem riscá-lo ou usá-lo.

Cada Trono tem seu campo de atuação na criação e, para exercê-la, tem todas as funções necessárias, senão o desequilíbrio se estabeleceria. Logo, todos os Tronos são equilibradores, ordenadores, geradores, etc.

Só que cada um deles exerce essas funções ao seu modo, ou seja, por meio de sua vibração própria, emitida por ele mentalmente o tempo todo.

Equilibrar, todos equilibram. Mas um equilibra a fé, outro equilibra o amor, outro equilibra a justiça, etc.

A fé é equilibrada pelo Trono da Fé; o amor é equilibrado pelo Trono do Amor; a justiça é equilibrada pelo Trono da Justiça, etc.

Então, cada um realiza sua função equilibradora por meio de uma onda vibratória específica e com abertura de grau ou com curvatura só sua e de mais ninguém.

Logo, existem tantas ondas vibratórias equilibradoras quantos são os Tronos. No entanto, nenhuma é exatamente igual às outras, ainda que possam ser semelhantes.

Como já afirmamos, ser semelhante ou parecido não é ser igual.

Regra geral:

Todos os Tronos têm todas as funções existentes na criação e as receberam de Deus, porque cada um as exerce em um campo ou faixa de atuação específico e só seu.

Todos os Tronos exercem suas funções por intermédio de ondas vibratórias que transportam energias fatorais, que realizam trabalhos específicos, assim que tocam ou alcançam seus objetivos.

Então é preciso comentar o Mistério "Tronos de Deus" mais amplamente para que, daí em diante, ao verem um signo ou símbolo, parecidos mas não iguais, também saibam que eles têm regências e funções diferentes.

A regência é exercida por um Trono de Deus.

As funções são os trabalhos a ser realizados pelas ondas vibratórias irradiadas por eles.

Comentaremos os Tronos de Deus, em capítulos adiante.

As Ondas Vibratórias (2)

A Base da Criação

Os fatores, os descrevemos como micropartículas energéticas que se reproduzem e se multiplicam indefinidamente, sendo que cada novo fator multiplicado imediatamente começa a multiplicar-se.

Nós identificamos como os fatores de Deus se multiplicam: eles absorvem uma emanação energizante d'Ele, incorporam-na e energizam-se até uma carga tal que emitem réplicas de si com as mesmas propriedades (função e capacidade de reproduzir-se indefinidamente).

Os fatores, quando se energizam, se "acendem", tornando-se brilhantes por uma fração de tempo, emitem cópias de si e tornam a apagar, só tornando a "acender" quanto se sobrecarregarem novamente.

Esse é um processo que não tem fim e acreditamos que um "primeiro" fator ou uma primeira leva de fatores gerados por Deus desencadeou a formação de todo o universo material e os espirituais, paralelos e invisíveis à nossa visão humana porque pertencem a outras realidades d'Ele, nosso divino Criador, assim como "construíram" todos os meios usados pelos seres e pelas criaturas para poderem viver e evoluírem segundo Sua vontade divina para cada tipo de consciência criada por Ele, o único capaz de gerar "vidas".

Assim, se os fatores reproduzem-se e ficam em "estado de suspensão", no entanto há um meio de atraí-los, concentrá-los e conduzi-los de um lugar para outro.

Esse meio, nós o identificamos como ondas finíssimas, as de menor calibre na criação divina, ondas estas que têm por função atrair os fatores e conduzi-los de um lugar para outro; de um plano da vida para outro; de uma faixa vibratória para outra; de uma dimensão para outra.

Observação: plano, nesse contexto, refere-se a um grau magnético da escala divina da criação, ou a uma "faixa de ondas", na qual todas as ondas fluem dentro de um "espectro frequencial" específico da criação.

A espectrologia (que estuda os fenômenos espectrais), a espectrometria (que procura conhecer a natureza dos elementos de um foco luminoso e determina a constituição dos corpos) e a espectroscopia (que estuda a luz por meio do espectro fornecido pelo prisma) ainda alcançarão uma evolução tal que, unidas em uma só direção, conseguirão detectar o espírito das pessoas ou os espíritos já desencarnados, tal como fazem os clarividentes que conseguem vê-los e descrever suas colorações, suas auras luminosas e até se comunicam com eles.

Mas as ondas fatorais e mesmo os fatores ainda são mais sutis que os "corpos" dos espíritos. Na verdade, os espíritos, tal como os clarividentes os descrevem, se servem de corpos plasmáticos formados por energias elementares geradas a partir da fusão ou mistura de essências; e estas surgem a partir da fusão ou mistura de fatores.

Logo, em uma escala, o corpo plasmático ou fluídico dos espíritos é o quarto estágio de "condensação" dos fatores.

Senão, vejamos:
Primeiro estado: fatores
Segundo estado: essências
Terceiro estado: elementos
Quarto estado: corpos fluídicos ou sutis dos espíritos.

Para cada um desses estados há um plano específico em que sua realidade ou seu meio difere dos planos posteriores em que a energia assume outros estados ou padrões.

Então, se há planos diferentes, ondas com calibres diferentes também existem.

Vamos a elas?

Primeiro – *Ondas vibratórias fatorais*: as ondas mais finas ou de menor calibre na criação, e que constituem a base primária da criação divina.

Segundo – *Ondas vibratórias essenciais*: ondas que surgem a partir da fusão ou junção de várias ondas fatorais. As fusões acontecem a partir de duas ondas fatorais e o número máximo que identificamos até agora foi de 77 ondas fatorais e afins entre si, e que formam como que eixos eletromagnéticos que atravessam nosso planeta em várias direções.

Esses "eixos eletromagnéticos essenciais" são magníficos de serem vistos, pois são formados a partir do entroncamento de muitas ondas vibratórias resultantes da fusão ou junção de 77 ondas fatorais afins entre si.

A ciência divina descreve esses "eixos essenciais" como fontes de alimentação planetária a partir do segundo estado da energia: o seu estado essencial!

Terceiro – *Ondas vibratórias elementais*: ondas formadas a partir da junção de ondas essenciais. Elas têm por função transportar a energia em seu terceiro estado, e alimentam o terceiro plano da vida energizando-o e mantendo em equilíbrio energético o meio onde vivem os seres elementais, plano este em que as "consciências" se revestem de sutilíssimos corpos fluídicos.

Se compararmos os corpos sutis dos seres elementais com os corpos fluídicos dos espíritos, os destes parecem lonas e os deles parecem véus finíssimos.

Só por essas diferenças de condensações, esperamos que entendam o que classificamos como "estados da energia".

Quarto – *Ondas vibratórias duais*: ondas que transportam as energias geradas a partir da fusão de dois elementos afins entre si ou complementares, tais como:
– Elementos aquático-telúrico
– Elementos ígneo-eólico
– Elementos ígneo-mineral
– Elementos aquático-eólico, etc.

Quinta – *Ondas vibratórias compostas*: ondas que transportam as energias geradas a partir da fusão das energias duais.

Sexto – *Ondas vibratórias complexas*: ondas que transportam as energias geradas a partir fusão das energias compostas.

Essas energias são análogas às geradas pela matéria, a partir dos muitos estados dela, tais como o estado sólido, o líquido e o gasoso.

Sétimo – *Ondas vibratórias celestiais*: ondas que nos chegam do sétimo plano da vida, que é posterior ao que atualmente vivemos e evoluímos.

Desse plano posterior ao nosso nos chegam energias de "qualidade" superior às que formam o "oceano de energia etérea que alimenta nosso espírito" e que os hindus chamam de "prana".

Essa energia celestial, ou a energia em seu sétimo estado, nos chega em um padrão vibratório tal que só conseguimos absorvê-la através dos nossos chacras se estivermos vibrando em nosso íntimo sentimentos elevados ou virtuosos.

As Formas das Ondas Vibratórias

As ondas vibratórias transportam a energia, desde seu estado fatoral até o celestial.

Para cada fator, há uma forma de onda e um modelo de fluir através da criação.

Cada forma é única e não interfere no fluir das outras ondas, já que cada uma vibra em uma frequência específica, só sua.

A forma das ondas vibratórias tem que ver com a função a ser realizada pela energia que ela transporta, ou gera de si e irradia para todo o meio por onde ela passa.

Há ondas de baixa frequência, de média, de alta e de altíssima frequências, lembrando ao leitor que, se frequência significa o número de vibrações por segundo de um corpo em movimento, então podemos dizer que há ondas de baixa, média, alta e altíssima ou baixíssima vibração, e por isso as denominamos "ondas vibratórias".

Com isso esclarecido, alternaremos o uso dessas palavras ora usando uma, ora usando outra.

Obs.: os modelos de ondas descritos no estudo da radiodifusão são o de ondas transportadoras de vibrações sonoras e existe um amplo estudo de fácil acesso a quem se interessar por esse assunto, estudo este que recomendamos aos nossos leitores.

Então, que fiquem claras as diferenças funcionais existentes entre os modelos de ondas descritas na radiodifusão, cujas funções são as de irradiar o som, e as funções das ondas vibratórias que descreveremos aqui e que realizam outras coisas, todas voltadas para o lado espiritual da vida, ainda que estas estejam fluindo pelo mesmo espaço que aquelas.

O "calibre" de uma onda de rádio, se comparado aos das ondas que descreveremos, seria o mesmo de um cabo de 2 metros de diâmetro para as ondas de rádio e o de um fio de cabelo para as ondas fatorais.

Em espessura ou calibre, há uma ordem crescente de medidas:

Ondas fatorais
Ondas essenciais
Ondas elementais
Ondas duais

Ondas compostas
Ondas complexas
Ondas celestiais

Obs.: as ondas celestiais, que são um mistério em si mesmas, como o são todas as ondas, se mostram da espessura dos canos de 4 polegadas mas, na verdade, são feixes de ondas complexas entrelaçadas entre si que, por serem muito irradiantes, se parecem com os feixes de luz projetados pelos holofotes de alta potência.

Quando evocamos uma divindade celestial, ela projeta mentalmente uma ou várias dessas ondas em nossa direção e somos totalmente envolvidos por elas, que permanecem atuando sobre nosso espírito até que tenham realizado seus "trabalhos", desligando-se logo após realizá-lo.

Ondas Vibratórias Fatorais

Aqui, só mostraremos alguns modelos para que adquiram uma noção do que são as ondas vibratórias e onde elas "entram" em nossa vida e o quanto elas são indispensáveis à manutenção do meio por onde evoluímos.

Onda vibratória fatoral direcionadora eólica: essa onda tem por função transportar o fator direcionador eólico, cuja função divina é direcionar tudo e todos no sentido que Deus determinou.

Ela tem duas formas, uma temporal ou reta e outra atemporal ou curva.

Seu grau de abertura e de retorno angular é de 5°, ainda que aqui no seu desenho não nos ateremos à exata abertura do ângulo. Se citamos o grau do seu ângulo é porque há outras ondas com modelos parecidos, mas com outros graus de abertura e que realizam outras funções na criação.

Essa onda direcionadora é chamada de reta ou temporal porque ela parte do primeiro plano da vida e que é o plano fatoral e avança para os planos posteriores da criação.

Ela nunca começa em um plano posterior.

Se no plano fatoral ela tem 5° de abertura angular e suas duas multiplicações nunca se tocam ou se cruzam, há outras ondas com outras funções que têm uma forma parecida, mas com algumas variantes: ou as duas se entrecruzam, ou têm os retornos mais curtos ou longos; ou têm os avanços mais curtos ou mais longos, etc.

Exemplos:
Enfim, existem tantas variações nos modelos das outras ondas que têm semelhanças entre si, mas não nos é permitido descrever todas elas aqui. Apenas nos limitamos a levantar a ponta do véu do mistério da "escrita mágica simbólica divina", a fonte de todos os símbolos e signos usados desde tempos imemoriais pelas pessoas que praticam a magia riscada simbólica.

Saibam que existe a "escrita mágica sonora divina", toda ela fundamentada no "verbo criador" e, até onde sabemos, seus fundamentos sagrados são desconhecidos no plano material, sendo que o que vemos são teorias ou especulações sem um poder real de realização, ainda que seus propagadores creditem a elas grandes poderes mágicos.

Saibam que a energia sonora criadora, a energia mental criadora e a energia mental movimentadora são de uso exclusivo das divindades de Deus e só elas têm poder mental para ativar esses mistérios energéticos da criação.

Os mantras são reproduções limitadas do poder realizador desses mistérios da criação e, ao contrário da emissão deles pelas divindades, os emitidos pelas pessoas têm a exata duração de suas sonorizações. Já um mantra sagrado, quando emitido por uma divindade, após ser emitido torna-se um poder realizador com "vida própria" daí em diante e que se perpetua no tempo e vai se espalhando por toda a criação como mais um mistério em si mesmo.

Esse poder, Deus só confiou-o às Suas divindades, e não adianta alguém imaginar que irá adquiri-lo e desenvolvê-lo em si, porque estarão se enganando ou a quem crer que isso é possível.

> Um mantra sagrado é um decreto divino que se realiza por si mesmo após ser emitido pela divindade e nem ela, após emiti-lo, pode anulá-lo porque ele é incorporado à criação como mais um dos seus "mistérios do meio".
>
> Os mantras terrenos são orações sonorizadas, diferentes das vibrações "verbais ou sonoras" emitidas pelas divindades.

Bem, voltemos às ondas vibratórias energéticas porque comentaremos as energias sonoras, as mentais, etc., em capítulos à parte.

O fato é que existem ondas com um mesmo modelo padrão, mas com pequenos e fundamentais diferenciadores, dando a impressão de que todas são iguais ou que realizam o mesmo trabalho na criação. Mas não são iguais e sim pertencem à mesma "família". E não realizam o mesmo trabalho, certo?

Se as ondas temporais ou ondas retas fatorais direcionadoras têm esse modelo, também há uma onda atemporal ou curva direcionadora, cujo modo de fluir difere totalmente da onda temporal ainda que realize o mesmo trabalho.

Só que, se a onda reta direcionadora só nasce e é emitida a partir do primeiro plano da vida, sempre avançando para os planos posteriores da criação, a onda curva ou atemporal direcionadora é emitida ou nasce em todos os planos da vida e a partir de qualquer um deles ela avança para todos os outros.

> Assim explicado, saibam que as ondas atemporais fatorais direcionadoras nascem em todos os planos e avançam para todos os outros planos ao mesmo tempo. E o mesmo acontece com uma onda atemporal elemental direcionadora que, por exemplo, nasce a partir do terceiro plano da vida, irradia-se para todos os outros, inclusive os planos fatoral e o celestial.

As ondas temporais ou retas avançam pelos planos posteriores e não retrocedem nunca, indicando o sentido da criação, sentido este que foi impresso em toda ela pelo nosso divino Criador.

Já as ondas atemporais têm liberdade de direção e tanto avançam quanto retrocedem. E essa versatilidade visa justamente a energizar os outros planos com "energias" neles não existentes ou neles não geradas, mas que visam a acelerar a evolução dos meios, das criaturas e das espécies criadas por Deus.

Obs.: se servir para comparação, associem a função das ondas atemporais à do Sol em relação ao planeta Terra: este tem uma poderosa fonte de "calor" em seu interior, que é o magma. Mas a terra só é o que é por causa da energia solar que lhe chega o tempo todo. E tanto o calor interno quanto a energia solar são indispensáveis às formas de vida existentes nesse nosso abençoado planeta.

Com isso entendido, então vamos dar um modelo de onda fatoral direcionadora atemporal!

– Onda fatoral atemporal direcionadora eólica:

Esta onda curva faz seu entrelaçamento voltado para o lado direito e sua função é a de transportar o fator direcionador, cuja função é "dar" direção a tudo e a todos.

Já a mesma onda, quando gerada no segundo plano da vida ou plano essencial, tem dois entrelaçamentos, as ondas elementais têm três entrelaçamentos, e assim sucessivamente com todas as outras ondas vibratórias atemporais eólicas direcionadoras.

Exemplos:

Observem que a forma original permanece, porém os entrelaçamentos vão aumentando de plano para plano.

Mas essas ondas atemporais "nascem" em um plano e a partir dele irradiam-se para todos os outros. Já o mesmo não acontece com as ondas temporais que, sem exceção, "nascem" no primeiro plano da vida e avançam para o segundo, depois para o terceiro, depois para o quarto, etc., nunca saindo do primeiro e indo direto para o quinto, por exemplo, como fazem as ondas fatorais atemporais.

Isso acontece assim porque as ondas temporais graduam os planos da vida e não é possível a elas passar do primeiro para o terceiro, quarto, quinto, sexto ou sétimo planos aleatoriamente.

Não! As ondas temporais avançam de plano para plano ou de grau para grau, sucessivamente, porque cabe a elas a construção da escala vibratória divina e a manutenção dos seus graus ou planos. Já as ondas atemporais, a função delas é a de transportar de um plano para os outros a energia existente no plano onde ela "nasce", energizando-os com outros padrões energéticos.

Essa dupla forma de transporte de uma energia com a mesma função atende às necessidades dos seres e dos meios onde eles vivem. Tal como alguém, que vive e trabalha no campo, precisa adquirir na cidade certos insumos para a terra senão sua produção cai, os meios onde os seres vivem também precisam receber "insumos energéticos" de outros planos da vida, senão os seres deixarão de absorver através dos seus chacras as energias indispensáveis às suas atividades.

Também podemos dizer, a título de comparação, que, assim como a terra trabalhada precisa dos fertilizantes para continuar a produzir, os trabalhadores dela também precisam ir à cidade mais próxima para adquirir roupas, calçados, alimentos que não produzem, medicamentos, etc.

Os meios (planos da vida) e os seres que os habitam seguem um plano evolutivo muito preciso: quanto mais avançam na escala da criação, mais complexas são as energias necessárias a ambos e

As Ondas Vibratórias (2) 157

mais fontes energéticas exteriores são necessárias para suprir suas necessidades.

E, se as ondas temporais seguem sempre em frente, não retornando de um plano posterior para suprir necessidades extras dos planos anteriores, então as ondas atemporais fazem isso, e muito bem, pois uma mesma fonte irradiadora delas alimenta o meio onde "nasceu" e alcança todos os outros seis planos da vida simultaneamente.

Esperamos que tenha ficado clara a função das ondas vibratórias temporais e atemporais, assim como as da energia em seus muitos "estados".

Agora, vamos dar as formas da onda temporal direcionadora "eólica". Já que ondas direcionadoras associadas a outros elementos também existem.

Onda Vibratória Expansora Eólica

Seu Signo:

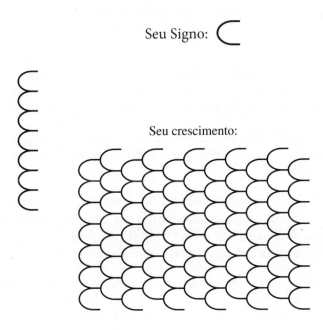

Seu crescimento:

Signos compostos:

Tendo dois signos e sabendo suas funções, podemos desenvolver novas funções ou novos campos nos quais elas se realizam.
Vejamos:

Signo Graduador Telúrico

Signo Expansor Eólico

Signo Duplo Graduador-expansor

Esse signo g radua à esquerda e expande à direita.
Se ele g radua à esquerda, o que ele está g raduando?
Se ele e xpande à direita, o que ele está e xpandindo?
As explicações são estas:

→ Signo Graduador Telúrico. Esse signo tem por função graduar o comportamento dos seres para que se mantenham dentro de uma faixa tolerável, proporcionando-lhes uma evolução estável.

→ Signo Expansor Eólico. Esse signo tem por função expandir os campos de ações dos seres, permitindo-lhes que evoluam continuamente.

→ Unindo os dois ou fundindo-os, temos um signo com dupla função, pois ao mesmo tempo em que gradua o comportamento evolucionista de um ser à esquerda também lhe abre novos campos à direita por meio dos quais evoluirá continuamente.

Esses dois signos estão nos dizendo muitas coisas porque são representadores de funções divinas indispensáveis à evolução dos seres.

Agora, se o signo graduador é telúrico, ele tem a regência de um Trono, que é o da Evolução.

E, se o signo expansor é eólico, ele tem a regência de outro Trono, que é o da Lei.

Por meio desse signo duplo ou com dupla função, dois poderes estão atuando ao mesmo tempo, graduando os comportamentos à esquerda e expandindo os campos de ações à direita dos seres.

As Ondas Vibratórias (2)

Quando falamos em "à esquerda", estamos nos referindo às dimensões da vida existentes à esquerda da dimensão humana.

Quando falamos em "à direita", estamos nos referindo às dimensões da vida existentes à direita da dimensão humana, que é a nossa, onde vivemos e evoluímos.

Agora, existem outras ondas graduadoras e expansoras, tais como:
- Graduadora Ígnea
- Graduadora Aquática
- Graduadora Vegetal
- Graduadora Eólica
- Graduadora Mineral
- Graduadora Cristalina
- Graduadora Atemporal

Existem outras ondas expansoras:
- Expansora Mineral
- Expansora Aquática
- Expansora Ígnea
- Expansora Telúrica
- Expansora Cristalina
- Expansora Vegetal
- Expansora Atemporal

Eis aí, para os adeptos da simbologia magística ou da escrita mágica simbólica, uma das chaves da interpretação dos signos mágicos usados para inscrever funções em seus espaços mágicos ou pontos riscados.[3]

As ondas vibratórias, vivas e divinas são projetadas mentalmente pelas divindades de Deus e cada divindade tem múltiplas funções na criação.

---

3. Em todos os livros de magia, simbologia, hermetismo, ocultismo e magia riscada consultados por mim não vi nada igual já escrito e que revelasse este mistério.

Quando psicografei este e muitos outros livros e tive em primeira mão essas revelações, comecei a procurar tanto nos livros de Umbanda e Candomblé quanto em livros de magia e ocultismo de autores estrangeiros algo nesse sentido... e nada achei.

Eu, então de posse de milhares de signos, símbolos e ondas, estes do livro *O Código da Escrita Mágica Sagrada*, lia e relia livros de magia e ocultismo para ver se encontrava ao menos um pequeno indício de que alguém havia tido acesso a algum nível superior do conhecimento sobre o mistério da escrita mágica sagrada, que nada mais é que a reprodução de signos e símbolos formados pelas ondas vibratórias no seu fluir, mas não encontrei nenhum indício.

Assim sendo, elas ir radiam-se e suas funções são emitidas mentalmente, alcançando todo o universo.

Como cada função é emitida mentalmente, essas emissões espalham-se através do universo criando telas "universais", às quais denominamos telas vibratórias multidimensionais.

Cada função cria uma tela, um emaranhado de "fios", por meio dos quais flui um "fator" capaz de realizar a função da divindade.

Para que tenham uma ideia aproximada desse mistério da criação, imaginem uma circunferência com seus 360 graus, e com cada grau representando uma função divina, um trabalho sendo realizado permanentemente pelo poderoso mental divino originador da tela funcional!

Em uma tela plana só vemos uma circunferência, mas o mental de uma divindade irradia em todas as direções, logo, é esférico e, ao contrário da circunferência, projeta incontáveis ondas, gerando uma infinidade de telas vibratórias, cada uma com uma "frequência e comprimento" de onda diferente das outras.

Como uma divindade é universal e também é multidimensional, ela tanto atua sobre o plano material quanto sobre o espiritual, assim como atua sobre "outras realidades de Deus", ainda desconhecidas por nós.

Cada função flui através de um tipo de onda, e cada onda forma uma tela vibratória eletromagnética.

Assim, temos muitos "modelos" de ondas vibratórias. E seu fluir na criação é permanente e eterno.

A escrita mágica sagrada vem se servindo há milênios da reprodução dos desenhos (signos, símbolos, etc.) formados por essas "telas funcionais" das divindades de Deus, ainda que todos desconhecessem isso até agora.

É certo que muitos riscam signos e símbolos mágicos tidos como poderosos, mas muitos desconhecem quase tudo sobre eles, desde o que realmente realizam até a que divindades pertencem.

Uns dão uma interpretação, outros dão outra, e assim tem sido desde a Antiguidade.

Alguns pesquisadores das muitas escritas sagradas existentes compilaram livros de suma importância para a magia, livros estes que são verdadeiras preciosidades para quem quer praticar a magia riscada ou simbólica.

Lamentavelmente, poucas são as explicações sobre os signos e símbolos reunidos nesses livros, e com isso ficávamos sem saber para que realmente eles serviam, o que realizavam, e se estavam ligados a algo maior, superior e anterior a tudo o que conhecemos.

Mas agora a ciência divina, por intermédio de alguns dos seus mestres-magos, começa a nos revelar o significado ou função dos signos e símbolos mágicos, onde eles se inserem (nas telas) e a que divindades eles pertencem.

Essas revelações, e por isso são revelações, só começaram a ser feitas por meio da minha psicografia e têm como responsável o espírito que se apresenta como mestre Seiman Hamiser Yê.

Ele é o responsável por essas revelações e tem por missão desfazer conceitos errados, interpretações distantes do verdadeiro significado da escrita mágica sagrada, assim como tem a missão de torná-la amplamente conhecida no plano material da vida já que, no lado espiritual, ela é uma "ciência divina".[4]

---

[4]. Recomendamos ao leitor a leitura dos livros *Iniciação à Escrita Mágica Simbólica*, *Código da Escrita Mágica Simbólica*, *Tratado de Escrita Mágica Sagrad*a e *Magia Divina dos Sete Símbolos Sagrados*, desdobrados a partir das revelações que nos chegaram pelos autores espirituais deste livro.
Nesses livros, o mistério das ondas vibratórias e a simbologia gerada por elas são descritos amplamente, inclusive é ensinado como servir-se dos símbolos e signos para a autoajuda.

As Sete Vibrações Divinas

Vibração

Quando falamos em vibração divina, estamos nos referindo a um fluxo de ondas emitido por Deus e pelas suas divindades.

A palavra vibração, aqui, assume um sentido especial para podermos comentar uma das bases da criação, que tanto a sustenta como energiza permanentemente tudo o que Deus criou (os seres, as criaturas e as espécies).

As sete vibrações aqui enfocadas formam o que denominamos "setenário vibratório" e cada uma delas flui em uma faixa ampla, infinita mesmo, alcançando tudo e todos, criando um espectro vibracional magnífico dentro do qual fluem tantas ondas de modelos diferentes (comprimentos), e uma não toca em nenhuma outra ainda que todas estejam em tudo o que Deus criou, pois cada uma dessas ondas forma sua tela vibratória e emite ou emana seu fator energia.

Cada uma dessas ondas emite ou emana continuamente seu fator e cada fator realiza um trabalho ou sua função.

Como os fatores são classificados por "famílias", cujos membros (os fatores) têm funções complementares, então podemos dizer que essa infinidade de ondas vibratórias formam as sete vibrações divinas e podemos enfeixá-las em espectros frequenciais, diferenciando-os por faixas. E aí surgem as sete faixas vibratórias.

Como cada faixa é formada por ondas e fatores que se complementam, já em nível de criação, são absorvidas, concentradas e condensadas em certos elementos, substâncias, espécies, etc., então temos uma chave para abrirmos ordenadamente esse mistério de Deus.

– A primeira vibração associada a elementos, padrões energéticos, chacras, cores, etc.
a) nos elementos, associamos os cristais a ela.
b) nos padrões energéticos, é associada à energia cristalina.
c) nos chacras, é associada ao coronal.
d) nas cores, é associada ao translúcido.
e) nos sentidos, é associada à fé.
f) nos sentimentos, é associada à religiosidade, à fraternidade, à esperança, à paciência, à perseverança, à resignação, à tolerância, à humildade.

– A segunda vibração faz esta associação:
a) nos elementos, é associada aos minerais.
b) nos padrões energéticos, é associada à energia mineral.
c) nos chacras, é associada ao cardíaco.
d) nas cores, é associada ao dourado e ao rosa.
e) nos sentidos, é associada à concepção.
f) nos sentimentos, é associada ao amor, à união, à caridade, à bondade, à prosperidade, à concepção, etc.

– A terceira vibração faz esta associação:
a) nos elementos, é associada aos vegetais.
b) nos padrões energéticos, é associada aos florais.
c) nos chacras, é associada ao frontal.
d) nas cores, é associada ao verde e ao magenta.
e) nos sentidos, é associada ao conhecimento.
f) nos sentimentos, é associada à especulação, à curiosidade, à busca, ao aprendizado, à criatividade, à inventividade, à versatilidade, etc.

– A quarta vibração faz esta associação:
a) nos elementos, é associada ao fogo.
b) nos padrões energéticos, é associada à energia ígnea.
c) nos chacras, é associada ao umbilical.
d) nas cores, é associada ao vermelho e ao laranja.
e) nos sentidos, é associada à justiça.
f) nos sentimentos, é associada à imparcialidade, à reflexão, à moralidade, ao equilíbrio, etc.

– A quinta vibração faz esta associação:
a) nos elementos, é associada ao ar.
b) nos padrões energéticos, é associada à energia eólica.
c) nos chacras, é associada ao laríngeo.

d) nas cores, é associada ao azul e ao amarelo.
e) nos sentidos, é associada à lei.
f) nos sentimentos, é associada à lealdade, à retidão, ao caráter, à tenacidade, à rigidez, ao rigor, à combatividade, ao senso de direção e de ordem.

– A sexta vibração faz esta associação:
a) nos elementos, é bielemental (terra-água).
b) nos padrões energéticos, é associada à energia telúrica-aquática.
c) nos chacras, é associada ao esplênico.
d) nas cores, é associada ao violeta e ao lilás.
e) nos sentidos, é associada à evolução.
f) nos sentimentos, é associada à flexibilidade, à transmutabilidade, à maturidade, ao racionalismo, à persistência, à sapiência, etc.

– A sétima vibração faz esta associação:
a) nos elementos, é associada à água.
b) nos padrões energéticos, é associada à energia aquática.
c) nos chacras, é associada ao básico.
d) nas cores, é associada ao azul e ao roxo.
e) nos sentidos, é associada à geração.
f) nos sentimentos, é associada à maternidade, ao amparo, à estabilidade, à fartura, à maleabilidade, à criatividade, à preservação, à multiplicação, etc.

Essas sete vibrações formam o setenário vibracional e nelas fluem as vibrações mentais de todos os Tronos Divinos.

As Ondas Vibratórias em nosso Planeta

Ondas vibratórias são irradiações transportadoras de energias e assemelham-se às ondas de rádio, sendo que cada onda flui de uma forma só sua e não toca em nenhuma outra de outra frequência vibratória.

Existem ondas originárias de fontes vivas (mentais) ou de fontes inanimadas (elementos).

As fontes vivas emitem, a partir dos mentais, ondas que transportam energias associadas aos sentimentos de quem as está emitindo.

As fontes inanimadas emitem, a partir dos elementos, ondas que transportam energias associadas aos elementos que as geram.

Como exemplos de fontes vivas temos as pessoas que alimentam suas religiosidades com fortes sentimentos de fé e irradiam mentalmente ondas hipercarregadas de energias específicas de fé.

Como exemplo de fontes inanimadas, temos as rochas e os minerais, que emitem suas ondas vibratórias hipercarregadas de energias específicas de cada uma delas.

As divindades de Deus são em verdade, mentais divinos e suas vibrações abarcam todo o planeta, alcançando até a estratosfera, envolvendo tudo o que aqui existe e todos os seres, criaturas e espécies que aqui vivem, não deixando nada e ninguém de fora.

Logo, as irradiações mentais das divindades são verdadeiras telas vibratórias e nossos atos, palavras e pensamentos refletem nelas e ressonam assim que são emitidas por nós, pois vivemos dentro delas.

As divindades são associadas aos sete sentidos da vida e assim surgem sete telas vibratórias planetárias, que são multidimensionais, pois alcançam todas as muitas dimensões, paralelas umas às outras, existentes nesse nosso abençoado planeta Terra.

Temos sete telas vibratórias:
Tela Vibratória da Fé
Tela Vibratória do Amor
Tela Vibratória do Conhecimento
Tela Vibratória da Justiça
Tela Vibratória da Lei
Tela Vibratória da Evolução
Tela Vibratória da Geração

Temos seus sete regentes, que são divindades; pois são em si mentais divinos, que são em si qualidades vivas e puras de Deus.

Então, temos estas sete divindades de Deus:
Trono da Fé
Trono do Amor
Trono do Conhecimento
Trono da Justiça Divina
Trono da Lei Maior
Trono da Evolução
Trono da Geração

Esses sete Tronos Planetários estão inseridos (dentro) nas telas vibratórias celestiais das divindades estelares ou solares, que por sua vez estão inseridas nas telas vibratórias das divindades regentes das constelações, que estão inseridas nas telas vibratórias das divindades regentes das galáxias, que por sua vez estão inseridas nas divindades regentes desse nosso Universo.

Com isso, não há quebra de continuidade em nenhum sentido da vida e nas telas vibratórias de Deus, pois a cada nível da sua criação há divindades responsáveis por ele.

E o mesmo ocorre aqui, nesse nosso amado planeta, pois se temos um Trono planetário responsável por tudo o que aqui ocorre, e que é um Trono da fé fatoral, que se deslocou para esse canto do Universo para dar-lhe sua sustentação mental, magnética, energética e vibratória, também há aqui mesmo sete níveis vibratórios positivos e sete negativos. Níveis esses que são horizontais e possuem seus graus magnéticos específicos, todos regidos por divindades assentadas neles desde que esse planeta foi gerado.

E temos também as irradiações verticais, que são ondas vibratórias vivas, emitidas pelas divindades planetárias.

Temos um Trono fatoral planetário e seus Tronos auxiliares, que são:

Trono da Fé
Trono do Amor
Trono do Conhecimento
Trono da Justiça
Trono da Lei
Trono da Evolução
Trono da Geração

Todos irradiando suas ondas vibratórias mentais altamente energizadas e que formam as sete telas vibratórias planetárias, onde tudo o que aqui ocorre é refletido e anotado.

Então, temos um Trono fatoral planetário, seus sete auxiliares planetários e os regentes dos níveis vibratórios positivos e negativos.

Mas temos as dimensões verticais paralelas à dimensão humana, que têm seus Tronos regentes, também irradiando suas ondas mentais. E temos também os quatro planos da vida intraplanetários, que são:

Plano Elemental
Plano Dual
Plano Encantado
Plano Natural (nosso plano da vida)

São tantas ondas vibratórias vivas dentro desse nosso planeta que é impossível enumerá-las em um curto comentário.

Mas se citamos algumas é porque, em magia, quando riscamos uma onda, não importa se evocamos uma divindade por um nome ou por outro, dado a ela por seus adoradores humanos, pois o que interessa que saibam é que acessamos uma mesma onda viva desde o micro até o macro. Desde o ser que será energizado por ela até seu gerador primário: Deus.

A magia riscada traça ondas vibratórias e a mesma onda é encontrada em todos os níveis vibratórios, em todas as dimensões e planos da vida intraplanetárias, assim como é encontrada em todo o Universo, em todos os níveis da criação.

Uma onda vibratória ígnea elemental tem o mesmo "modelo" em todos os quadrantes do Universo e em todos os níveis da criação de Deus.

O mesmo acontece com todas as outras ondas vibratórias riscadas pelos magos, assim como com os símbolos e signos magísticos.

Ondas vibratórias são irradiações transportadoras de energias, que podem ser: energias fatorais, essenciais, elementais, duais, encantadas, naturais, celestiais ou divinas.

E temos as ondas não vivas, pois são irradiadas por elementos da própria natureza, seja ela a terrestre ou as das outras dimensões da vida, cada uma emitida em um grau e padrão magnético específico seu, para não tocar em nenhuma outra.

Sim, uma onda ígnea elemental não toca em outra onda ígnea natural ou encantada ou dual ou essencial ou fatoral ou celestial ou divina. Mas quando riscamos uma onda ígnea dentro de um espaço mágico, todas elas se condensam dentro dele e todas se irradiam a partir dele, já que um espaço mágico é um polo eletromagnético cujo magnetismo tem o mesmo grau vibratório do mago que o riscou e ativou.

Então temos isto:

Todo espaço mágico riscado por um mago cria em seu interior um magnetismo vibratório análogo ao do magnetismo mental do mago que o riscou e ativou.

Com isso, milhares de espaços mágicos podem ser abertos ao mesmo tempo sem que as ondas vibratórias de um toquem nas ondas dos outros, porque cada um tem seu grau magnético e vibratório específico, análogo ao do mental de quem as ativou.

E o mesmo acontece com as ondas vibratórias emitidas pelos seres, pelas criaturas e pelas espécies animadas e inanimadas.

Cada pessoa emite milhões de ondas vibratórias, dando origem ao que se denomina "aura".

Aura é o conjunto de ondas energéticas irradiadas por seres, por criaturas ou pelas espécies vegetais.

A cor da aura obedece a dois fatores:

1º) A energia básica gerada por cada ser.
2º) Os sentimentos íntimos alimentados por cada ser

As auras mais largas ou mais estreitas também obedecem a dois fatores:

1º) Magnetismos irradiantes = auras mais largas.
2º) Magnetismos concentradores = auras mais estreitas.

Tudo o que se irradia emite ondas vibratórias, transportando suas energias.

Pedras, minerais e vegetais, etc., irradiam-se, e os clarividentes conseguem ver suas auras, tal como veem as das pessoas.

Portanto, ondas vibratórias são irradiações provenientes de Deus, das divindades, dos seres, das criaturas e das espécies.

O Mistério dos Símbolos

As telas vibratórias divinas são um mistério em si mesmas porque, além de transportarem para toda a criação divina as energias indispensáveis para a manutenção do equilíbrio energético dos planos da vida e para a "alimentação energética" dos seres que vivem e evoluem neles, elas criam todas as formas possíveis de ser pensadas por nós e as que nos são impossíveis de ser sequer imaginadas.

Cada onda vibratória começa em Deus e é projetada por ele para o primeiro plano da vida com cada uma delas vibrando em um grau especifico e único; com cada uma transportando um fator puro ou original; com cada uma realizando um trabalho só seu de energização dos meios e dos seres.

Uma onda vibratória, quando isolada de sua tela, mostra-se como um "fio" luminoso e com uma cor ou tonalidade específica que avança continuamente e que libera fatores onde eles estão em falta ou os absorve onde estão sobrando.

Essa capacidade de tanto irradiar quanto de absorver fatores distingue as ondas vibratórias como mantenedoras do equilíbrio energético da criação e dos seres que nela vivem e evoluem.

E, porque na criação tudo vibra, com cada "coisa" vibrando em seu grau ou frequência específica, o mistério que as gerou e as mantém estáveis para que realizem suas funções na criação é divino, pois só algo de natureza divina é capaz de gerar tantas ondas diferentes e com cada uma vibrando em um grau só dela, transportando um tipo de fator e realizando eternamente seu trabalho energizador.

As ondas vibratórias emitidas por Deus, ao entrarem no primeiro Plano da Vida, vão se multiplicando continuamente e formando suas telas, denominadas por nós como "telas vibratórias mentais vivas e divinas", pois provêm do mental do nosso Divino Criador, impenetrável e desconhecido para nós.

Uma onda vibratória tem seu modo de fluir e de multiplicar-se continuamente, sempre avançando de plano em plano se é "temporal" ou nascendo dentro de um deles e a partir dali avançar para os outros se for "atemporal".

Cada uma, seja ela temporal ou atemporal, tem seu modelo próprio ou seu modo de avançar na criação e vibra em um grau só seu, fato esse que faz com que não toque ou atrite-se com nenhuma das outras, assim como também cria sua tela, única e infinita em todas as direções que for observada.

Seu fluir, quando isolada, cria um "desenho" exclusivo e só dela.

Seu "desdobramento" na criação cria uma tela original e única.

Nessa tela criam-se "desenhos" inimaginados por nós, aos quais denominamos símbolos ou mandalas, belíssimos e de difícil reprodução em uma folha de papel.

Esses símbolos ou mandalas mostram-se aos nossos olhos como "multidimensionais", pois de qualquer ponto de observação mostram-se iguais em todos os seus detalhes e forma geral.

Imaginem uma circunferência cortada por linhas de um ponto ao outro, com cada uma dessas linhas formando um plano ou um ponto de observação frontal.

Assim são as telas vibratórias, pois as vemos iguais de qualquer ponto de observação.

Elas são imutáveis e são vistas sempre como iguais e são vistas a partir de todas as posições.

Isso nos indica que existe uma "base" estável dando sustentação à criação e que tudo o que existe está sendo sustentado por ela desde o "início dos tempos". E será sustentado por elas eternamente.

Cada tipo de onda vibratória tem seu modo de fluir e de multiplicar-se, sendo que umas multiplicam-se por algumas ou muitas outras após avançar no espaço.

Os pontos de multiplicação são polos eletromagnéticos que projetam as multiplicações para várias direções fixas se vistas em um plano reto.

Mas esse fenômeno visual deve-se à nossa limitada visão humana das criações e dos mistérios divinos, pois cada multiplicação de uma onda abre-se em 360º na posição ocupada por ela, formando em um plano reto um "círculo raiado".

Esse "círculo raiado", com cada raio formando um desenho idêntico ao dos outros, forma um polo eletromagnético que se irradia continuamente e nada o desfaz, mostrando-nos a estabilidade dessa base sustentadora da criação.

Esses polos eletromagnéticos, dificílimos de ser reproduzidos a mão livre em uma folha de papel, são em si mandalas ou "vórtices energéticos" fatoriais, só possível de ser visualizados se forem ampliados muitas vezes, porque são as menores formas ou campos eletromagnéticos existentes na criação.

Que o leitor não se esqueça de que estamos comentando sobre os fatores e suas ondas vibratórias transportadoras, sendo que os fatores são as menores partículas energéticas e as ondas fatoriais são as irradiações de menor calibre na criação.

Pois bem, graças aos nossos vários comentários sobre as ondas vibratórias, o leitor já tem uma ideia sobre elas e das telas que formam.

Agora podemos avançar no nosso comentário sobre as telas vibratórias.

O fluir das multiplicações forma uma tela com um desenho único e podemos, isolando uma parte dela, visualizar ou desenhar uma figura, que se repete em toda a tela, uma vez que suas ondas se "cruzam", formando o que denominamos "símbolos".

A mente dos espíritos encarnados é habituada desde o nascimento a entender como símbolo uma figura geométrica, tais como o triângulo, o pentágono, o hexágono, etc., ou o pentagrama, o hexagrama, a cruz, etc., por causa do nosso condicionamento aos símbolos sacros ou geométricos.

Mas a "simbologia sagrada" formada pelas telas vibratórias transcende nosso condicionamento a umas poucas formas geométricas ou símbolos sacros e nos revela que todas as formas belíssimas e repetitivas vistas nas telas vibratórias são símbolos ou mandalas, pois são em si campos eletromagnéticos e são vórtices capazes de acumular fatores; de irradiá-los ou de absorvê-los mantendo o equilíbrio energético da criação.

E, porque nosso espírito e tudo mais na criação é "atravessado" em todas as direções pelas telas vibratórias, elas atuam em nosso benefício o tempo todo nos energizando ou nos descarregando das nossas sobrecargas energéticas fatoriais.

E, como tudo se repete nos planos posteriores da criação mas já em outro estado, então temos as telas vibratórias nos sete planos da vida, gerando os mistérios das telas vibratórias fatorais, essenciais, elementais, duais, encantadas, naturais e celestiais.

E, mistério dos mistérios, os símbolos ou as mandalas são campos eletromagnéticos, são vórtices energéticos e são portais ou passagens para outros planos, realidades e dimensões da vida.

Em um estudo avançadíssimo sobre os símbolos sagrados, desenvolvido por espíritos evoluidíssimos e pesquisadores do mistério da simbologia divina, alguns deles projetaram-se mentalmente e de posições diferentes para dentro do mesmo símbolo.

Essa experiência desenvolvida na quinta esfera ascendente realizou-se desta forma:

Os espíritos pesquisadores escolheram um símbolo octogonal, que tem um polo multiplicador em cada um dos seus oito vértices, e cada um sentou-se de frente para um deles, formando quatro pares de pesquisadores.

Eles queriam descobrir o que cada um "veria" ao se projetar mentalmente pelos dois lados diametralmente opostos de um mesmo símbolo.

As projeções foram só mentais, e não espirituais, certo?

Na projeção espiritual o ser desloca seu corpo e na projeção mental o ser só desloca sua mente ou seu mental.

O fato é que, porque todo símbolo é uma passagem multidimensional, eles, ao se projetarem mentalmente, e mesmo diametralmente opostos, cada um entrou em uma dimensão diferente e viu "coisas" diferentes dos outros espíritos que haviam "entrado" no mesmo símbolo.

Um visualizou mentalmente uma realidade e os outros, assentados nos outros sete vértices do mesmo símbolo, visualizaram outras sete realidades, todas diferentes entre si e com cada uma tendo um "meio" próprio e habitadas por seres diferentes.

Após essa experiência maravilhosa eles voltaram a posicionar-se ao redor do mesmo símbolo, mas com ele em outra posição, e novamente foram surpreendidos porque, mesmo com cada um diante do mesmo vértice, entraram em novas realidades da criação, com novos e diferentes meios e habitados por outras espécies de seres.

E, a cada mudança do plano do símbolo, novas realidades foram acessadas mentalmente por aqueles espíritos estudiosos e pesquisadores dos mistérios divinos encerrados e velados por trás dos símbolos divinos.

A primeira projeção mental foi feita com o símbolo octogonal na posição horizontal.

A segunda projeção foi com ele na posição vertical.

A conclusão da experiência desse grupo de espíritos pesquisadores dos mistérios dos símbolos, sintetizada, diz isto:

Deduzimos que a criação divina é infinita em si mesma e que toda ela ocupa o mesmo espaço, sendo que cada plano, realidade, dimensão, reino e domínio da criação encontra-se em uma posição. E que a chave de acesso a elas é a posição com que nos colocamos diante de um símbolo vivo e divino, que é em si um portal multidimensional de acesso a um determinado número desses "meios da vida criados por Deus.

Essa dedução (que pode ser verdadeira ou não) nos indica que tudo e todos coexistem no mesmo espaço, mas com cada "universo" em uma posição. E, dentro deles existindo realidades da vida em acordo com os propósitos divinos para com os seres que neles vivem e evoluem.

Essa "abrangência" dos símbolos sagrados formados pelas ondas vibratórias e suas telas "multidimensionais" ou "multiposicionais" é que lhe dá o poder de realização, atribuídos a eles desde a Antiguidade por pessoas iniciadas na teurgia, assim como por povos do Oriente cujas culturas atribuem às mandalas diversos poderes energéticos e harmonizadores.

Ondas Vibratórias – Símbolos – Signos – Telas

Ondas Vibratórias

Ondas vibratórias, para nós, são as irradiações vivas das divindades, sendo que cada uma se irradia em vários comprimentos de ondas com vários modelos.

Essa variedade de comprimentos faz com que possamos identificá-las e distinguir umas das outras.

Temos ondas puras, ondas duplas, ondas mistas e ondas compostas.

> – Ondas vibratórias puras: são aquelas que transportam um único tipo de fator ou energia e sua função e significado são sempre os mesmos, independendo da posição em que são inscritas no espaço mágico.
> – Ondas duplas: são aquelas que são inscritas aos pares, sendo que cada uma tem um significado e uma função só sua e complementar à que flui junto com ela.
> – Ondas mistas: são aquelas que têm vários significados e funções e realizam ações diferentes porque, dependendo da posição em que forem riscadas ou inscritas, mudam o tipo de energia que geram e irradiam.

– Ondas compostas: são aquelas que são resultantes da fusão de várias ondas puras ou mistas, e tanto seus significados quanto suas funções variam porque, dependendo da posição em que forem riscadas ou inscritas, mudam as energias que geram e irradiam e seus efeitos alteram suas leituras e suas ações mágicas.

Símbolos

Os símbolos podem ser puros, mistos, duplos ou compostos, e nós os definimos assim:

– Símbolos puros: são os formados pela onda de uma só divindade.
– Símbolos mistos: são os formados por ondas vibratórias de várias divindades.
– Símbolos duplos: são os formados por duas ondas vibratórias de uma só divindade.
– Símbolos compostos: são os formados pelas ondas vibratórias de várias divindades.

Signos

Os signos mágicos, nós os definimos assim:

– Signos simples; signos duplos; signos mistos e signos compostos.
– Signos simples: são "pedaços" das ondas vibratórias puras das divindades.
– Signos duplos: são "pedaços" das ondas vibratórias duplas de uma mesma divindade.
– Signos mistos: são "pedaços" das ondas vibratórias resultantes da "fusão" de ondas de duas ou mais divindades.
– Signos compostos: são "pedaços" das ondas compostas das divindades.
– Os signos puros ou simples realizam funções únicas.

- Os signos duplos realizam funções duplas.
- Os signos mistos realizam funções variadas.
- Os signos compostos realizam muitas funções.

Telas

As telas vibratórias são classificadas por nós desta forma:

- Telas puras ou originais; telas duplas; telas triplas; quádruplas, etc.
- Telas puras ou originais: são as formadas pelas ondas puras de uma só divindade.
- Telas duplas: são as formadas pelas ondas vibratórias duplas (entrecruzadas ou entrelaçadas) de uma só divindade.
- Telas triplas: são as formadas pelas ondas vibratórias de três divindades.
- Telas quádruplas: são aquelas que são formadas pelas ondas vibratórias de quatro divindades.

E assim sucessivamente com as telas vibratórias formadas pelas ondas de cinco, seis, sete, etc. divindades.

Também temos outra classificação para as telas vibratórias, que é esta:

- Tela pura da fé.
- Tela pura do amor.
- Tela pura do conhecimento.
- Tela pura da justiça.
- Tela pura da lei.
- Tela pura da evolução.
- Tela pura da geração.
- Tela pura do tempo.

- Tela composta da fé e da religiosidade.
- Tela composta do amor e da renovação.
- Tela composta do conhecimento e do raciocínio.
- Tela composta da justiça e da razão.
- Tela composta da lei e da ordem.
- Tela composta da evolução e do saber.
- Tela composta da geração e da criatividade.

- Tela mista da fé e do amor.
- Tela mista da fé e do conhecimento.
- Tela mista da fé e da justiça.
- Tela mista da fé e da lei.
- Tela mista da fé e da evolução.
- Tela mista da fé e da geração.

- Tela mista do amor e da fé.
- Tela mista do amor e do conhecimento.
- Tela mista do amor e da justiça.
- Tela mista do amor e da lei.
- Tela mista do amor e da evolução.
- Tela mista do amor e da geração.

- Tela mista do conhecimento e da fé.
- Tela mista do conhecimento e do amor.
- Tela mista do conhecimento e da justiça.
- Tela mista do conhecimento e da lei.
- Tela mista do conhecimento e da evolução.
- Tela mista do conhecimento e da geração.

- Tela mista da justiça e da fé.
- Tela mista da justiça e do amor.
- Tela mista da justiça e do conhecimento.
- Tela mista da justiça e da lei.
- Tela mista da justiça e da evolução.
- Tela mista da justiça e da geração.

- Tela mista da lei e da fé.
- Tela mista da lei e do amor.
- Tela mista da lei e do conhecimento.
- Tela mista da lei e da justiça.
- Tela mista da lei e da evolução.
- Tela mista da lei e da geração.

- Tela mista da evolução e da fé.
- Tela mista da evolução e do amor.
- Tela mista da evolução e do conhecimento.
- Tela mista da evolução e da justiça.
- Tela mista da evolução e da lei.
- Tela mista da evolução e da geração.

- Tela mista da geração e da fé.
- Tela mista da geração e do amor.
- Tela mista da geração e do conhecimento.
- Tela mista da geração e da justiça.
- Tela mista da geração e da lei.
- Tela mista da geração e da evolução.

As telas compostas são resultantes da fusão das ondas vibratórias de três, quatro, cinco, etc. divindades e trazem na sua identificação os nomes dos Tronos que as formam, tais como:

- Tela vibratória composta dos Tronos da fé, do amor, da lei e da geração.
- Tela vibratória composta dos Tronos do amor, da justiça, da evolução e da fé.

E assim sucessivamente com todas as telas vibratórias compostas.

As Irradiações Divinas

Definições:

Irradiação: Ato ou efeito de irradiar.
Irradiar: 1. Lançar, emitir, espargir (raios luminosos); 2. espalhar, propagar; 3. divulgar pelo rádio; 4. difundir-se.
Raio: 1. Cada um dos traços de luz divergentes que parecem partir de qualquer foco luminoso; 2. fis. Descarga elétrica que se manifesta entre duas nuvens ou entre a terra e as nuvens; faísca elétrica; 3. centelha; 4. geom. Segmento de reta que une o centro do círculo a um ponto qualquer da circunferência; 5. fig. Aquilo que fulmina, destrói; 6. fatalidade, desgraça; 7. sinal, vislumbre, indício.
Raiar: 1. Emitir raios luminosos; brilhar; 2. despontar no horizonte; 3. surgir, transparecer, manifestar-se; 4. radiar; irradiar; 5. traçar riscas em; riscar; 6. tocar as raias ou os limites; aproximar-se.
Radiar: 1. Irradiar; 2. cercar de raios brilhantes; 3. emitir raios de luz ou calor; 4. cintilar.
Radiante: 1. Fulgurante; 2. esplêndido; 3. cheio de alegria.
Radial: 1. Que emite raios; 2. que se assemelha a um raio.
Radiação: Ação ou efeito de radiar; 2. fis. Emissão de energia eletromagnética ou corpuscular, ou sua propagação no espaço.
Radiado: Disposto em raios ou ramos partindo de um centro comum.

Irradiações Divinas

As irradiações divinas são o quarto mistério original da criação porque elas provêm diretamente do mental do Divino Criador e projetam-se através dos sete planos da vida atravessando tudo e todos e, de dentro para fora, inundam tudo o que existe na forma inanimada e todos os que existem na forma animada, "alimentando-os" com a energia viva e divina emanada por Ele.

As irradiações divinas apresentam-se como raios de luz que atravessam tudo e todos e "fluem" por toda a criação em todas as direções possíveis.

Elas atravessam todos os sete planos da vida mas, mistério dos mistérios, os atravessam em todas as direções, ou por todos os "lados".

As irradiações divinas são estáveis e imutáveis, não alterando em momento algum suas ações equilibradoras e estabilizadoras da criação e de tudo o que nela foi criado.

Cada irradiação tem uma função na criação e para cada função há uma irradiação, que se mostra como um raio luminoso cruzando o espaço infinito e parecendo ao seu observador que não tem começo ou fim.

Tal como acontece com os fatores, com os magnetismos e com as vibrações, existem irradiações positivas, negativas e neutralizadoras.

São tantas irradiações que nos é impossível quantificá-las, sendo que cada uma delas possui sua cor e dentro do espectro das cores vemos irradiações nas mesmas tonalidades, mas com umas mais rarefeitas, quase translúcidas, e outras tão densas que parecem "sólidas".

No verde, por exemplo, existem irradiações com essa cor, mas com tantas e diferentes tonalidades que, quando alinhadas lado a lado, formam um "leque de tons" que vão desde o semicristalino até o mais "compacto" tom verde possível, assemelhando-se ou aproximando-se da cor preta, de tão densas que são essas irradiações do extremo "negativo" do "leque de tons verdes".

E o mesmo acontece com todas as outras cores, sendo que no lado espiritual, no lado natural e no lado divino da criação é possível visualizarmos tantas cores com tons diferentes dos conhecidos no lado material que nos é difícil descrevê-las em razão da falta do que compará-las.

Se no lado material um raio de sol é formado por um feixe de ondas já estudado e explicado e que, devido aos diferentes comprimentos de suas ondas, ao serem decompostas através de um prisma mostram-se como faixas coloridas, nos outros três lados da criação (o espiritual, o natural e o divino) algumas irradiações mostram-se como fios finíssimos; outras mostram-se como cordões; outras mostram-se como "fitas" coloridas e outras mostram-se como faixas coloridas.

As irradiações formam um mistério magnífico porque, estudando-as e observando-as cuidadosamente, os espíritos pesquisadores delas descobriram que elas atuam como eixos que dão estabilidade a tudo o que existe.

Avançando nos estudos e aprofundando-se até o nível fatoral, seus pesquisadores descobriram que até os fatores são "atravessados" em várias direções por irradiações "finíssimas".

"Não confundam as irradiações com as ondas vibratórias transportadoras dos fatores-energia."

O fato é que, de descoberta em descoberta, chegaram à conclusão de que cada "coisa" criada é atravessada por um determinado número de irradiações ou eixos, sendo que duas foram consideradas e classificadas como fundamentais porque nada nem ninguém deixa de tê-las em si.

Essas duas irradiações fundamentais fluem desta forma:
1ª) Ela atravessa tudo e todos de forma vertical.
2ª) Ela atravessa tudo e todos de forma horizontal.
A irradiação vertical foi denominada eixo equilibrador.
A irradiação horizontal foi denominada eixo estabilizador.

A vertical dá o ponto de equilíbrio e a horizontal dá o ponto de estabilidade de "algo" ou de "alguém", desde a menor partícula ou forma de vida até as maiores.

Analisando-as detalhadamente, chegaram à conclusão de que elas têm a função de, ao atravessar "algo ou alguém", graduá-los, equilibrá-los e estabilizá-los dentro do meio onde existem ou onde vivem.

No caso das coisas inanimadas que formam os meios, elas graduam suas cargas energéticas, magnéticas e vibratórias dando-lhes "perenidade", ou seja: mantendo-as como foram "feitas".

No caso dos seres, elas estabelecem seu grau vibratório-magnético e controlam sua carga energética, evitando sobrecargas insuportáveis ou descargas extremas que colocariam em risco a vida dos seres ou das criaturas criadas por Deus.

Avançando no estudo das irradiações divinas, os espíritos que as pesquisam descobriram que toda irradiação é bipolarizada, pois, ao atravessar algo, uma extremidade delas que se perde no infinito é de polaridade magnética positiva e a outra extremidade é de polaridade magnética negativa, se forem irradiações magnéticas.

Já com as irradiações energéticas, por uma extremidade flui energia positiva e pela outra flui energia negativa... e ambas se encontram no centro de equilíbrio dos seres e das substâncias estudadas.

E se forem irradiações eletromagnéticas, de uma "ponta" flui energia e magnetismo positivo e da outra flui energia e magnetismo negativo.

Sabendo dessas "propriedades" das irradiações divinas, o estudo delas tornou-se algo surpreendente, porque são elas que "regem" os "estados" da criação e seus três principais lados, que são estes:

– Lado divino.
– Lado natural.
– Lado espiritual.

O lado divino é indescritível porque é a "dimensão" da divindade.

O lado natural (etérico, é claro) engloba os muitos meios da vida criados por Deus, através dos quais vivem e evoluem outras formas de vida que, se em alguns aspectos assemelham-se aos seres espirituais que vivem e evoluem no lado espiritual, no entanto só são semelhantes em alguns aspectos. Na grande maioria diferem de nós, tanto em relação ao entendimento sobre Deus, as divindades e a criação quanto sobre si mesmos, porque seguem uma outra via evolucionista, diferente da humana. Eles não são seres encarnantes!

Descobriu-se que as irradiações divinas tanto regulam o magnetismo e a carga energética de algo ou de alguém quanto graduam os fatores, as vibrações e a capacidade ou o "potencial" de tudo e todos.

Descobriu-se que elas são as responsáveis por criar os meios (canais ou vórtices) pelos quais as energias e as vibrações entram em um dos lados deles em um "estado" e saem do outro, alteradas ou "transformadas" ou transmutadas.

As irradiações fazem surgir esses vórtices eletromagnéticos, desde "minúsculos pontinhos" até os gigantescos vórtices "dimensionais", comparáveis aos ainda pouco conhecidos "buracos negros" existentes no lado material da criação, e que são vórtices gigantescos que puxam tudo à volta para dentro deles, inclusive a luz.

Os vórtices "dimensionais" aqui comentados existem e servem para absorver as energias de um lado da criação e irradiá-las dentro de um dos outros dois lados.

Temos vórtices bidimensionais (lados divino e natural), (lados divino e espiritual), (lados natural e espiritual).

Temos vórtices tridimensionais que interagem com os três lados ao mesmo tempo.

Sendo que a ação desses vórtices é regulada pelas irradiações divinas.

O lado divino envia continuamente quantidades imensuráveis de energia para os outros dois lados (o lado natural e o lado espiritual), mas, enquanto ela atravessa os vórtices, passam por um processo de transformação ou de alteração do seu estado original ou anterior e quando o outro lado do vórtice a lança no meio natural ou espiritual ela já é "energia natural" ou "energia espiritual", adequadas para os meios e os seres que neles vi vem e evoluem.

Esses vórtices regidos e regulados pelas irradiações divinas são outro dos mais surpreendentes mistérios da criação e, porque regulam as passagens e as transformações da energia original emanada pelo Divino Criador, podemos afirmar com toda convicção que tudo o que existe nesse nosso universo "material" provém d'Ele.

Sem dúvida alguma, quando o leitor pegar nas mãos uma flor ou uma pedra, não tenha dúvida, elas provêm d'Ele.

Quando beber um copo de leite ou um copo de suco de alguma fruta, não tenha dúvida, provêm d'Ele.

Quando se molhar na água da chuva ou empoeirar-se em uma "nuvem" de pó, ambas provêm d'Ele.

Quando abraçar seu pai ou sua mãe, sua esposa ou seu marido, sua filha ou seu filho, seu irmão ou sua irmã, seu amigo ou sua amiga, não tenha dúvida, todos provêm de Deus!

Tudo se origina n'Ele e tudo e todos provêm d'Ele, nosso Divino Criador!

Suas irradiações divinas são seus reguladores de tudo e de todos que Ele criou e gerou de Si, pois até nós somos regulados pelas suas irradiações divinas, reguladoras do "estado" de tudo e de todos!

São as irradiações divinas que "criam" os sete planos da vida, graduando as vibrações, os magnetismos e as energias "internas" de cada um deles.

Também são elas que graduam os lados natural e espiritual da criação, existentes desde o primeiro plano da vida até o sétimo plano.

Assim como graduam o estado "interno" de tudo e de todos, desde o de um fator até o de um espírito humano.

Desde o de um planeta até o do universo material e dos universos paralelos.

Continuando com nosso comentário sobre as irradiações divinas, foi descoberto que, assim como todas partem de Deus e projetam-se ao infinito, também se descobriu que elas se mostram possuidoras do poder de irradiar e de absorver energias e vibrações nos mais variados "estados" ou "padrões".

Fato esse que lhes permite manter o equilíbrio nos meios e nos seres, uma vez que todos são "atravessados" por elas em todas as direções.

No lado material temos na cristalogia ou na gemologia os eixos cristalográficos que determinam qual é o sistema de crescimento das rochas ou gemas ou cristais de rochas.

Assim como os eixos cristalográficos determinam o sistema de crescimento e formação dos minerais, por analogia, as irradiações divinas desempenham funções análogas às deles e determinam como devem ser as "coisas" existentes nos lados espiritual, natural e divino da criação.

Inclusive, avançando nos estudos sobre as irradiações divinas, descobriu-se que são elas que determinam como são os seres porque elas atravessam o mental de cada um e, por "radiação", inundam-nos "por dentro" com uma determinada quantidade de energia viva e divina sustentadora das funções mentais deles.

Essa "alimentação" energética divina acontece com todos os seres criados por Deus, inclusive nas espécies "inferiores" que, no plano material, são denominados "bichos".

A importância das irradiações divinas transcende nosso entendimento dos mistérios divinos e até os "seres divinos" são regidos por elas, que os qualificam como tal e dão-lhes os meios divinos de realizarem suas funções amparadoras e ordenadoras dos seres regidos por eles, que também são mistérios em si mesmos.

As irradiações divinas são o "meio" que nos torna, em espírito, imortais.

Mas não nos tornam imutáveis porque, se evoluímos, elas nos enviam energias que "abrem por dentro" nossas faculdades mentais.

Essa radiação energética provém do polo positivo das irradiações.

Mas, se regredimos consciencialmente, a radiação provém do polo negativo das irradiações e vão fechando nossas faculdades mentais.

Quem determina qual polo irá alimentar nossas faculdades mentais é o grau magnético do nosso mental.

Como o mental de um espírito humano é atravessado por cinco "eixos" ou irradiações, elas formam um "octógono" atravessado no meio pelo eixo frontal, então temos isto:

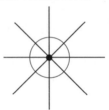

Essas "entradas" dos eixos são as alimentadoras das nossas faculdades mentais e, dependendo do grau magnético do nosso mental (+ ou -), alguma dessas entradas intensifica ou diminui sua radiação dentro dele, estimulando ou paralisando alguma função mental.

Essa distribuição dos eixos mentais é comum a todos os espíritos humanos.

Já em seres de outras "dimensões" da vida, a distribuição pode ser igual ou diferente.

Mas, além dessa distribuição das irradiações divinas no mental dos espíritos humanos, os mais estudados até o momento, existem as sete irradiações divinas sustentadoras dos sete sentidos da vida.

As sete irradiações sustentadoras dos sete sentidos da vida são estas:

Irradiação da fé
Irradiação do amor
Irradiação do conhecimento
Irradiação da justiça divina
Irradiação da lei maior
Irradiação da evolução
Irradiação da geração.

Essas sete irradiações mestras têm por funções amparar os seres e direcionar suas evoluções na criação.

Na verdade, elas "comandam" as ações de todas as irradiações que "atravessam" os espíritos por todas as direções.

São elas que determinam que energia cada uma das outras irradiações "radiará" dentro do corpo energético dos espíritos humanos.

Essas irradiações divinas penetram no mental dos seres vindas de duas direções diametralmente opostas, sendo que os raios verticais que descem sobre a cabeça são positivos e os que vêm de baixo para cima são negativos.

Elas se "encontram" dentro do mental e se ligam, formando uma linha reta (uma irradiação) bipolarizada.

Sete penetram o mental de cima para baixo e sete de baixo para cima, sendo que uma é na linha vertical e cria no ser seu eixo de equilíbrio.

Outras duas irradiações penetram o mental vindas de direções opostas, uma vem do lado direito e outra do lado esquerdo, e formam o eixo da estabilidade.

Mais outras duas irradiações penetram o mental, sendo que uma entra pela frente, através do centro do chacra frontal, e outra vem de trás, entrando pela parte posterior desse chacra. Ambas se ligam dentro do mental e formam a irradiação evolucionadora do ser, impulsionando-o para a "frente" ou paralisando-o em algum grau de consciência até que amadureça as faculdades que já foram abertas e precisam ser cristalizadas como parte do todo consciencial do ser.

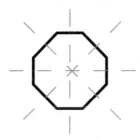

Essas três irradiações ou eixos que atravessam a cabeça (o mental) dos seres nas direções norte-sul, direita-esquerda, frente-atrás regem o equilíbrio, a estabilidade e a evolução deles.

Sendo que, se o ser entrar em desequilíbrio mental, dependendo da causa dele, um dos raios (ou até mais de um) reduz seu calibre e diminui a carga de energia que radiava dentro do mental. E só volta a intensificá-la caso o ser recupere o domínio sobre seus sentimentos íntimos e reequilibre seu estado de consciência.

As irradiações aqui descritas são energizadoras do mental do ser e irradiam dentro dele energias vivas e divinas nos mais diversos padrões, alimentando por dentro seus sete sentidos.

A classificação dessas irradiações como alimentadoras dos sentidos deve-se ao fato de que cada uma delas regula um dos sete aspectos mais importantes na vida dos seres.

A irradiação da fé dá sustentação à religiosidade dos seres e aos aspectos conexos a ela, e que são estes: perseverança, esperança, paciência, resignação, humildade, fraternidade, pacifismo, misericórdia, compaixão, bondade, piedade, etc.

A irradiação do amor dá sustentação à concepção da vida, à união dos seres e aos aspectos conexos a ela, que são estes: amor, carinho, ternura, singeleza, bondade, compaixão, bem-querer, amizade, relacionamentos, compreensão, etc.

A irradiação do conhecimento dá sustentação ao aprendizado dos seres e aos aspectos conexos a ela, e que são estes: criatividade, expansividade, loquacidade, vivacidade, agilidade de raciocínio, senso artístico e musical, sensibilidade, percepção, apreensão, etc.

A irradiação da justiça divina dá sustentação à razão nos seres e aos aspectos conexos a ela, que são estes: reflexão, racionalidade, equilíbrio, sobriedade, seriedade, serenidade, senso de julgamento, imparcialidade, equidade, respeito, reverência, etc.

A irradiação da lei maior dá sustentação à moral dos seres e aos seus aspectos conexos, que são estes: lealdade, fidelidade, moralismo, rigor, virtuosismo, proteção, senso de defesa, vigilância, observação, anotação de tudo o que ocorre à volta, firmeza interior, instinto de sobrevivência, concórdia, etc.

A irradiação da evolução dá sustentação ao estado de consciência ou à conscientização do ser e aos seus aspectos conexos, que são estes: aperfeiçoamento, depuração, compreensão, aprendizado, estabilização, crescimento, responsabilidade, respeito, tolerância, flexibilidade, sapiência, busca, expectativa, receptividade, experimentalismo, etc.

A irradiação da geração dá sustentação à criatividade dos seres e aos seus aspectos conexos, que são estes: procriação, maternidade, hereditariedade, sobrevivência, multiplicação, proliferação, sexualidade, amparo à vida, sustentabilidade, criativismo, criacionismo, proteção, zelo, mobilidade, geracionismo, abundância, etc.

Irradiações Divinas

Irradiação da Fé
Flui por meio das suas ondas vibratórias cristalinas, as quais as pessoas atraem sempre que vibram sentimentos religiosos, fortalecendo-se nesse sentido da vida.

Irradiação do Amor
Flui por meio das suas ondas vibratórias minerais, as quais as pessoas atraem sempre que vibram sentimentos fraternais, crescendo nesse sentido da vida.

Irradiação do Conhecimento
Flui por meio das suas ondas vibratórias vegetais, as quais as pessoas atraem sempre que se voltam para o aprendizado e o aguçamento do raciocínio, expandindo-se nesse sentido da vida.

Irradiação da Justiça
Flui por meio das suas ondas vibratórias ígneas, as quais as pessoas atraem sempre que se racionalizam, equilibrando-se nesse sentido da vida.

Irradiação da Lei
Flui por meio de suas ondas vibratórias eólicas, as quais as pessoas atraem sempre que se direcionam em uma senda reta, ordenando-se nesse sentido da vida.

Irradiação da Evolução
Flui por meio de suas ondas vibratórias telúrico-aquáticas, as quais as pessoas atraem sempre que se transmutam com sabedoria, estabilizando-se nesse sentido da vida.

Irradiação da Geração
Flui por meio de suas ondas vibratórias aquáticas, as quais as pessoas atraem sempre que preservam a vida no seu todo ou nas suas partes, conscientizando-se nesse sentido da vida.

São sete emanações de Deus, sete irradiações divinas, sete ondas vivas geradoras de energias divinas, sete fatores, sete ondas magnetizadoras fatoriais, sete essências, sete sentidos da vida, sete estruturas de pensamentos, sete vias evolutivas e sete linhas de Umbanda sagrada.

São, também, sete estruturas geométricas que dão formação às gemas, divididas em sistemas de crescimento:

- Sistema isométrico
- Sistema tetragonal
- Sistema hexagonal
- Sistema trigonal
- Sistema ortorrômbico
- Sistema monoclínico
- Sistema triclínico

Essas sete estruturas de crescimento das gemas obedecem aos magnetismos das sete irradiações divinas.

Mas, se procuramos as sete ondas vibratórias, iremos encontrá-las nas frutas, tais como:

- Maçã
- Pera
- Carambola
- Melancia
- Laranja
- Manga
- Banana
- Pitanga, etc.

Também as encontraremos nos tipos de raízes, caules e galhos das árvores, nos tipos de folhas, de ervas, etc.

É certo que muitas coisas são mistas ou compostas, precisando do concurso de duas, três ou até sete ondas vibratórias para ter sua forma definitiva. Mas o fato é que são as ondas vibratórias que definem as formas das coisas criadas por Deus e são regidas por suas divindades unigênitas, que são os Tronos. Assim, temos:

- Tronos da Fé ou Cristalinos
- Tronos do Amor ou Conceptivos
- Tronos do Conhecimento ou Expansores
- Tronos da Justiça ou Equilibradores
- Tronos da Lei ou Ordenadores
- Tronos da Evolução ou Transmutadores
- Tronos da Geração ou Criacionistas

Congregação, agregação, expansão, equilíbrio, ordenação, transmutação e criatividade — eis a base da Gênese Divina e eis, aí, os recursos que temos à nossa disposição para vivermos em paz e harmonia com o todo, que é Deus concretizado no seu corpo divino: o Universo visível, palpável e sensível.

Só não crê nisso quem não consegue vê-Lo em si mesmo: uma obra divina impossível de ser concebida por uma mente humana!

Essas sete irradiações divinas regem a vida e a evolução dos seres, assim como cuidam da manutenção dos meios onde estão estagiando.

Elas coordenam as ações de todas as outras irradiações, pois umas são conexas a uma das sete e outras são conexas a outra delas.

Esse "setenário irradiante" tem dado sustentação à criação divina e tem amparado a evolução dos seres desde os primórdios da criação, e estará aí até o "fim dos tempos", se é que isso acontecerá, porque são mistérios de Deus.

As sete irradiações divinas aqui descritas mostram-se em diversos "calibres" e as encontramos como "linhas" finíssimas; como "cordões", já mais grossos; como "fitas" e faixas coloridas.

Para melhor ilustrar na mente do leitor o mistério das sete irradiações divinas, acrescentamos aqui um texto que fundamenta o uso de alguns "elementos mágicos", alguns instrumentos e alguns nomes dentro da magia divina.

O Mistério das Fitas

Existem na criação irradiações divinas que se assemelham às fitas, à venda no comércio, devido à similaridade de largura, e são usadas em trabalhos de magia.

Ao falar em Mistério das Sete Fitas Sagradas, referimo-nos a esse tipo de irradiação divina cujas faixas estreitas têm as mais variadas cores, e por trazerem dentro de si vibrações das mais diversas possíveis, e por transportarem muitos fatores, quando são direcionadas magisticamente realizam trabalhos importantíssimos, tanto positivos quanto negativos.

Essas "Fitas Divinas" são, na verdade, a fusão ou o entrelaçamento de ondas vibratórias que criam aos olhos dos seus observadores a impressão de que estão vendo fitas coloridas.

Essas irradiações divinas semelhantes a fitas, por transportarem vibrações desde o plano Divino da Criação até o plano espiritual e, por imantação, condensarem seus mistérios em fitas feitas de tecido, dão a esses materiais todo um poder magístico, se corretamente ativados.

Fitas vêm sendo usadas pelos "guias espirituais" que as cruzam e as amarram nos pulsos das pessoas como proteção ou repelidoras de vibrações negativas, assim como determinam aos seus médiuns que as usem ao redor da cintura ou transversalmente à direita ou à esquerda, sempre como protetores.

Mas também as usam para "amarrar" forças negativas fora de controle ou rebeladas visando a contê-las, e esgotar seus negativismos.

Também costumam pedir que fitas de determinada cor e quantidade (1, 3, 5, 7) sejam colocadas dentro das oferendas, ainda que seus médiuns ou quem for fazer a oferenda nada saiba ou conheça sobre esse poderosíssimo mistério simbólico da Magia Divina.

O Mistério das Fitas

As irradiações divinas, na forma de fitas, partem de mentais divinos identificados por nós como Divindades-Mistérios.

Portanto, basta fazer uma associação entre elas e as fitas, que tanto temos o conhecimento de a quem pertencem quanto o que realizam.

A posição das fitas colocadas ou amarradas no corpo das pessoas, indica o tipo de trabalho e qual linha está atuando.

Fitas colocadas ao redor da cabeça indicam trabalho envolvendo o mental.

Fitas amarradas a tiracolo ou transversalmente à esquerda indicam trabalhos realizados por forças espirituais da esquerda.

Fitas amarradas transversalmente e à direita indicam trabalhos realizados pelas forças da direita.

Fitas penduradas ao redor do pescoço e caídas sobre o peito indicam campos protetores.

Fitas amarradas na linha da cintura indicam campos de trabalho protetor permanentes.

Portanto, quando "guias espirituais" recomendam às pessoas que usem ou despachem (as fitas), estes devem entender que por trás de cada cor e cada fita está um poder divino que é atuante e cujas irradiações, na forma de "fitas", partem desde o plano mais elevado da criação e chegam até o lado espiritual, podendo ser condensado ou irradiado através de fitas materiais cruzadas e imantadas pelos guias espirituais, uma vez que, ao falarmos em um mistério das Sete Fitas Sagradas, estamos nos referindo a essas irradiações que são vivas, divinas e capazes de realizar poderosíssimos trabalho de magia.

Continuando com o que existe por trás de alguns elementos usados na magia, podemos fundamentá-los nos poderes divinos desta forma:

Existem irradiações divinas finíssimas e análogas a linhas. Essas irradiações penetram o mental das pessoas e alimentam suas faculdades e/ou dons mediúnicos; portanto, ao falarmos em Sete Linhas de Evolução, estamos nos referindo a essas irradiações divinas provenientes diretamente dos mentais divinos para os das pessoas. Assim como fazer trabalho com o uso de linhas coloridas é trabalhar com esse mistério divino.

Os cordões usados na magia, sejam eles feitos de fios enrolados ou trançados ou enfeixados e enlinhados por fora com uma outra linha, também são reproduções de irradiações divinas provenientes dos mentais divinos que, por serem feixes de ondas vibratórias transportadoras e irradiadoras de fatores e por serem vivas e realizadoras, então esses cordões usados pelos guias, e que são simbolizados por laços, chicotes, cipós, e por cordões propriamente ditos, assim que são cruzados e imantados por eles adquirem poderes magísticos.

Portanto, todos esses elementos de magia adquiridos e outros aqui não citados não são adereços folclóricos e muito menos enfeites, porque são reproduções simbólicas de irradiações divinas provenientes dos mentais divinos que fundamentam seus usos pelos magos.

Vamos citar alguns mistérios cujos fundamentos encontram-se nas irradiações divinas:

Mistério das Sete Estolas Sagradas
Mistério das Sete Toalhas Sagradas
Mistério dos Sete Cordões Sagrados
Mistério dos Sete Laços Sagrados
Mistério das Sete Linhas Sagradas
Mistério dos Sete Cipós Sagrados
Mistério das Sete Correntes Sagradas
Mistério dos Sete Nós Sagrados

Nota Explicativa:

Os Sete Nós Sagrados referem-se a polos magnéticos onde as ondas vibratórias se entrelaçam amarrando-se nos mais diversos tipos de nós, criando polos eletromagnéticos recebedores de irradiações e redirecionadores delas.[5]

---

5. Com o leitor tendo lido o texto ilustrativo sobre as sete irradiações divinas aplicadas à Magia Divina, cremos que a compreensão sobre esse mistério expandiu-se e agora podemos abordar a importância delas em nossa evolução.

O fato é que elas dão sustentação à evolução dos espíritos em cada um dos seus sete sentidos, já nomeados por nós.

Como os comentários são longos, há alguns anos retirei do texto original deste livro sobre As Energias Vivas e Divinas os meios dela chegar até nós e suas importâncias em nossa vida e os desdobrei em um livro cujo título é este:

As Sete Linhas de Evolução e Ascensão do Espírito Humano.

Quanto aos comentários que agregam às sete irradiações divinas as divindades-mistérios responsáveis pela manutenção do equilíbrio nos Sete planos da vida, também foram desdobrados e deram a base discursiva de outros livros, sendo que as irradiações divinas e suas regências religiosas estão em outros livros de nossa autoria, cujos títulos são estes:

As Sete Linhas de Umbanda e *Gênese Divina de Umbanda Sagrada.*

Se apontamos a leitura dos livros aqui citados é porque seus fundamentos foram retirados daqui e desdobrados com comentários adicionais que melhor fundamentaramos "assuntos" aqui comentados e abertos ao plano material.

As Correntes Eletromagnéticas

Continuandocom nossos comentários sobre os meios existentes na criação que fazem com que a energia viva e divina flua continuamente por toda ela e cheque a todos o tempo todo, agora vamos comentar as correntes eletromagnéticas, que são o quinto mistério das energias emanadas por Deus.

As sete irradiações divinas mestras comentadas no capítulo anterior, por provirem de Deus, atravessarem os sete planos da vida e chegarem até o plano da matéria onde dão sustentação à formação dela, se mostram à visão dos seus observadores como verticais.

Esse "fenômeno ótico" deve-se ao fato de que, magnética e vibracionalmente, o primeiro plano é o mais elevado e rarefeito, então nos planos posteriores elas se mostram como que vindo do alto e descendo cada vez mais, até saírem do campo visual dos seus observadores.

Mas, porque elas também são projetadas em outras direções, acabam criando as irradiações inclinadas ou oblíquas às irradiações verticais.

Essas irradiações oblíquas em relação às verticais são denominadas "linhas de forças inclinadas" em nossos comentários.

Agora, como tudo o que se mostra na vertical também flui e se mostra horizontalmente, então as sete irradiações vivas e divinas horizontalmente criam as correntes eletromagnéticas.

São chamadas eletromagnéticas porque, de plano em plano, fluem em graus magnéticos diferentes obedecendo integralmente à densificação interna de cada plano, sendo que o posterior sempre é mais denso que o anterior e quando chegam ao lado espiritual dão origem à matéria nas suas mais variadas formas e estados (sólido, líquido e gasoso).

Se a cada plano tudo vai se densificando até chegar ao estado da matéria, no entanto, dentro de cada plano acontece uma "graduação" interna com sete graus magnéticos e vibratórios descendentes positivos separados por uma faixa neutra de outros sete graus negativos.

Os sete graus positivos criam sete "faixas" dentro das quais e em cada uma também existe uma subescala magnética e vibratória que gradua a "descida" da energia viva e divina até um estado de condensação tal que as irradiações abrem os vórtices (já comentados) e as enviam ao plano posterior, todo ele estruturado por Deus para receber sua energia já transformada, transmutada e densificada.

Com isso explicado, fica claro que há toda uma "estrutura" divina construída pelo Divino Criador e que, de plano em plano, vai se desdobrando e se repetindo, cada vez mais "densa" e capaz de suportar os novos estados da energia.

Os magnetismos tornam-se mais intensos ou "fortes"; os fatores agregam-se e criam os novos estados da energia original, viva e divina emanada por Deus; as ondas vibratórias transportadoras dela se fundem e aumentam seus "calibres". Fazendo com que tudo o que existia no plano anterior venha a existir no plano que lhe é posterior e deste no seu posterior até que a energia original emanada por ele "concretize-se" e entre em "repouso" no seu sétimo estado, que é o da matéria.

As sete irradiações vivas e divinas verticais, graficamente, podemos mostrá-las assim:

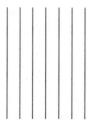 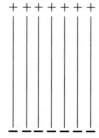

As irradiações inclinadas à esquerda, graficamente podemos mostrá-las assim:

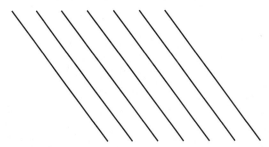

As irradiações inclinadas à direita, graficamente podemos mostrá-las assim:

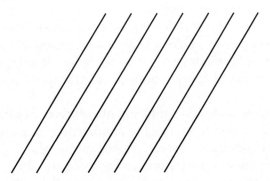

Que graduados em graus vibratórios e magnéticos, mostram-se graficamente assim:

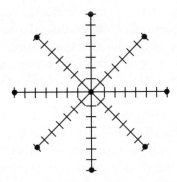

Já com os subg raus, graficamente temos isto:

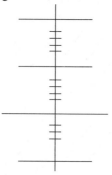

Com as irradiações inclinadas as graduações são iguais e, a cada subgrau vibratório e magnético tanto as "energias" quanto suas ondas vibratórias transportadoras se "densificam" e quando chegam ao primeiro grau negativo descendente (em tudo oposto ao primeiro grau positivo e por isso colocado aqui simetricamente opostos) estão prontas para ser enviadas ao plano posterior da criação, onde todo o processo se repete até que possam ser transportadas para o plano seguinte.

Com isso visualizado graficamente sobre as irradiações, cremos que facilitará o entendimento sobre as correntes eletromagnéticas que são "elétricas" por fazer "correr" fluxos de energias e são magnéticas porque as ondas vibratórias que as transportam são imantadas pelo magnetismo do grau por onde fluem, passando a vibrar no mesmo "padrão magnético".

Esses sete graus e seus subgraus magnéticos e vibratórios criam o mistério das sete faixas vibratórias positivas; da faixa neutra (ou neutralizadora) e das sete faixas vibratórias negativas existentes dentro de um mesmo plano da vida, graduando de "cima para baixo".

Agora, porque as irradiações horizontais "cruzam" com as verticais e as oblíquas e nos pontos de cruzamento delas são criados os "polos eletromagnéticos" ou "junções" entre as irradiações e as correntes.

Nesses polos eletromagnéticos se cruzam as irradiações verticais, as inclinadas à direita e à esquerda e as correntes eletromagnéticas, formando poderosos vórtices energéticos que captam as que cada uma está trazendo e as reenviam para os meios onde os seres vivem e evoluem continuamente, distribuindo-as através das correntes energéticas que circulam nos graus internos ou subgraus das faixas vibratórias.

Ainda que seja uma comparação simples, no entanto há uma analogia entre algo que acontece no macro, que são os planos da vida do tamanho do Universo e as correntes marinhas, as correntes de ar planetárias e os grandes rios, que irrigam a terra.

O fato é que as correntes eletromagnéticas são gigantescos feixes de irradiações divinas que, no seu fluir contínuo, graduam os dois "lados energéticos" (o positivo e o negativo) da criação em graus e subgraus vibratórios, energéticos e magnéticos, criando uma escala toda dividida em faixas e subfaixas dentro das quais vivem e evoluem os seres e também as criações energéticas vão se densificando até que chegam ao estado da matéria, já como "substâncias" sólidas, líquidas ou gasosas.

Nos vórtices formados pelo cruzamento das irradiações com as correntes eletromagnéticas estão assentados poderosos mentais divinos que coordenam o tempo todo a distribuição da energia viva e divina emanada pelo nosso Divino Criador.[6]

---

6. Os desdobramentos desse comentário estão nos livros *Código de Umbanda* e *Gênese Divina de Umbanda*, ricos em gráficos explicativos. Recomendo aos leitores que os leiam porque neles estão comentários importantes sobre "magnetismo", "vibrações", "energias", "irradiações" e as correntes eletromagnéticas, todos baseados e fundamentados nesse nosso *Livro das Energias Vivas e Divinas*, também denominado *Livro da Criação*.

As Irradiações Planetárias

Como já comentamos em um capítulo anterior, cada planeta possui seu "eixo" vertical e os perpendiculares ou oblíquos a ele que dão estabilidade e sustentação às suas formações.

O planeta Terra possui um eixo ou irradiação vertical; possui uma irradiação horizontal, perpendicular a ela; e possui duas irradiações obliquas ou inclinadas, formando um octógono.

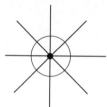

Esse octógono forma quatro irradiações que o atravessam de lado a lado e o mantêm em equilíbrio energético, magnético e eletromagnético.

Os polos positivos das irradiações divinas são indicados com o sinal + e os negativos com o sinal - .

Essas irradiações têm por função energizar ou desenergizar o todo planetário segundo suas necessidades.

Por ser essa a disposição dos eixos magnéticos planetários, também é essa a disposição dos eixos elementais que atravessam o mental dos seres espirituais, alimentando-os com as quantidades ideais para que suas funções mentais não sofram desequilíbrio energético.

Mas, se isso foi estabelecido pelo Divino Criador para que os seres estejam sempre amparados internamente, no entanto não é raro eles desenvolverem em seus íntimos sentimentos negativos (mágoas, ressentimentos, iras, ódios, frustrações, vaidades, invejas, complexos, etc.) que, de dentro para fora, alteram as polaridades dos seus eixos mentais e ao invés de absorverem as energias elementais necessárias para suas faculdades mentais passam a absorver energias em padrões vibratórios e magnéticos opostos e "fechadores", ou bloqueadores ou esgotadores delas, lançando-os em profundos desequilíbrios, difíceis de ser neutralizados de dentro para fora, e em muitos casos isso só é possível com o auxílio externo.

O importante aqui, é que o leitor saiba da existência dessas irradiações eletromagnéticas ou eixos planetários e que essa distribuição repete-se no mental de todos os seres espirituais que aqui vivem e evoluem.

Aparentemente essa distribuição é semelhante à dos polos magnéticos da bússola. Mas, devemos alertar o leitor desavisado que, por razões que aqui não interessa comentarmos, no meio terreno convencionou-se que os polos magnéticos planetários do lado material são opostos ao que existe no seu lado etérico ou espiritual.

Importa para nós que nosso leitor guarde bem a distribuição dos polos magnéticos e suas polaridades no lado espiritual ou etérico do planeta e dos mentais dos seres espirituais, pois isso tem fundamentação divina e sustenta-os na "posição vertical" quando andam.

E que, quando sofrem ataques de magias negativas que invertem suas polaridades mentais ficam confusos, zonzos, com tonturas, "labirintites" e sofrem profundos desequilíbrios energéticos magnéticos e mentais.

Se aqui afirmamos que os polos eletromagnéticos planetários em seu lado etérico são esses é porque, em espírito e a uma certa distancia do planeta, é possível ver as entradas e saídas dos quatro eixos planetários.

Se damos essas explicações adicionais é para que o leitor não confunda nossa descrição do que existe e se mostra no lado etérico ou espiritual do planeta com as polaridades magnéticas convencionais no plano material, pois aqui não estamos comentando o lado material da criação.

As Correntes Eletromagnéticas Planetárias

As grandes correntes energéticas etéricas planetárias são as grandes "distribuidoras" da energia elemental em seus sete padrões (ígneo, eólico, telúrico, etc.) e nos seus sete estados (elemental pura, bielemental, trielemental, etc.), energizando tudo e todos e não deixando em momento algum de circularem internamente e circundarem o planeta, energizando toda a contraparte etérica desse nosso lado material denominado crosta terrestre.

Existem correntes que circulam ao redor dos eixos como espirais e vão absorvendo as energias extraplanetárias trazidas para dentro por eles, que as irradiam em toda a sua extensão e que vão sendo absorvidas por elas e distribuídas para todas as dimensões da vida intraplanetárias.

Mas elas também se projetam para as esferas extraplanetárias, formadas ao redor do planeta pelo magnetismo mental da Divindade-Mistério sustentadora do nosso planeta.

Essas esferas extraplanetárias existentes ao redor do planeta abrigam formas de vida não "humanas", e sim pertencentes a outras espécies de seres espirituais criadas por Deus.

São 77 esferas extraplanetárias ao redor do planeta Terra que são regidas pelo mental divino que aqui se assentou e deu origem ao nosso abençoado planeta Terra.

As correntes eletromagnéticas elementais planetárias têm a função de levar para dentro delas as energias elementais liberadas pelos mais diversos tipos de substâncias que formam o planeta material, energias essas que são liberadas pelos átomos em seus lados etéricos, assunto já comentado por nós em um capítulo anterior certo?

O fato é que é dessas esferas extraplanetárias que vêm os espíritos que encarnam na forma de "bichos".

Há esferas habitadas por todos os tipos de "aves", mas com cada espécie separada das outras por "reinos da natureza".

Há reinos habitados por répteis, por aracnídeos, por anfíbios, etc., com separação por classes e espécies.

E esses seres tidos como "irracionais" no plano material também têm seus amparadores divinos assentados nos muitos reinos naturais extraplanetários.

Nessa esferas extraplanetárias, com cada uma dividida em oito partes, dentro de cada uma das 77 esferas existem incontáveis "reinos naturais" de onde provêm os espíritos que "encarnam" como "bichos" e para onde retornam após desencarnarem.

– Aves, cavalos, bois, cobras, ursos, leões, etc., todos são seres naturais possuidores de espíritos.

– Não procede a afirmação de que espíritos humanos reencarnam em corpos de animais, de insetos, de répteis ou mesmo como plantas.

O que existe é a regressão consciencial e o necessário aprisionamento do espírito que regrediu em alguma forma plasmada "inferior", mas que dela será libertado se a misericórdia divina permitir que reencarne para reparar seus erros e retomar sua evolução humana positivamente.

A essas esferas destinam-se grandes fluxos energéticos elementais liberados pela contrapartida etérica dos átomos em si mesmos e das substâncias formadas por eles.

Esperamos ter comentado o suficiente para que o leitor tenha uma noção da grandeza divina do nosso abençoado planeta "Terra", formado por minerais, águas, fogo, ar, vegetais, cristais e "terras" cujas energias etéreas são recolhidas pelas correntes eletromagnéticas planetárias e são enviadas para outras realidades planetárias, onde são imprescindíveis para muitas outras formas de vidas criadas por Deus.

As Dimensões[7] Planetárias da Vida

Comentar sobre as dimensões internas é tentar explicar um dos mistérios mais admiráveis da criação divina, pois foge de tudo o que a mente racionalista humana terrena é capaz de imaginar ou conceber.

Mas o que existe na contraparte etérica ou espiritual do planeta é impressionante e surpreendente:

Há toda uma estrutura divina formada por 77 dimensões naturais ou planos verticais, paralelos entre si e com todos coexistindo no mesmo espaço etérico planetário.

Essa coexistência só é possível porque cada uma das dimensões está "situada" em um grau da escala magnética planetária que a cada grau abre um plano da vida, vertical que vibra em uma frequência só dele e que o isola de todos os outros, ainda que internamente seja pleno em si e está baseado ou fundamentado no lado etérico do planeta.

Essa escala magnética planetária horizontal é um mistério indescritível, mas regula e separa todas as formas de vida que, vinda diretamente do terceiro plano da vida desembocam no nosso planeta.

Já comentamos o mistério dos universos paralelos e aqui algo análogo se repete e serve aos propósitos divinos de criar meios os mais diversos possíveis para abrigar os seres, as criaturas e as espécies

---

7. A palavra dimensão tem significados específicos na geometria e que são estes: largura, comprimento e largura.
No decorrer do tempo ela foi se prestando a outros significados como sinônimo de "lado espiritual da vida"; "lado etérico da criação"; "plano extrafísico"; lado abstrato de algo, etc., chegando à literatura de ficção científica como sinônimo de outros planos da vida habitados por seres extraterrestres ou alienígenas.
Nesse tipo de literatura é farto o uso das expressões "portais dimensionais"; passagens dimensionais; etc., para designar os meios de se passar de um universo para outro.
Por isso os autores espirituais dos comentários sobre a Criação utilizam aqui com outros significados a palavra dimensão, usada por eles já há séculos.

que alcançaram o limiar da Criação e estão prontos para iniciarem suas jornadas de retorno à fonte da vida, que é Deus.

Conhece-se no lado material o mistério da dimensão ou plano espiritual, para onde são enviados os espíritos que desencarnam, sendo que os relatos de muitos espíritos já transmitidos às pessoas indicam que uns vão para "locais" aprazíveis e outros para "locais" sombrios e assustadores.

Aos poucos e no decorrer dos tempos, todo um conhecimento sedimentou-se no lado material e hoje não é desconhecida por ninguém a existência do "outro lado da vida", todo espiritual, separado por faixas vibratórias positivas e luminosas e por faixas negativas e escuras ou sem luz.

Há farta literatura espiritualista sobre o lado espiritual da vida!

Pois bem!

Em paralelo à dimensão dos espíritos humanos existem outras 76 dimensões intraplanetárias denominadas dimensões naturais da vida.

São assim denominadas porque suas bases energéticas fundamentam-se nas energias elementais geradas pelo planeta, que as energizam.

Por estarem baseadas no planeta, possuem uma "crosta" terrestre parecida com a do nosso plano material.

Mas, nas dimensões à esquerda da nossa (a humana), localizadas nos graus magnéticos anteriores ao nosso, as crostas dessas dimensões mostram-se mais densas e possuidoras de uma menor quantidade de recursos naturais à disposição dos seus habitantes, todos eles seres naturais (não encarnantes) e que, em algumas delas diferem de nós até nos seus corpos energéticos ou espirituais.

Já com as dimensões dos graus magnéticos à nossa direita na escala magnética planetária, a cada grau a crosta delas mostram-se mais belas, mais aperfeiçoadas e mais exuberantes em recursos, sendo que a cada grau o corpo energético ou espiritual dos seres mostra-se mais luminoso, belo e diáfano, chegando a um determinado grau magnético que é difícil visualizar as feições dos seres naturais porque parecem ter sido "feitos" de puras luzes irradiantes.

Essas 77 dimensões planetárias naturais começam no extremo da criação e, baseadas, alicerçadas e fundamentadas nesse nosso abençoado planeta, elas formam os meios de ascencionamento e sublimação dos seres que, a partir do planeta Terra, iniciam seus retornos a Deus, às suas origens divinas.

Os espíritos que conseguem alcançar a sétima faixa vibratória ascendente vêm abrir-se para eles o plano angelical da criação, que será para onde serão conduzidos após se quintessenciarem nos sete sentidos da vida.

Isso acontece o tempo todo e milhões incontáveis de seres estão continuamente entrando no plano angelical da criação, cuja estrutura evolucionista funciona de fora para dentro da criação, apresentando-se como o segundo plano de retorno ao Divino Criador e à origem da vida.

O primeiro plano de retorno é denominado natural e localiza-se no limiar da criação, onde tudo o que proveio dele começa a retornar a ele.

Inclusive as energias que, de plano em plano, foram densificando-se, no retorno, também de plano em plano ascendente irão rarefazendo-se, sublimando-se e sutilizando-se até que, no último plano ascendente de retorno, voltam a se mostrar na forma de fatores.

Só que, se no primeiro plano descendente os fatores emanados por Deus mostravam-se simples e "unifuncionais", no retorno mostram-se extremamente complexos e "polifuncionais".

Descobriu-se que os fatores originais emanados por Deus possuem só uma função e posteriormente se ligam e formam novos fatores, já com duas ou mais funções, evento esse já comentado por nós em capítulos anteriores.

Agora, no retorno e no sétimo plano ascendente, apresentam-se polifuncionais e capazes de realizarem muitas funções ao mesmo tempo.

Descobriu-se que os seres saem do interior da criação como pequenas centelhas ou consciências adormecidas protegidas por um campo magnético protetor não maior que um ovo de galinha (o ovoide da literatura espírita), mas que, no retorno ao sétimo plano ascendente, os seres retornam a Deus como "seres gigantescos" de pura luz, cujos campos mentais são enormes e cujos raios luminosos irradiados alcançam centenas de metros de comprimento.

Ainda que não possuam aparência "física" e mostrem-se como enormes campos mentais extremamente radiantes, no entanto são os mesmos seres que um dia, no passado, haviam sido emanados por Deus como centelhas inconscientes que, de plano em plano descendente, se espiritualizaram e, posteriormente, de plano em plano ascendente, se divinizaram.

Se foram emanados inconscientes e só conseguiam alimentar-se da energia formada por fatores "puros", no retorno, já divinizados, são hiperconscientes e precisam alimentar-se de fatores complexos e polifuncionais porque são seres capazes de realizar muitas ações ao mesmo tempo, pois são seres puramente mentais.

Tudo ocorre inversamente no retorno ao primeiro plano da vida, inclusive com as energias.

Agora, se os espíritos pesquisadores dos mistérios da criação divina deram o nome de dimensões a esses meios da vida intraplanetária, é porque, "por fora", elas podem ser medidas e têm a "altura, a largura e o comprimento" do nosso planeta.

Agora, se "por fora" têm o exato tamanho do planeta Terra, no entanto por dentro são imensuráveis porque se abriram de fora para dentro da criação que, por ser um mistério em si mesma, não é possível de ser mensurada e mostra-se infinita em todas as direções, tanto se visualizada de "dentro para fora" quanto "de fora para dentro".

Se no primeiro plano descendente são as "energias fatorais" que formam a base energética da criação, no primeiro plano ascendente são as mais diversas substâncias que formam o lado material da criação que fornecem as "energias elementais" de retorno às nossas origens divinas.

Os Sete Estados da Energia

Primeiro Estado da Energia: Fatoral

A energia gerada e irradiada por Deus, após "sair" d'Ele vai se condensando dentro dos planos da vida e, em uma escala descendente, chega até a contraparte espiritual do Universo, dando início ao seu sétimo estado ou "cristalização final" como matéria.

Após ser emanada ou emitida ou radiada pelo Divino Criador ela se concentra no primeiro plano da vida e ali "estaciona" até que comece a condensar-se e ficar pronta para ser transportada através dos vórtices para o segundo plano da vida, não mais como fatores e sim como essências, assuntos já comentados em capítulos anteriores.

No primeiro plano é denominada energia fatoral e é toda formada pelas menores partículas energéticas existentes na criação divina.

Se ali a energia está nesse estado é porque no primeiro plano da vida existem gigantescos "berçários" que abrigam e gestam todas as formas de vida geradas por Deus e exteriorizadas nesse primeiro plano energético, que, analogicamente, se compara à gestação da vida no plano material, com o feto recebendo sua alimentação diretamente de sua mãe biológica.

Podemos fazer essa comparação porque aqui no plano material o feto "alimenta-se" e "desenvolve-se" dentro do útero materno e lá, os seres ainda inconscientes emanados por Deus são acolhidos dentro de microcampos mentais eletromagnéticos gerados pelas irradiações mentais das Divindades-Mistérios denominadas "divindades fatoradoras das gerações divinas" ou simplesmente Divindades Fatorais.

Os seres (e todas as demais formas de vida geradas por Deus no seu "plano interno" da criação) são exteriorizados por meio de vórtices ou passagens especiais pelas quais entram pares de ondas vibratórias mentais emitidas pelas Divindades-Mistérios, assentados por Ele no primeiro plano da vida.

Essas Divindades-Mistérios, ainda que não tenham a forma de seres e sim se assemelham a gigantescas estrelas, de tão radiantes que são, no entanto, são identificadas pelas suas cores como "masculinas" e "femininas" e uma de suas funções na criação é projetar suas irradiações mentais vivas e divinas para o lado interno da criação e criar microcampos magnéticos, dentro dos quais são alojados os seres espirituais ainda em total inconsciência e desprovidos de um "corpo energético" ou espiritual que os diferencie.

Essas divindades fatorais projetam aos pares suas irradiações mentais (uma masculina e outra feminina) por meio de vórtices especiais.

As duas irradiações se ligam e criam o microcampo magnético mental que envolve o ser ainda uma centelha e, após algum tempo, o puxam para "fora" do plano interno da criação e o acomodam no primeiro plano, que é formado pela energia no seu primeiro estado ou fatoral.

O campo mental do "novo" ser é transparente e é possível observar a "centelha da vida" pulsar dentro dele, assim como é possível ver sua "cor viva pessoal" e o formato do campo magnético, que forma uma "estrela da vida" que daí em diante sustentará e guiará a evolução do ser.

As ondas vibratórias mentais que entram aos pares (macho-fêmea), uma sempre assumirá a função dominante e a outra, a função recessiva, análogas à genética humana terrena.

Quando a função dominante é assumida pela onda vibratória mental masculina surge uma "estrela da vida" análoga à da Divindade-Mistério que assumiu o amparo do novo ser espiritual, ao qual estará ligada mentalmente por toda a eternidade.

A cor da centelha é a da sua estrela, que é a mesma cor da Divindade-Mistério que é em si um mistério e um mental divino imenso.

Se a onda vibratória mental divina predominante for a "feminina", a estrela da vida (minúscula) é idêntica à da divindade que assumiu a ascendência ou predominância na vida do novo ser. E a cor da centelha é igual à da Divindade-Mistério que assumiu o amparo do ser no exterior de Deus.

Existem muitas divindades-mistério assentadas no plano fatoral da criação que realizam o tempo todo a "exteriorização" de novos seres espirituais gerados por Deus no lado interno da criação.

Muitos desses seres, após toda uma evolução, acabam chegando ao nosso planeta Terra, onde entram nele através das suas sete dimensões ou realidades elementais e daí em diante evoluem já dentro do nosso abençoado planeta.

E uma ínfima parcela desses seres, após todo um processo evolutivo, acaba adentrando na dimensão espiritual humana, onde se preparam para "encarnar" e viver a experiência do plano material da vida.

Mas a grande maioria dos novos seres que entram no nosso planeta não passa pelo ciclo encarnacionista e realiza sua evolução nas dimensões intraplanetárias da vida, todas paralelas à dimensão humana da vida.[8]

As Estrelas Mentais da Vida

Uma das razões do ciclo reencarnacionista ou de espiritualização dos seres é o desenvolvimento desse magnetismo mental sétuplo, análogo ao magnetismo do Divino Trono Planetário, que é o Trono de Deus que deu origem ao nosso planeta.

Ele é um Trono planetário sétuplo, pois capta, diretamente do Divino Criador, as sete irradiações divinas que dão origem ao santuário sagrado.

O Divino Trono, antes de assumir seu grau de Trono Planetário, era um Trono Fatoral Cristalino fatorador da geração divina de seres, criaturas e espécies.

Ele foi gerado em Deus como manifestador individual (um Trono) de Sua qualidade "cristalina", a qual gerou em si e de si até que alcançou o grau de Trono Fatoral Planetário.

Na geração, em si, ele acumulava sua qualidade cristalina e nela gerava sua onda fatoral, com a qual foi imantando os seres que assumiram a condição de "seres cristalinos regidos pelo Trono da Fé", por causa da qualidade cristalina que os imantou quando foram gerados por Deus na sua qualidade "congregadora".

---

[8]. Todo esse processo evolucionista intraplanetário está descrito de forma detalhada no livro *A Evolução dos Espíritos* e na *Gênese Divina de Umbanda*, ambos escritos a partir desses comentários desenvolvidos aqui neste nosso *Livro das Energias*.

Bom, o que nos levou a revelar esse mistério do Divino Trono Planetário é o fato de que ele já foi um Trono fatoral, e também porque, se um ser natural cristalino encarnar para espiritualizar-se, de imediato terá seu único campo magnético circular multiplicado por sete, assumindo a forma que se segue:

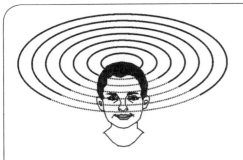

Os sete círculos ficam girando ao redor da "coroa" do filho do Trono da Fé, mas a roda magnética que os círculos formam é horizontal, como se fosse um disco com sete cores colocado sobre a cabeça.

Já o magnetismo mental dos filhos dos outros Tronos forma "desenhos" ou símbolos diferentes, como veremos as seguir:

Os seres naturais regidos pelo Trono Masculino da Lei têm dentro dos seus mentais uma estrela de cinco pontas raiada.

Os seres naturais regidos pelo Trono Masculino da Justiça têm dentro dos seus mentais uma estrela de seis pontas sobre um duplo eixo magnético (horizontal-vertical).

Os seres naturais regidos pelo Trono Masculino do Conhecimento têm dentro dos seus mentais um triângulo equilátero todo raiado, com três raios maiores em cada vértice.

Os seres naturais regidos pelo Trono Masculino da Evolução têm dentro dos seus mentais um triângulo dentro de um hexágono, de cujo centro saem oito raios retos.

Os seres naturais regidos pelo Trono Masculino do Amor têm dentro dos seus mentais sete raios retos, que saem do centro de um círculo, e eles são envoltos por duas ondas entrelaçadas, formando esse desenho ou símbolo.

 Os seres naturais regidos pelo Trono Masculino da Geração têm dentro dos seus mentais um desenho ou símbolo que é assim: sete círculos concêntricos cortados por dois raios retos, perpendiculares entre si.

 Os seres naturais regidos pelo Trono Feminino da Fé têm em seus mentais um símbolo ou desenho que é assim: um círculo, de cujo centro sai uma espiral, enquanto outra sai do círculo e dirige-se ao seu centro. E ambas ficam girando em sentidos contrários.

 Os seres naturais regidos pelo Trono Feminino da Lei têm em seus mentais um símbolo ou desenho que é assim: um círculo de cujo centro saem 21 raios curvos, que ficam girando em sentido anti-horário.

 Os seres naturais regidos pelo Trono Feminino da Justiça têm em seus mentais um símbolo ou desenho que é um círculo com sete raios, cujo espaço entre um e outro é ocupado por essências e em cada espaço elas assumem uma cor, qual um arco-íris.

 Os seres naturais regidos pelo Trono Feminino do Amor têm em seus mentais um símbolo ou desenho que dá a impressão de ser um círculo com quatro corações girando.

 Os seres naturais regidos pelo Trono Feminino da Evolução têm em seus mentais um símbolo ou desenho que é assim: um círculo dividido por dois raios e entre eles há quatro losangos, que ficam girando em sentido horário, enquanto o círculo e os raios permanecem parados.

Os Sete Estados da Energia 213

 Os seres naturais regidos pelo Trono Feminino do Conhecimento têm em seus mentais um símbolo ou desenho que é assim: um círculo cujo interior é todo triangulado, que gira para a esquerda.

 Os seres naturais regidos pelo Trono Feminino da Geração têm em seus mentais um símbolo ou desenho estrelado, pois é um círculo com sete estrelas pentagonais, que saem de um pequeno círculo em seu centro. Elas giram para a direita e cada estrela é de uma cor.

Esses campos eletromagnéticos, pairando ao redor do chacra coronal dos seres naturais, os distinguem e mostram qual foi o Trono fatoral que os imantou e magnetizou em sua onda fatoradora.

Eles não são visíveis senão a quem possui a visão cristalina ou espiritual, pois são magnéticos. Mas, caso os clarividentes queiram ver os símbolos ou desenhos que formam, basta colocarem uma vela branca no centro do chacra coronal que, aos poucos, as ondas ígneas fluirão pelas ondas eletromagnéticas, deixando-as visíveis a quem for clarividente.

Saibam que, sempre que acenderem uma vela branca a alguma pessoa, visando a ajudá-la, suas ondas ígneas fluirão pelo éter e alcançarão seu disco magnético ou campo eletromagnético mental, cujas ondas magnéticas as absorverão e as internalizarão, distribuindo-as pelos corpos sutis, corpo energético e eixo magnético equilibrador.

Sim, as velas atuam no sutil campo das energias "espirituais", e sua ciência, aberta aqui por nós, prova que por trás de toda crença popular está um mistério divino ativado unicamente pela fé de quem crê no seu poder, mesmo não sabendo como funciona.

Na folhinha de um pé de arruda está um princípio curador que, se for isolado, é um antibiótico mais potente que a penicilina. Só que nela, em seu estado natural, ele está neutralizado.

Quando aquecidas, as folhas da arruda liberam mínimas quantidades desse antibiótico, capaz de destruir colônias de bactérias da família "cocos", tais como: gonococos, estafilococos, etc.

Bom, essa revelação foi feita por psicografia. Que os cientistas isolem esse antibiótico natural e vegetal, sabendo que o poder do Divino Criador é imensurável e não se manifesta só como uma força indescritível, mas também em processos mágicos muito bem ordenados, pois a mesma folhinha de arruda, mas em número de sete, e mais uma simples vela branca acesa são capazes de desagregar as mais poderosas magias negras feitas contra uma pessoa, que vive consultando médicos e não alcança a cura, pois atinge o espírito das pessoas magiadas.

O fato é que, assim como muitos seres espirituais após um longo período de amadurecimento são enviados para o planeta Terra e sua maioria evolui em dimensões espirituais sem passarem pela experiência da encarnação, com os outros planetas o mesmo acontece e eles abrigam em seus lados "etéreos" ou espirituais gigantescas populações de espíritos.

Após esses comentários, voltemos ao primeiro plano da vida!

Após a saída do novo ser, já identificado como macho ou fêmea graças à sua estrela da vida, ele passa a ser "alimentado" pelos mentais divinos ou Divindades-Mistérios que o nutrem com suas energias vivas e divinas mentais.

Portanto, o primeiro estado da energia não é só algo que forma o primeiro plano da vida, e sim forma-o para ser o berçário da vida dos seres em seus primeiros estágios evolucionistas, com todos ainda inconscientes sobre si mesmos.

O primeiro estado da energia viva e divina emanada pelo Divino Criador tanto forma o primeiro plano da vida quanto ampara a "saída" contínua de novos seres espirituais gerados por Deus e é denominado estado fatoral da energia.

Segundo Estado da Energia: Essencial

Já descrevemos os fatores divinos e como eles se agrupam, unem-se, agregam-se e formam as essências divinas, que são em si o segundo estado da energia viva e divina, que por sua vez forma o segundo plano da criação e da vida.

O segundo plano, denominado por nós como "essencial" por suas energias, mais "densas" que as do primeiro plano, causa de estende-se por toda a criação e cria sua segunda base sustentadora.

Nele, tudo é mais "denso" que no primeiro plano e as vibrações são mais fáceis de ser identificadas por serem de calibre maior que as fatorais.

Os seres espirituais que já estagiaram no primeiro plano e estão prontos para o segundo estágio evolutivo são transportados através de vórtices ou passagens especiais e ali iniciam nova etapa evolutiva, absorvendo a energia viva e divina em um outro padrão vibratório, denominado essencial.

No primeiro plano, os novos seres absorviam uma carga energética fatoral controlada pelas duas divindades que haviam assumido seu amparo divino.

Quando foi transportado para o segundo plano, um novo par de divindades assumiram-no e passaram a ampará-lo no novo estágio evolutivo, tanto "alimentando-o" por dentro quanto controlando a entrada externa da energia essencial que forma todo o segundo plano da vida.

Mais uma vez a perfeição divina se mostra, pois criou os planos da vida em acordo com as necessidades energéticas dos seres ainda recolhidos dentro dos seus campos mentais e totalmente inconscientes de si mesmos e de tudo à volta deles.

Terceiro Estado da Energia: Elemental

Após ser emanada por Deus e ter "atravessado" os dois primeiros planos da vida, a energia viva e divina alcança o terceiro plano e entra em seu terceiro estado, denominado elemental.

Enquanto os dois primeiros planos são "Universais" e dão sustentação aos muitos universos, paralelos entre si e inclusive ao nosso que se mostra aos nossos olhos como infinito, o terceiro plano também é assim, mas seus vórtices energéticos "abrem-se" dentro de campos eletromagnéticos enormes e os energizam com a mesma energia viva e divina já em um novo estado.

Esse novo estado é a "base geradora" da matéria, pois se de um lado forma o terceiro plano da vida, também denominado de "elemental", o outro lado dele envia energias para dentro dos campos eletromagnéticos inundando-os com as energias elementais resultantes da ligação, da união, da agregação e da fusão das essências di vinas.

As essências, ao se ligarem, geram sete padrões diferentes de energia elemental, e que são estes:

Energia elemental ígnea
Energia elemental eólica
Energia elemental telúrica
Energia elemental aquática
Energia elemental mineral
Energia elemental vegetal
Energia elemental cristalina

Os vórtices de entrada dos campos eletromagnéticos assemelham-se a gigantescos chacras que internalizam o tempo todo a energia viva e divina no seu terceiro estado, o elemental.

Cada vórtice internaliza um padrão energético elemental e o lança nas correntes internas dos campos eletromagnéticos.

Esses campos eletromagnéticos são em si mistérios da criação e são sustentados por mentais divinos que comandam todo o processo de internalização da energia elemental.

Quando a sobrecarga interna chega ao seu auge, os vórtices diminuem a velocidade dos seus giros internalizadores e daí em diante só absorvem as quantidades necessárias à manutenção do equilíbrio energético nas dimensões elementais internas dos gigantescos campos eletromagnéticos, campos esses que são vivos e divinos e que, após outros desdobramentos da energia viva e divina, dão origem aos corpos celestes (estrelas e planetas) do nosso Universo material e dos outros universos paralelos a ele.

Sim, a formação das estrelas e dos planetas, quando eles surgem no Universo, já passou por vários estágios anteriores, sempre acompanhada e coordenada por divindades-mistério de nível estelar ou planetário.

São essa Divindades-Mistérios que geram de si os campos eletromagnéticos no terceiro plano da vida e que, de estágio em estágio, tanto geram os planetas e as estrelas quanto "energizam" os universos paralelos ao nosso.

Espíritos da sexta faixa vibratória ascendente nos informam (e que têm acesso a esse conhecimento) que uma estrela e os planetas que orbitam ao redor delas, antes de tornarem-se "visíveis" no nosso Universo material, já existem há bilhões de anos na contraparte invisível da criação.

Na verdade, ensinam-nos eles, o início da formação de um corpo celeste começa no primeiro plano da vida onde divindades denominadas "Tronos" "abrem e expandem" seus mistérios "mentalmente" e criam gigantescos campos eletromagnéticos absorvedores de fatores e suas vibrações transportadoras, que, puxadas para dentro do campo, devido à força centrípeta do eixo magnético dele, as vibrações fundem-se ao eixo e começam a descarregar continuamente seus fatores dentro dele, carregando-o cada vez mais.

Esse processo de energização de um desses campos eletromagnéticos dura milhões de anos, com os campos sempre absorvendo mais e mais fatores e ondas vibratórias, chegando a um ponto de concentração que o interior dele encontra-se todo preenchido por ondas vibratórias e por fatores, tanto os irradiados por elas quanto pelos que foram atraídos pela força centrípeta do eixo magnético vertical do campo.

Quando a carga alcança seu limite, o eixo central (todo ligado e envolvido por ondas vibratórias) abre seus dois polos eletromagnéticos para a saída de possíveis sobrecargas energéticas, magnéticas e eletromagnéticas.

Após a "calibragem e graduação" dos polos eletromagnéticos, com eles já estabilizados, o eixo vertical projeta de si outros eixos (perpendiculares e oblíquos a ele) que também se sobrecarregarão até o ponto em que abrirão em suas pontas seus dois polos eletromagnéticos, uma vez que atravessam todo o campo de um lado ao outro, como um meridiano.

Alguns eixos verticais abrem eixos perpendiculares a eles; outros os abrem de forma obliqua; e outros os abrem nas duas formas.

Na forma "perpendicular" formam "cruzes".

Na forma "obliqua" formam um X cruzado de cima em baixo pelo eixo vertical.

Nas duas formas ao mesmo tempo formam um "octógono".

Após formar seus eixos estabilizadores e calibrar e graduar seus polos eletromagnéticos, o campo continua a sobrecarregar-se mais do que pode descarregar-se e começa a desenvolver uma força centrífuga, que se abre por dentro do eixo vertical e irradia-se para os outros.

E quando essa força centrífuga alcança seu auge, acontece uma explosão, análoga à do nascimento de uma estrela.

Essa explosão é algo colossal e cria ao redor do campo um cinturão áurico de "milhares" de quilômetros.

A partir desse ponto de "cristalização" do novo campo abrem-se vórtices enormes que tanto absorvem fatores soltos (mas não ondas vibratórias) quanto liberam os excessos fatoriais internos, mas já como essências (o segundo estado da energia) e por um mistério divino, tanto ele existe no primeiro plano da vida quanto se mostra no segundo plano, mas ainda como um imenso campo magnético vazio.

No primeiro plano, o campo mostra-se uma esfera brilhante e estável, com uma cor interna mais acentuada e com uma aura luminosa densa ao redor dele, mas que vai "rarefazendo-se" à medida que seus fatores formadores vão se desligando e afastando-se uns dos outros, voltando ao estado de "suspensão" no primeiro plano da vida.

Resumidamente, esse é o início, a base divina dos corpos celestes vistos no nosso Universo material.

Todos os corpos celestes que nele se encontram têm essa base divina a sustentá-los desde o primeiro plano da vida.

E, durante a explosão energética, outro mistério divino "abre" o campo para o segundo plano da vida, onde ele começará a sobrecarregar-se e a atrair e ligar ao seu eixo vertical ondas vibratórias "essenciais", repetindo nesse plano tudo o que já havia acontecido no primeiro plano.

Após outros "milhões" de anos acontecerá nova cristalização e nova explosão, onde um terceiro campo se abrirá para o plano elemental da criação e repetirá todo o processo de carregar-se energética e magneticamente, até que acontece nova explosão eletromagnética e o corpo celeste abre um novo campo, sendo que alguns abrem-no para outros universos, paralelos ao nosso, e outros campos abrem-se para o lado etéreo ou espiritual desse Universo material visível aos nossos olhos.

No lado espiritual desse nosso universo, os campos eletromagnéticos "hibernam" por milhões e milhões de anos, absorvendo energias nos mais diversos padrões e criando redes internas interligadas por vórtices ou passagens multidimensionais intraplanetárias, criando um verdadeiro "corpo espiritual planetário ou estelar".

E, após todas as faixas vibratórias positivas e negativas e todas as dimensões internas serem criadas e cristalizadas, só então alguns desses campos eletromagnéticos "explodem" e abrem no plano da matéria um novo campo eletromagnético, sendo que uns são irradiantes (as estrelas) e outros são absorvedores (os planetas).

Os irradiantes são maiores e centrais em determinados pontos do Universo.

Os absorvedores são periféricos a eles ou surgem isolados, ficando livres de qualquer atração gravitacional.

Após milhões incontáveis de anos, com os "campos absorvedores" absorvendo as energias emitidas pelos campos irradiantes, sobrecarregam-se e, de choque em choque interno, começa o processo de densificação e materialização de um novo planeta.

Quando um campo central abre-se como uma "supernova", já traz à sua volta os campos absorvedores, que têm a função de equilibrá-lo no macrocosmo.

Os campos periféricos desenvolvem suas órbitas ao redor do campo central ainda no lado espiritual do Universo e quando acontece a "abertura" dele para o lado material da criação tudo já está em perfeito equilíbrio no lado espiritual.

O surgimento dos corpos celestes não é um processo aleatório, e sim é controladíssimo pelos mentais divinos reguladores do processo de evolução da criação macrocósmica.

E mesmo ao redor dos campos periféricos abrem-se campos menores, que em nível da matéria são denominados como "luas".

Assim como os campos periféricos visam a equilibrar o campo central, esses campos ao redor deles também têm suas funções.

Na verdade, os sistemas planetários que vemos aqui no plano material tiveram seus inícios no primeiro plano da vida e é nele que todos os corpos celestes estão fundamentados e baseados.

Mas, graças a mistérios divinos que "abrem" nos eixos dos campos eletromagnéticos originais novos campos nos planos da vida posteriores e graças à alteração ou transmutação das energias, dos magnetismos, das vibrações e das irradiações divinas, tudo chega à contraparte etérica do nosso Universo e, pouco a pouco, vai cristalizando no lado material o sétimo estado da energia, onde ela entra em aparente repouso como matéria.

Retornando aos comentários sobre a energia elemental, é a partir do plano elemental da criação que todos os "campos" eletromagnéticos" são direcionados, uns para um universo e outros para outros, inclusive para esse nosso, denominado material.

A energia elemental é o terceiro estado da energia emanada por Deus e o terceiro plano tem a função de "agregar" as essências e transformá-las em muitas energias elementais que, nos desdobramentos posteriores, permitem o surgimento das mais variadas substâncias ou matérias encontradas aqui no lado material da criação.

Quarto Estado da Energia: Dual ou bielemental

Após o terceiro plano da vida vem o quarto plano, denominado dual ou bienergético.

No quarto plano as energias elementais puras, em todos os seus padrões, passam por um processo de recombinação energética nas "dimensões da vida" intraplanetárias.

Energias puras se combinam e fazem surgir as energias mistas ou as misturas energéticas onde os elementos afins se combinam e os antagônicos se repelem, bipolarizando tudo, desde os magnetismos individuais até os planetários, desde as vibrações até as ir radiações.

No quarto plano da vida, tudo e todos passam por um processo de reordenação e de redirecionamento e as irradiações divinas e as correntes eletromagnéticas assumem características tão marcantes ou tão acentuadas que, aí sim, tudo que parecia difuso assume sua "feição" própria.

Das sete dimensões elementais básicas intraplanetárias originais surgem as dimensões duais, com cada uma possuindo suas energias em padrões específicos e destinados à sustentação de meios energéticos bem definidos, com tudo e todos já possuindo formas bem definidas e já absorvendo dois tipos de energias elementais, um pelo polo positivo e outro pelo polo negativo, com os dois tipos se combinando internamente dentro das formas inanimadas dando-lhes qualidades e dentro dos seres, desenvolvendo neles o instinto básico e a percepção das coisas às suas v oltas.

Quinto Estado da Energia: Tripolar ou trienergético

A energia viva e divina, em seu quinto estado na criação, alcança-o no quinto plano da vida e as energias, os magnetismo, as vibrações e as irradiações se mostram triplas ou tripolarizadas, sendo que cada dimensão intraplanetária é alimentada por três tipos de energias elementais.

As combinações energéticas geram tantas formas inanimadas e sustentam tantas formas de vida que encantam os olhos dos seus visitantes.

E tanto isso é verdade que o quinto plano da vida é chamado de plano encantado da criação.

Sexto Estado da Energia: Natural ou polienergético

A energia original que formou o primeiro plano da vida, de desdobramento em desdobramento, de transformação em transformação, chega ao seu sexto estado recombinando em padrões específicos e pré-materiais as sete energias elementais básicas, sendo que, das dimensões naturais para a dimensão humana da vida, abrem vórtices dimensionais pelos quais essa é alimentada energeticamente por todas as outras e vice-v ersa.

As combinações elementais são tantas que no sexto plano da vida o "criacionismo" divino atinge seu auge intraplanetário e nos mostra uma exuberância de formas animadas e inanimadas que é impossível saber sobre tudo e todos que existem nas dimensões da vida intraplanetária, já que existem 77 dimensões, com todas ocupando o mesmo espaço, mas com cada uma vibrando dentro de um grau magnético específico e só dela, f ato esse que as separa umas das outras.

O sexto plano "espelha" o universo material com seu "estado natural", pois em paralelo a esse planeta material formam-se as "dimensões" naturais da vida, todas elas "baseadas" nele e na sua constituição energética, magnética, vibracional e eletromagnética, sendo que aqui, na matéria, encontramos o extremo da criação divina e das emissões energéticas do nosso Divino Criador, fato esse que torna esse nosso Universo material e "concreto" a base de retorno para tudo e todos.

Sim, esse nosso Universo material, além de localizar-se energeticamente no extremo da criação, constitui-se na base e no referencial para que tudo e todos que provieram de Deus a Ele retornarem, em um processo contínuo de elevação, evolução e ascenção.

A mesma energia divina que dá origem ao plano material da vida origina 77 meios, diferentes em alguns aspectos da nossa crosta terrestre, mas em tudo análogo a ela, pois são dimensões "espirituais" da vida onde existem extensos campos, floridos bosques, belíssimos rios, lagos, cachoeiras, mares, etc., e indescritíveis cidades ou moradas espirituais, habitadas por espíritos denominados "naturais" porque não encarnam e, após alcançarem o sexto plano da vida, nele estacionam até "quintessenciarem-se" e estarem prontos para se elevar ao plano celestial da evolução, onde os seres espirituais mostram-se como "luzes" hiperconscientes, vibrando intensamente em um dos sete sentidos da vida.

Muitos os descrevem como seres angelicais ou possuidores da angelitude.

Resumo dos Comentários sobre as Energias

Até aqui, o leitor teve uma descrição parcial do "Mistério das Energias Vivas e Divinas".

É certo que o assunto é complexo e demandaria muitas páginas para ser melhor "esmiuçado". Mas acreditamos que transmitimos em nossos comentários sobre elas uma visão próxima do que realmente existe nesse campo da criação, pois, energeticamente falando, Deus é a fonte energética da criação e o energizador primeiro de tudo e de todos.

Tudo e todos dinamaram d'Ele e, após alcançarem o sétimo plano da vida, a Ele tudo e todos retornarão.

As energias retornarão como fatores energéticos.

Os seres retornarão como consciências espirituais divinizadas e consciente de si, de tudo e de todos os demais.

Pedimos ao leitor que atente para o fato de que tudo provém de Deus e, de plano em plano e de estado em "estado da energia", tudo foi adquirindo existência, consistência e "densidade" energética pois, parafraseando uma afirmação terrena, a "matéria é energia em repouso...", mas nem tanto porque a unidade básica dela e que é o átomo, este vibra continuamente e só aparentemente uma pedra ou um pedaço de ferro é algo inerte.

Na criação tudo vibra e tudo está em movimento. E, se uma pedra ou pedaço de ferro mostram-se aos "olhos materiais" como substâncias sólidas e estáveis, no entanto, mostram-se nos seus lados etéricos ou espirituais como fontes emissoras de energias em padrões diferentes.⁹

Neles, verão que uma chama, se libera calor para o lado material da vida, no entanto, ela libera energia elemental ígnea para o lado espiritual.

E se uma pedra ou minério mostra sua cor para os olhos materiais, para o lado espiritual liberam energias elementais minerais.

As energias formam um vasto e complexo campo de estudo, pesquisas e descobertas, e mostram-se como inesgotáveis em si mesmas pois são um dos estados das coisas criadas e geradas por Deus.

Elas formam o estado energético da Criação.

Quanto às vibrações, mais uma vez recomendamos ao leitor que leia outros livros de nossa autoria, tais como: Inicia à Escrita Mágica Simbólica, Código da Escrita Mágica Simbólica, Tratado de Escrita Mágica, A Magia Divina dos Sete Símbolos Sagrados, Gênese Divina de Umbanda Sagrada, entre outros.

---

9. Para uma melhor compreensão dessa "dualidade" da matéria, recomendamos ao leitor que leia aos livros de nossa autoria denominados: *A Magia Divina das Sete Chamas Sagradas*, e *A Magia Divina das Sete Pedras Sagradas*, entre outros.

6
Comentários sobre o Universo

Aqui, os nossos comentários se fundamentarão sobre a visão dele a partir de como se mostra em sua contraparte espiritual e não sobre a visão material desenvolvida no decorrer dos séculos pela observação dos espíritos encarnados.

Que o leitor atente para esse alerta!

Afinal, se tudo o que já se sabe sobre o átomo e as micropartículas subatômicas no lado material da vida se mostra como um vasto conhecimento, o que já se sabe sobre eles aqui no lado espiritual transcende tudo o que possa imaginar o leitor.

É claro que aqui não vamos fazer revelações que levem a novas descobertas na cosmologia, na física ou em qualquer outro campo das ciências terrenas, porque esse não é nosso propósito e porque já existem muitos espíritos de altíssima evolução que vêm reencarnando e auxiliando a humanidade em seus campos de estudos do Universo material.

Nosso propósito é transmitimos da forma mais simples possível uma visão energética da criação divina.

Que o leitor não se esqueça disso, cer to?

Os Átomos:
A Energia "Materializada"

Como já descrevemos a "descida" da energia viva e divina desde seu estado mais sutil até o mais denso, que se encontra na matéria, eis que começamos pela sua unidade básica, os átomos, como fizemos no início dos nossos comentários e começamos pelos fatores divinos, que são a menor partícula da criação.

O fato é que, observando os átomos a partir do nosso ponto de observação, localizado no lado espiritual, eis que cada um deles revela-se um mistério complexo e magnífico.

Se no lado material os pesquisadores deles ainda se ressentem da inexistência de aparelhos capazes de observar todos os átomos isoladamente e estudá-los detalhadamente, aqui no lado espiritual existem aparelhos avançadíssimos que nos permitem isolar e estudar cada um dos átomos que participam da formação da matéria em seus três estados: sólido, liquido e gasoso!

Sabemos que a tabela periódica mostra dezenas de átomos como elementos químicos já estudados e isolados.

Mas aqui, do nosso lado espiritual, temos uma "tabela periódica" análoga formada por muito mais átomos, a maioria deles não existente no planeta Terra.

Que fique entendido que nosso campo de estudo dos átomos não se limita só ao planeta Terra e, sim pesquisou-se milhares de planetas e estrelas, sendo que em muitos deles também não existem todos os átomos encontrados em abundância no planeta Terra.

Até agora, 1991 d.C., já foram encontrados 333 tipos de átomos diferentes no Universo. E, como nos últimos séculos novos átomos não foram descobertos em todos os planetas e estrelas pesquisados, temos para nós que seja nosso limite nesse campo.

Fato esse que não impede que os espíritos assentados na sexta faixa vibratória ascendente da dimensão espiritual humana saibam da existência de muitos outros, já descobertos por eles em outras partes desse nosso Universo, infinito em todas as direções.

Ao nosso ver, ninguém pode fazer uma afirmação peremptória que seja a palavra final sobre algo, porque mais adiante pode ser surpreendido por novas descobertas ou novas revelações das faixas vibratórias superiores à nossa, que é a quinta faixa ascendente.

Pois bem!

Observando isoladamente cada um dos 333 átomos já descobertos, verificou-se em seus lados espirituais que, desde o mais "simples" até o mais complexo, todos são possuidores de microcampos eletromagnéticos.

Alguns deles são unipolares, outros são bipolares, outros são tripolares, etc.

Observamos que todos absorvem fatores e essências e emitem cargas energéticas elementares.

Estudando-os minuciosamente também se descobriu que uns absorvem fatores e essências classificadas como "negativas", outros absorvem fatores e essências positivas e existem outros que absorvem fatores e essências neutralizadoras, repetindo no extremo da criação e na unidade básica da matéria, mas em seu lado etérico ou espiritual, o que foi observado no início da criação.

No início da criação temos isto:
Fatores positivos
Fatores negativos
Fatores neutralizadores (ou neutros)

No extremo da criação encontramos isto:
Átomos positivos
Átomos negativos
Átomos neutralizadores (ou neutros)

Os átomos positivos liberam cargas energéticas elementares que são benéficas e energizadoras de muitas classes de espíritos elementais.

Os átomos negativos liberam cargas energéticas elementares que são benéficas a muitas formas de vida primárias denominadas criaturas.

A estrutura interna dos átomos, formada pelo modo como os prótons e os nêutrons se acomodam, cria formas surpreendentes assemelhadas a formas geométricas, denominadas por nós como formas-símbolos.

Para que isso fosse visualizado, os átomos foram ampliados até o ponto que pudessem estudá-los detalhadamente e foi visto que suas estruturas ou formas-símbolos assemelham-se às dos fatores, divinos, confirmando mais uma vez que tudo se repete em cada estado da criação.

De posse dessa confirmação, foi possível associar os átomos às energias elementais básicas e classificar os já estudados em familiar de átomos ígneos, eólicos, telúricos, aquáticos, minerais, cristalinos e vegetais.

Aqui não nos é permitido mostrar a classificação elemental dos átomos, porque determinados conhecimentos devem permanecer restritos aos espíritos que vivem e evoluem a partir da quinta faixa vibratória ascendente, onde todos os estudos realizados visam ao aperfeiçoamento do entendimento sobre o Divino Criador, sobre as Divindades-Mistérios, sobre os meios criados para sustentar as muitas formas de vida existentes e sobre a onipresença divina em toda a criação, pois, porque tudo dimana de Deus e tudo provém d'Ele, então, Ele também está em tudo e todos, bastando-nos descobrir e entender como se apresenta essa onipresença.

É, se tudo o que existe na criação tem na sua base formadora os fatores-energias, então uma das identificações é através das energias, uma vez que os fatores provêm d'Ele, certo?

Foi estudando os fatores-energias e seus desdobramentos nos estados posteriores e sobre o que cada fator realiza que foi possível desenvolver um conhecimento único e insuperável sobre a forma de Deus operar através das energias.

Através das energias é possível estudar a criação desde a menor partícula encontrada no primeiro plano da vida até os maiores corpos celestes encontrados aqui no plano material da criação, localizado nesse nosso divino Universo.

Entendemos que os átomos são a materialização das energias vivas e divinas porque são "aprisionados" dentro de estruturas atômicas que trazem em si suas "chaves" de ligação, tanto entre si quanto com outras estruturas atômicas, ligações estas que criam as moléculas que formam a matéria.

Aqui, chegamos ao extremo da criação, na materialização da energia viva e divina emanada por Deus, e é a partir dos átomos formadores da matéria que começa o retorno energético à sua fonte irradiadora.

Se no lado material só um ou outro átomo é radioativo, ou seja, emite cargas nocivas para as pessoas, tais como: césio, urânio e plutônio, no entanto, todos emitem cargas energéticas elementais para o lado etérico desse universo material, criando um "oceano" energético que envolve todo o planeta e espalha-se para todas as dimensões planetárias, criando uma base energética análoga-oposta à existente no primeiro plano da vida.

Se lá no primeiro plano da vida são os fatores que liberam cargas energéticas, aqui no sétimo estado da energia, localizado no extremo da criação são os átomos que realizam essa função.

Os fatores liberam suas cargas de dentro para fora da criação e os átomos liberam as deles de fora para dentro da criação, gerando um fluxo da mesma magnitude, mas em sentido inverso.

Poderíamos comparar os fatores à força centrífuga e os átomos à força centrípeta do magnetismo, onde uma repele e a outra atrai, fenômeno esse que guarda uma analogia com os dois polos dos ímãs, que se são semelhantes se repelem e se são diferentes se atraem.

Essa dupla força gera a dupla polaridade das coisas criadas e dos magnetismos mentais, mas que são regidos pela lei das afinidades, onde os semelhantes se atraem e os diferentes se repelem.

A Energia Divina no Macrocosmo

Energia divina
Energia cósmica
Energia universal
Energia estelar e galáctica
Energia planetária

Energia Divina

A energia divina emanada por Deus formada por todos os fatores circula em todo o nosso Universo, mas em sua contraparte etérica ou em seu lado espiritual.

Ela é transportada de um lugar a outro do Cosmos por ondas vibratórias que formam uma rede alimentadora de tudo o que existe e se espalha por todo o Universo, imantando e energizando a tudo e a todos.

Um átomo contém essa energia; um gene também a contém; todas as galáxias, formadas por bilhões de estrelas, são inundadas em seus lados espirituais por essa energia viva e divina, que tanto alimenta os gigantescos corpos celestes quanto os bilhões de seres espirituais, naturais, elementais e elementares que vivem e evoluem nas muitas realidades e dimensões intraestelares e intraplanetárias.

Quando dizemos que o Universo é um "corpo" divino, é porque ele obedece a leis e princípios divinos que o regulam e o mantém em equilíbrio, podendo conter dentro de si tudo o que já foi criado e aí está, assim como está apto a receber novas criações do Divino Criador.

O Universo mostra-se aos olhos do bom observador como a obra infinita do Divino Criador e só os desavisados podem crer que tudo o que nele já existe provém do "acaso".

No Cosmos, infinito em qualquer direção, existem centenas de bilhões de estrelas; incontáveis planetas circulando continuamente ao redor delas; cometas com funções ainda inexplicáveis; nuvens gigantescas de "poeira cósmica" liberadas pelas poderosas explosões estelares; vórtices gigantescos denominados "buracos negros", capazes de absorver tudo à volta deles, inclusive a luz irradiada por longínquas estrelas; e muito mais coisas que ainda são desconhecidas da humanidade.

E tudo isso provém de Deus e de sua mente criadora e geradora.

A grandeza divina da criação salta aos olhos do bom observador e só não vê isso quem não quer ou quem credita tudo isso ao acaso, na vã tentativa de negar a existência ou a participação de Deus na criação.

Tudo o que é visível nesse nosso Universo infinito provém do Divino Criador e tem na sua origem e formação a energia divina, cuja fonte geradora e emissora é eterna e inesgotável porque é o próprio Deus criador e gerador de tudo e de todos.

Separamos a energia divina em dois padrões ou polos energéticos, sendo que o polo passivo ou positivo denominamos energia universal.

Já o padrão ou polo negativo, denominamos energia cósmica.

Esses dois padrões ou polos energéticos têm suas ondas vibratórias transportadoras e irradiadoras, assim como têm as vibrações atemporais, que "nascem" ou surgem em determinados lugares do Cosmos e absorvem todas as sobrecargas acumuladas neles e as direcionam para onde estão faltando, sempre mantendo o equilíbrio no lado etérico ou espiritual do Universo.

No Universo, mudam as aparências físicas de tudo que nele existe, mas a energia formadora de tudo e de todos é sempre a mesma: a energia viva emanada pelo Divino Criador.

Ela é sutil e poderosa!

Ela é geradora incessante de novos corpos celestes, e isso sem deixar de sustentar de dentro para fora tudo o que dela já se originou.

Ela sustenta a harmonia do Universo, assim como a das menores partículas em seus incessantes movimentos.

Existem duas maneiras de percebê-la: através da contemplação e do tato.

Ao contemplarmos a natureza à nossa volta, lá está ela: ao contemplarmos o espaço sideral, o firmamento estrelado durante a noite, lá também está ela.

Observar a reprodução das sementes e contemplar a ação da energia viva e divina, assim como acompanhar o crescimento do corpo de um novo ser no útero de sua mãe, também é visualizar a ação continua dessa energia proveniente do Divino Criador, sustentadora e alimentadora de todos os processos genéticos multiplicadores das espécies animadas e das inanimadas.

Como a energia divina provém de Deus e tanto está "por dentro quanto por fora" de tudo o que existe nesse nosso Universo infinito inferimos que, "energeticamente", o Criador está na sua criação e em tudo que Ele criou, reafirmando sua onipresença através da sua energia viva e divina.

Energia Universal

A energia em seu polo ou padrão passivo ou positivo espalha-se por toda a criação desde o primeiro plano da vida até o sétimo plano, sempre realizando suas incontáveis funções conservacionistas e multiplicadoras, expandindo ao infinito o nosso Universo material, ao qual alimenta continuamente através do polo positivo de tudo o que existe, seja animado ou inanimado.

Suas incontáveis funções atendem à vontade divina do seu Divino Criador e gerador: o Senhor Deus!

Essa energia passiva destina-se desde sua origem a dar sustentação a tudo o que existe no "corpo externo" do Divino Criador.

Ela sustenta desde as formas de vida microscópicas até as maiores criaturas já identificadas por nós, assim como sustenta e alimenta nosso espírito, estejamos encarnados ou não.

Energia Cósmica

A energia cósmica é formada pelos fatores ativos ou negativos e espalha-se por toda a criação em um padrão vibratório próprio denominado negativo ou polo energético ativo da criação.

A energia cósmica flui por toda a criação através de uma rede infinita formada por suas ondas vibratórias transportadoras, que a transporta incessantemente de um lugar para o outro alimentando o polo negativo de tudo o que existe e foi criado por Deus.

Ela é absorvida e internalizada através dos polos negativos das coisas criadas por Deus e tem a função de fornecer uma sustentação e uma alimentação energética ativa e classificada como negativa porque, assim que o ser satura-se dela, deixa de absorvê-la.

Energia Estelar

A energia estelar ou energia gerada pelas estrelas têm suas funções para o lado material ainda pouco estudadas e pouco entendidas pelos seus pesquisadores encarnados.

Mas as (no plural mesmo) energias geradas e irradiadas pelas estrelas em seus lados etéricos têm funções importantíssimas para a manutenção do equilíbrio energético do lado espiritual ou etérico do Universo.

As estrelas as geram a partir dos seus núcleos que são gigantescas "usinas nucleares" e as emitem como micropartículas energéticas elementais, que são capturadas por ondas vibratórias eletromagnéticas específicas, que as transportam e as descarregam dentro do plano elemental da criação, energizando-o continuamente para que as muitas formas de vida que nele vivem e evoluem possam ser "alimentadas" por essas energias estelares, importantíssimas para a evolução deles.

São tantas as formas de vidas alimentadas pelas energias etéreas liberadas pelas estrelas que é impossível quantificá-las.

Imaginem um plano infinito, análogo ao universo material, e que tanto é habitado nos corpos celestes que nele existem como é habitado por formas de vida nos espaços existentes entre um e outros corpos celestes.

Imaginaram?

Pois saibam que o plano elemental da criação, na "descida", abriga todas as formas de vida que conhecemos no lado material do nosso planeta Terra (aves, peixes, répteis, anfíbios, animais, seres dotados da razão, etc.) quanto as que não vêm para o lado material, e sim são direcionados para as dimensões paralelas à dimensão espiritual humana.

Também, não se esqueça o leitor de que, se nosso planeta tem suas dimensões ou faixas ou reinos elementais nomeadas pelas energias elementais predominantes em cada uma delas, e que recebem continuamente levas e mais levas de seres já prontos para a evolução intraplanetária, o mesmo plano elemental da criação realiza o mesmo trabalho de envio de "formas de vida" para o lado espiritual de todos os outros planetas e estrelas desse nosso Universo e para todos os outros universos, paralelos ao nosso mas vibrando em outros graus da escala magnética divina da criação.

A criação de "vidas" por Deus é um processo contínuo e suas matrizes geradoras, com cada uma gerando uma forma de vida, geram vidas continuamente, não deixando de emaná-las para o primeiro plano da vida em momento algum.

As matrizes geradoras são em si mistérios localizados "dentro" ou no interior do Divino Criador que geram continuamente e vão enviando através de vórtices específicos os "novos seres", ainda inconscientes, para o primeiro plano da vida, onde são amparados por Divindades-Mistérios que são em si mentais divinos maiores que qualquer estrela existente aqui no plano material da vida.

Esses vórtices são as passagens por onde os seres saem do interior do Divino Criador e iniciam suas evoluções no primeiro plano da vida.

É por eles que as ondas vibratórias mentais das Divindades-Mistérios entram aos pares e trazem para fora as "novas vidas", processo já descrito por nós em um capítulo anterior

Após estagiarem no primeiro plano da vida ou fatoral, os seres são conduzidos ao segundo plano da vida ou essencial, onde estagiam mais um longo tempo e até que estejam prontos para serem conduzidos ao terceiro plano da vida ou elemental, onde estagiarão e desenvolverão seus corpos elementais básicos, o primeiro corpo externo dos seres.

Todas as formas de vida geradas por Deus só desenvolvem seus corpos externos no terceiro plano da vida, onde a energia viva e divina alcança seu terceiro estado ou seu estado elemental.

Ali, no terceiro plano da vida ou plano elemental é onde todas as formas de vida geradas por Deus vão, pouco a pouco, desenvolvendo seus primeiros corpos externos.

Que, de início, se assemelha ao citoplasma de uma célula, com o mental localizado no lugar do núcleo celular.

Mas é só uma comparação, certo?

Aos poucos o corpo do novo ser vai se delineando e assumindo a forma geral da espécie à qual pertence, diferenciado-o dos corpos elementais dos seres de outras espécies.

Pois bem!

Esse plano elemental envia "formas de vida" ou seres de diferentes espécies para o lado etéreo de todos os corpos celestes desse nosso Universo e para os de todos os universos paralelos ao nosso que, se é material, no entanto também possui sua contraparte espiritual ou etérica, através da qual existem vórtices internalizadores ligados ao plano elemental e que têm a função de trazer para os sete reinos elementais tantas "vidas" quanto for da vontade divina, pois esse processo é comandado pelo nosso Divino Criador o tempo todo.

Assim como esse terceiro plano da criação envia energia elemental nos mais diversos padrões para dentro das dimensões elementais intraplanetárias, alimentando-as continuamente, também possui vórtices eletromagnéticos voltados para o lado etérico do nosso Universo material e dele capta as energias etéricas estelares, emitidas continuamente pelas estrelas em suas "queimas dos elementos químicos que as formam".

Aqui, só descrevemos superficialmente um processo contínuo das trocas energéticas que acontecem entre os planos da vida e o nosso Universo físico e sua contraparte etérica.

É um processo complexo de trocas energéticas, todo comandado pelo nosso Divino Criador.

Energias Galácticas

Por energias galácticas, entendam a soma das energias emitidas ou irradiadas por todas as estrelas que formam uma galáxia.

Sabemos que as galáxias assumem diversas formas.

Umas são espiraladas; outras são conchoidais; outras são aglomeradas, etc.

Cada uma obedece em sua formação ao magnetismo mental da Divindade-Mistério sustentadora da sua "materialização" no nosso Universo físico.

E, assim como cada estrela emite ou irradia suas energias específicas no seu lado etérico, as galáxias, que são a soma de todas as estrelas que as compõem, também acumulam dentro de campos eletromagnéticos "mentais" galácticos o "caudal energético" resultante da queima dos elementos químicos no interior das estrelas.

O excesso que não é absorvido pelo plano elemental da criação condensa-se no eixo magnético central do macro campo eletromagnético que as enviam para outros universos através dos seus polos positivos e negativos.

Pelo polo positivo do eixo eletromagnético de uma galáxia são enviadas energias para um universo superior ao nosso na escala magnética divina.

Pelo polo eletromagnético negativo são enviadas energias elementais para um universo inferior ao nosso na escala magnética divina.

Esses dois universos paralelos ao nosso, mas em um grau magnético acima e outro abaixo, não só recebem energias elementais do nosso, como em contrapartida enviam-nos as deles, sendo que as do superior integram-se às nossas energias universais ou positivas.

Já as que vêm do universo inferior integram-se às nossas energias cósmicas ou negativas.

As que provêm do universo superior elevam os padrões vibratórios das nossas energias positivas, sutilizando-as ainda mais.

As que provêm do universo inferior rebaixam os padrões vibratórios das nossas energias negativas, densificando-as ainda mais.

Essas duas energias provenientes de outros dois universos paralelos ao nosso são absorvidas pelas gigantescas correntes eletromagnéticas universais e cósmicas e são espalhadas por toda a contraparte etérica desse nosso universo material.

Energias Elementais Planetárias

A quantidade de galáxias é calculada em uma centena de bilhões, mais ou menos.

Já a quantidade de planetas orbitando ao redor de estrelas, análogos aos que orbitam ao redor do Sol, nossa estrela nesse universo coalhado delas, esse número os astrônomos do lado material ainda não quantificaram, porque os aparelhos óticos desenvolvidos até agora ainda são limitados no alcance para detectá-los.

Mas que eles existem e são muitos, disso não tenham dúvidas!

E tanto são muitos, assim como o são seus satélites que, no futuro, surpreenderão seus pesquisadores, de tantos que existem nesse universo infinito.

Esses planetas que orbitam ao redor de muitas estrelas, já os descrevemos como campos eletromagnéticos periféricos aos centrais que são as estrelas.

Cada um desses planetas possui seus magnetismos específicos, que graduam suas absorções energéticas e que de plano em plano vão se densificando até que, a partir do lado etérico do universo, começam a absorver as energias elementais irradiadas pelas estrelas.

Com a "compactação" de micropartículas começa a formação de átomos no lado material e começa e formação da contraparte etérica elemental interna e inerente a cada planeta.

Esse processo de formação de um planeta demora alguns "bilhões" de anos e, dependendo do tipo de magnetismo de cada um, os tipos de condensações energéticas se diferenciarão, sendo que em alguns predomina o estado sólido; em outros predomina o estado líquido e em outros predomina o estado gasoso nas suas cristalizações finais.

Paremos por aqui nos nossos comentários sobre a formação dos planetas e dos átomos porque esse não é nosso propósito, e sim é descrevermos os estágios da evolução dos seres, os planos da vida e os meios onde evoluímos.

O fato é que, se a ciência terrena já possui um vastíssimo conhecimento sobre o lado material do planeta Terra, no entanto o que acontece no lado etérico ou espiritual dessa nossa morada celeste ainda é desconhecido da maioria das pessoas e só os estudiosos dos fenômenos espirituais já têm uma visão parcial do magnífico mistério que é esse nosso belíssimo planeta, único entre tantos outros.

Nosso planeta é formado pela energia elemental em sete padrões diferentes e cada um a mostra diferente.

Os sete padrões são estes:

Padrão ígneo
Padrão eólico
Padrão telúrico
Padrão aquático
Padrão mineral
Padrão vegetal
Padrão cristalino

Em cada um desses sete padrões, estão agrupadas as essências reunidas por famílias ou faixas vibratórias.

Cada um desses padrões elementais forma internamente uma realidade da vida só dele e diferente da dos demais.

Essas realidades são em si dimensões da vida porque acolhem, abrigam e amparam bilhões incontáveis de seres ainda inconscientes sobre si e tudo à sua volta, mas que, estão aptos a absorverem a energia viva e divina já no seu terceiro estado, o elemental.

A energia elemental, diferentemente dos estados anteriores, tem funções importantíssimas no sentido de abrirem faculdades mentais ligadas ao aprendizado, à percepção, à sensibilidade e à conscientização.

Quando o ser "entra" em uma dimensão elemental, ainda encontra-se "recolhido" dentro do seu campo eletromagnético mental, totalmente inconsciente.

Mas, após começar a ser "alimentado" pela energia elemental que lhe é afim, tal como uma semente enterrada em um solo adequado e que logo começa a brotar, com o ser ainda recolhido dentro do seu "ovoide", logo começa o desdobramento de um "gene divino" responsável pela criação do primeiro corpo energético do ser.

O primeiro corpo energético de cada ser elemental forma-se em acordo com a energia alimentadora do meio onde o ser está "estagiando".

Se o reino elemental é ígneo, o corpo energético do ser será ígneo ou incandescido.

Se o meio é aquático, o corpo energético do ser será aquático ou aquoso.

E assim será com os outros cinco "meios elementais" da vida intraplanetária.

Pois bem!

Já viram como a energia elemental é importante para o desdobramento da "herança genética divina" do ser, herança essa formada por muitos "genes divinos", com cada um responsável por algum aspecto da vida do ser.

Existem um certo número de genes que só são "abertos e desdobrados" com as vibrações e energias elementais. E o ser não deixa o terceiro plano da vida enquanto todos eles não tiverem sido abertos e desdobrados em algum aspecto ou faculdade do ser no seu estágio elemental da evolução.

Quando é concluído o trabalho de abertura de todos os "genes elementais", o ser irradia naturalmente a mesma energia elemental do meio onde vive e evolui e assemelha-se energeticamente ao seu elemento.

Seres elementais ígneos assemelham-se a chamas.

Seres elementais aquáticos assemelham-se a água.

E assim sucessivamente com os seres elementais já desenvolvidos nos outros cinco elementos.

Após concluir o estágio elemental da sua evolução, onde só foi alimentado por uma única energia elemental, o ser será conduzido a uma das dimensões intraplanetárias do quarto plano da vida, que é bielemental.

O quarto plano da vida intraplanetária é todo formado por dimensões da vida bielementais e tem por função continuar alimentando o ser com sua energia do plano elemental e acrescenta-lhe uma segunda alimentação energética, ainda elemental também, mas que complementa suas necessidades energéticas.

Além dessa nova alimentação energética, as vibrações do segundo elemento irão abrir novos "genes divinos", complementares ou complementadores dos já abertos, delineando e densificando seu corpo energético, assim como irá expandir e estabilizar suas faculdades mentais já abertas no estágio anterior.

E, quando essas faculdades se "cristalizam", daí em diante o mental do ser, já bielementarizado, torna-se apto a receber vibrações elementais bipolares, que abrem novos genes divinos, também bipolares, ou seja:

Tanto se abre na polaridade positiva quanto na negativa. Fato esse que proporcionará ao ser bielemental o desenvolvimento dos seus instintos básicos, de novas faculdades mentais e recursos corpóreos e energéticos inerentes ao instinto.[10]

E mais uma vez o mistério das vibrações vivas e divinas demonstra sua importância para a vida, pois, além de alimentarem energeticamente os seres, também atuam como chaves ativadoras dos "genes divinos", herdados pelos seres diretamente do Divino Criador, que a todos e a tudo gerou de Si.

A separação da criação em planos distintos e isolados uns dos outros atende às necessidade evolutivas dos seres. E tudo o que existe dentro de um plano está destinado a auxiliar os seres em suas evoluções.

A mesma energia viva e divina existente em Deus e que é emanada por Ele para dentro do primeiro plano da vida, dali em diante ela passa por transformações preestabelecidas por Ele, sempre em acordo com as necessidades dos seres e das muitas outras formas de vida que Criou.

---

10. Para um maior entendimento do que aqui comentamos, recomendamos a leitura do livro de nossa autoria denominado: *A Evolução dos Espíritos*, onde mais uma vez as energias intraplanetárias bielementais demonstram que são fundamentais para a alimentação energética dos seres e para seus aperfeiçoamentos conscienciais.

Pois bem, após esses comentários de apoio para uma melhor compreensão da importância das energias "planetárias", podemos listá-las:
Primeiro Estado das energias planetárias: elemental
Segundo Estado das energias planetárias: bielemental
Terceiro Estado das energias planetárias: trielemental
Quarto Estado das energias planetárias: tetraelemental
Quinto Estado das energias planetárias: pentaelemental
Sexto Estado das energias planetárias: hexaelemental
Sétimo Estado das energias planetárias: heptaelemental

Esses sete estados das energias elementais intraplanetárias são importantíssimos para a alimentação do "corpo energético" ou espiritual dos seres, assim como as vibrações correspondentes a cada um deles o são, pois elas também são em si "chaves" abridoras e ativadoras dos "genes" divinos que herdamos do nosso Divino Criador.

Qualificação dos Padrões Energéticos Elementais

No primeiro plano da vida, as micropartículas energéticas nomeadas com nomes de verbos-funções englobados em umas denominação comum de "fatores divinos" nos fornece o entendimento sobre esse estado original da energia viva e divina emanada por Deus.

Agora, do extremo da criação em seu primeiro plano ascendente, quem emana para "dentro" da criação as energias que geram são os átomos isoladamente (cada um por si) e ligados entre si por "combinações atômicas" que geram a energia elemental em muitos padrões vibratórios diferentes, fato esse que resulta em uma infinidade de "energias" elementais.

Como exemplo, peguemos os vegetais!

Sabemos que existem centenas de milhares de espécies de plantas na crosta terrestre, com todas elas emitindo para o lado etérico as energias que geram continuamente.

No caso dos minerais, existem gigantescas jazidas dos mais diversos minérios, além dos seus átomos dispersos no planeta, com todos emitindo suas energias o tempo todo para o lado etérico do planeta.

Se considerarmos os quatro elementos básicos e os três derivados, temos energias em sete padrões gerais, e que são estes:

Padrão elemental ígneo
Padrão elemental eólico
Padrão elemental telúrico
Padrão elemental aquático
Padrão elemental mineral
Padrão elemental vegetal
Padrão elemental cristalino

Esses sete padrões energéticos elementais englobam, por elementos, todas as energias geradas pelo nosso planeta Terra.

Mas, dentro de cada um desses padrões gerais existem os subpadrões em um mesmo elemento, pois a energia vegetal emitida pelos pés de ipê não é a mesma que a que é emitida pelas flores das roseiras.

A energia emitida pelas jazidas de minério de ferro não é a mesma que a emitida pelas jazidas de cobre.

Então temos os padrões gerais:
Energia ígnea
Energia eólica
Energia telúrica
Energia aquática
Energia mineral
Energia vegetal
Energia cristalina

E temos dentro de cada um desses padrões muitos subpadrões, com cada um derivado de uma "espécie especifica" dentro de um padrão geral.

É de conhecimento geral que muitas plantas possuem princípios ativos que são isolados e usados como medicamentos.

O mesmo acontece com os minerais, que nos fornecem vários tipos de vitaminas e medicamentos.

Observem que no lado material o assunto é complexo e exige especialização em cada um desses elementos formadores do nosso planeta.

Então imaginem a complexidade do assunto no lado etérico onde, só aparentemente, todas as emanações energéticas elementais se misturam e formam a contraparte energética do planeta.

É algo colossal, magnífico e complexo, pois se aparentemente todos os padrões se misturam, no entanto cada padrão geral forma um tipo de energia. E dentro de cada um dos sete padrões gerais formam-se milhares de subtipos ou subpadrões energéticos e sem que um se misture aos outros.

Ainda que aparentemente todos os "tipos" de energias estejam misturadas, no entanto cada tipo está fluindo através de ondas vibratórias que as espalham pela crosta terrestre em seu lado etérico, assim como as enviam para todas as dimensões planetárias suprindo-as com as quantidades necessárias de energias elementais.

E, tal como foi a denominação dos fatores pelo nome de verbos-funções, as energias elementais, por se apresentarem em sete padrões e milhares incontáveis de subpadrões energéticos, elas também são identificadas pelas funções que realizam e são nomeadas com nomes de verbos.

Essa identificação, classificação e nomeação foi um trabalho desenvolvido por espíritos estudiosos do mistério das energias e vem de muitos séculos, sendo que o estudo e identificação delas prossegue, certo?

Não é um assunto esgotado e cremos que demandará muitos milênios mais até que, em nível planetário, esteja concluído.

Então temos essas classificações para as energias liberadas pelos átomos ou "elementos químicos" e pelas substâncias formadas pelas ligações estabelecidas entre eles e que geraram o que é denominado "matéria", ou energia em repouso.

Energia elemental ígnea
Energia elemental eólica
Energia elemental telúrica
Energia elemental aquática
Energia elemental mineral
Energia elemental vegetal
Energia elemental cristalina

E temos isto:
Energia elemental ígnea geradora
Energia elemental eólica geradora
Energia elemental telúrica geradora
Energia elemental aquática geradora
Energia elemental mineral geradora
Energia elemental vegetal geradora
Energia elemental cristalina geradora

E isto:
Energia elemental ígnea curadora
Energia elemental eólica curadora
Energia elemental telúrica curadora
Energia elemental aquática curadora
Energia elemental mineral curadora
Energia elemental vegetal curadora
Energia elemental cristalina curadora

E assim sucessivamente com todos os verbos-funções, pois para cada um e uma há uma energia elemental que a realiza.

Posteriormente, no processo de retorno ou "de fora para dentro", tudo vai se repetindo nos planos superiores, onde começam a surgir energias com duas, três ou mais funções, tais como: energias elementais naturais curadoras-regeneradoras; multiplicadoras-expansoras, etc.

Esse processo, inverso ao que regula a densificação da energia nos planos descendentes, vai "rarefazendo" ou sublimando as energias elementais naturais (da natureza) e à medida que vão "subindo", elas vão unindo-se e formando as energias com múltiplas funções, capazes de realizarem muitas funções ao mesmo tempo.

No caso dos fatores, são emanados com cada um possuindo uma única função e, posteriormente, vão se ligando e criando fatores mistos ou complexos polifuncionais.

Já com as energias elementais naturais, cada tipo de átomo e "matéria" emite sua energia "pura ou original" e que posteriormente vão se misturando e formando energias mistas e complexas.

Enfim, ainda que partindo de extremos opostos da criação, os fatores e as energias elementais naturais se assemelham em tudo.

Energia Divina Elemental

Alerta:
Ainda que pareça ao leitor que estaremos comentando o lado material do universo, alertamos que só estaremos descrevendo o que se mostra aos olhos dos espíritos a partir do lado etérico ou da contraparte "espiritual" desse nosso universo físico.

Já comentamos que tanto cada átomo quanto cada substância emite para o lado etérico sua energia e formam nossa energia elemental natural planetária, que também emite parte dela para o universo.

Pois bem!

Nesse nosso universo material formado por centenas de bilhões de galáxias, por trilhões de estrelas e por incontáveis planetas, a emissão contínua da energia viva e divina em seu estado elemental natural é algo gigantesco, divino mesmo!

A energia "elemental natural" difere da energia elemental derivada das essências divinas porque, ainda que usemos a mesma palavra "elemental", no entanto, na descida, ela dá origem ao terceiro plano da vida e à formação de sete padrões energéticos bem distintos é destinados às classes de seres ainda sem um "corpo energético".

A energia elemental derivada das essências destina-se em grande parte à constituição dos corpos e à abertura de faculdades mentais, assim como à construção de uma base energética "viva e divina" criacionista, capaz de dar origem à matéria.

Já a energia elemental natural, ela é emitida pelos átomos, pelas moléculas (combinação de átomos), pelas substâncias ou "matéria" e seu destino é "alimentar" ou energizar toda a criação de "fora para dentro".

Se vemos bilhões de estrelas, com seus "núcleos reativos" emitindo continuamente "energias estelares" para dentro do Cosmos infinito, essa energia é natural e é elemental porque está sendo emitida a partir de reações entre os elementos químicos que as formam.

Se (daqui da Terra) não vemos os bilhões de planetas e outros corpos celestes materiais não radiantes, no entanto também são matéria e estão emitindo continuamente energias elementais naturais para os seus lados espirituais ou etéreos.

A somatória das energias elementais naturais emitidas continuamente para o lado etéreo da criação cria uma base etérea elemental natural colossal, divina mesmo!

Essa base etérea formada pela emissão energética continua de todos os corpos celestes é a base energética sustentadora de todos os seres que, tendo chegado ao extremo da criação, nela se "cristalizam" e a partir dela iniciam suas evoluções para "dentro" da criação rumando de volta às suas origens divinas.

E, tal como o viajante que parte rumo ao infinito, todos precisarão ser alimentados para sobreviver à viagem de retorno ao Divino Criador.

Ele, onisciente, de tudo isso sabia e, onipotente, criou essa base energética elementar natural sustentadora da evolução de retorno de todos os seres que criou.

De faixa em faixa vibratória e de plano em plano ascendente, tanto a energia elemental natural vai se sublimando e sutilizando-se quanto os seres vão conscientizando-se e desenvolvendo no íntimo as virtudes.

Afinal, o fim último de nossa evolução é reintegrarmos-nos em Deus, servi-Lo e à Sua Criação como seres conscienciais virtuosíssimos, certo?

Comentários Complementares: Divindades de Deus e as Energias

As divindades são mistérios e não devemos entendê-las segundo o antropomorfismo, que as descreve à imagem dos homens.

Sim, as religiões antigas deram às divindades descrições muito "humanas" e quando falamos que elas são mistérios divinos, muitos tendem a imaginá-las "humanamente".

Quando falamos em mistério como sinônimo de divindade de Deus, estamos nos referindo à manifestação d'Ele nos seus mistérios divinos, tanto os criadores quanto os sustentadores da criação e dos seres.

Uma divindade transcende nosso conceito humano e é, em si, uma manifestação (um mistério) do Divino Criador, e que independe de nossa vontade para existir e atuar em toda a criação por meio de uma "frequência" só sua, pela qual flui seu poder realizador.

Uma divindade não atua só sobre nós, que vivemos no plano material. Ela atua em toda a criação, tanto no lado material quanto no espiritual, em suas muitas dimensões e planos da vida, que se espalham por todo o Universo, infinito em todos os sentidos.

O que muitos pensam ser uma Divindade-Mistério são só seres de natureza divina manifestadores dos mistérios.

O mistério da fé não tem feições porque é o que é: o mistério da fé do nosso Divino Criador, e é, em si, uma das manifestações d'Ele, o Senhor dos mistérios.

Mas muitos são os seres de naturezas divinas que manifestam esse mistério da fé do nosso Divino Criador.

Os mistérios do amor, do conhecimento, da justiça, da lei, da evolução e da geração não têm feições humanas ou outra qualquer, pois são em si mesmos manifestações do nosso Divino Criador. Mas muitos, muitíssimos mesmo, são os seres de natureza divina que manifestam esses mistérios.

Esses seres divinos, nós os denominamos divindades manifestadoras dos mistérios do nosso Divino Criador.

As hierarquias das divindades são muitas e tão numerosas que nunca saberemos o número de seres divinos agregados a cada uma delas, já que as encontramos desde o nível vibratório mais próximo da nossa vibração "terra" até os níveis mais elevados da criação.

Em todo nível, dimensão ou plano da vida elas estão presentes, ativas e atuantes, regendo tudo e todos, indistintamente.

Se for preciso a atuação de uma divindade regente de um dos níveis vibratórios próximos do nosso nível terra, ela atuará em nosso benefício. Mas, se for preciso a atuação de uma divindade cujo campo de ação abarca todo o planeta e suas muitas dimensões e planos da vida, com absoluta certeza ela também atuará.

Esperamos ter deixado claro nosso conceito de mistério e de divindade porque para elas não há limite de alcance, pois têm o "tamanho" da criação de Deus.

Divindades da Natureza

Divindade: qualidade de divino; natureza divina; Deus; coisa ou pessoa que se adora; deidade (do latim *divinitate*).

O conceito de divindade é amplo e se aplica tanto a Deus quanto aos seres que possuem uma natureza divina. Mas também podemos ampliar seu alcance para incluir os espíritos ascencionados que, trazendo de sua geração em Deus qualidades e capacidades herdadas d'Ele, conseguiram desenvolvê-las em si mesmos, tornando-as benéficas a muitos, fato que os qualifica como espíritos divinizados.

Então temos uma hierarquia de divindades:

1º) Deus
2º) Divindades naturais
3º) Seres de naturezas divinas
4º) Espíritos divinizados (Jesus, Buda, etc.)

Deus, como é universal, e os conceitos desenvolvidos em todos os tempos O colocam no início de tudo e no topo das hierarquias, é a fonte de tudo, inclusive das divindades, não exige comentário algum para explicar sua natureza divina. Ele é o que é: Deus!

Mas as divindades, para serem assim classificadas, devem estar em relação direta com Ele, estarem n'Ele e manifestarem-No o tempo todo em suas ações.

1- Relação direta com Deus,
2- Estar em Deus,
3- Manifestar Deus o tempo todo em suas ações. São predicados indispensáveis a uma divindade.

a) Como se dá a relação direta com Deus?
b) Como estar em Deus?
c) Como manifestá-Lo o tempo todo em suas ações?

Divindades da Natureza

Mostrados os predicados que fazem com que uma divindade seja o que é, surgem as interrogações.

Vamos respondê-las em comentários, mas para que se tornem afirmações de divindades temos de começar em Deus. Sigam nosso raciocínio:

Deus, Ser incriado, autogerado, e princípio gerador-criador em Si mesmo, gera em Si suas qualidades divinas.

As qualidades d'Ele são tantas que não nos é possível relacioná-las em uma lista porque ela se estenderia para tudo o que Ele gerou e criou, já que cada coisa ou cada ser foi gerado em uma qualidade específica d'Ele.

Nesse Universo infinito que nos rodeia, mal conhecemos o que existe em nosso planeta. Logo, ainda não é possível descrevermos o que, de fato, existe no resto do Universo.

Conhece-se os átomos que formam as substâncias aqui existentes. Mas será que em outros planetas não existem outras substâncias, formadas a partir da ligação de átomos ainda desconhecidos por nós?

Conhecemos os minerais e as rochas aqui existentes e já bem descritos pela ciência. Mas será que em outros planetas não existem outras espécies de minerais ou de rochas?

Nosso planeta é como é por causa das condições aqui existentes, que tornaram as ligações dos átomos em substâncias úteis às formas de vida que aqui se desenvolverem. Entretanto, será que em todo o Universo só existirão os tipos de substâncias aqui existentes?

Conhecemos os gases que aqui existem e que são formados a partir da ligação de átomos também já conhecidos. Será que em outras partes do Universo e nos demais planetas não existirão outros átomos que, ao se ligarem, criam substâncias gasosas ainda desconhecidas pela nossa ciência?

Estas e tantas outras perguntas, que aparentemente não têm ligação com as divindades de Deus, ficarão por enquanto sem respostas porque ainda não é possível ao homem viajar até outras partes do Universo e estudar no local todas as substâncias lá existentes, não é mesmo? Mas, quanto às divindades, algo nesse sentido é possível.

O fato é que existem tantas qualidades criadoras-geradoras em Deus quanto as muitas substâncias existentes neste Universo infinito, ainda que muitas delas sejam desconhecidas por nós. E há tantas divindades (seres de natureza divina) quanto forem as substâncias existentes.

Para cada substância há uma divindade ativa e operante, totalmente integrada em Deus e que é em si mesma essa capacidade e faculdade geradora d'Ele.

Se há uma substância que denominamos "água", há uma divindade de Deus associada à água, porque essa divindade é em si o poder gerador de Deus que gera em si as condições ideais para que uma imanência divina dê sustentação às ligações atômicas que formam a substância água.

Se há uma substância que denominamos gás hélio, há uma divindade de Deus associada ao hélio, porque essa divindade é em si o poder gerador de Deus que gera em Si as condições ideais para que uma imanência divina sua dê sustentação às ligações atômicas que formam a substância gás hélio.

Saindo das substâncias e avançando para os corpos celestes, onde elas se agrupam para formar estrelas ou planetas, dizemos isto:

Se há uma estrela (o Sol, por exemplo), há uma divindade de Deus associada a ela, que é em si o poder de Deus que gera em Si as condições ideais para que uma imanência divina dê sustentação ao agrupamento dos átomos que formam a estrela que chamamos de Sol.

Avançando mais um pouco, se há uma galáxia, há uma divindade de Deus que é associada a ela, porque essa divindade é em si o poder de Deus que gera em Si as condições ideais para que uma imanência divina dê sustentação à formação dessa galáxia.

Se há um universo, há uma divindade de Deus que é associada a ele, porque essa divindade é em si o poder de Deus que gera em Si as condições ideais para que uma imanência divina dê sustentação à formação desse universo.

Esses conceitos "panteístas" aqui utilizados dizem respeito a uma das classes de divindades de Deus que denominamos divindades da natureza.

Essas divindades tanto são indissociadas de Deus porque são em si o poder e a qualidade geradora d'Ele e que geram os meios (natureza terrestre, estelar, galáctica, universal) necessários para que a vida flua continuamente, como são em si imanências divinas sustentadoras de tudo o que Ele gera e cria em Si e que se tornam o que Ele gerou e criou.

Imanência = qualidade daquilo que é imanente.

Imanente = perdurável; permanente; privativo de um sujeito ou objeto; que existe sempre em um dado objeto (ser) e que é inseparável dele (do latim *immanente*)

Imane = muito grande; desmedido (do latim *immane*)

Imanidade = qualidade daquilo que é imane (do latim *immanitate*).

Se demos aqui os significados etimológicos de imanência é porque toda qualidade de Deus é imanente e possui em si o Seu poder gerador-criador, e o mesmo acontece com as divindades, todas imanentes.

Retomemos nosso comentário sobre as classes de divindades!

Chegamos a um ponto importante sobre as divindades e até podemos formar uma hierarquia divina, que se distribui pela grandeza ou campo de atuação:

Divindades Universais
Divindades Galácticas
Divindades Estelares
Divindades Planetárias
Divindades Dimensionais
Divindades Regentes de Níveis ou Faixas
Divindades Regentes de Domínios
Divindades Regentes de Reino da Natureza.

Nesta hierarquia existem divindades que atuam por meio de vibrações mentais e existem divindades que atuam por meio de irradiações energéticas.

As divindades "energéticas" são manifestadoras de poderes imanentes que fluem através dos "elementos da natureza".

Então encontramos divindades associadas ao fogo, à água, à terra, ao ar, aos vegetais, aos cristais, aos minerais, etc.

Todas elas estão para nós em estado potencial, sendo necessárias suas evocações religiosas ou suas ativações magísticas para que possam atuar em nosso benefício.

As divindades formadoras da natureza não atuam a partir de si mesmas em nosso benefício, porque a função delas é a de dar sustentação às formas de vida elementais (de elementos) existentes

nas outras realidades de Deus, separadas da nossa realidade espiritual por mecanismos divinos precisos e isoladores das muitas realidades que n'Ele coexistem em perfeita harmonia.

Há a necessidade desse isolamento porque os seres elementais seguem evoluções diferentes da nossa, a espiritual, ainda que sejam paralelas que se influenciam, ora intensamente e ora sutilmente.

Essas divindades da natureza assim são classificadas porque são identificadas com o elemento e a substância que predominam em sua formação. Elas são mentais divinos cujas irradiações estendem-se ao infinito e é impossível delimitar seu alcance.

Na verdade, cada uma dessas divindades é em si uma manifestadora de Deus, e forma em si uma realidade d'Ele, toda ela ocupada por tantos seres elementais que não é possível quantificá-los.

E, dentro dessas realidades habitadas por seres elementais, existem hierarquias ou "governos" ocupados por seres de natureza divina.

Esses seres de natureza divina são em si mistérios de Deus porque são imutáveis tanto visualmente quanto nas suas formas de atuarem mental e energeticamente sobre os seres elementais colocados sob suas regências divinas.

O ocultismo ocidental tradicional, fundamentado na classificação dos antigos filósofos gregos, divide os elementos da natureza em terra, água, ar e fogo. Estas são energias básicas ou primárias.

São de fato os elementos básicos formadores de tudo o que aqui existe, tal como a mistura das cores primárias cria novas cores, dando origem a um amplo espectro cromático.

Assim analogamente também acontece com as divindades da natureza, sendo que algumas são divindades puras, outras mistas, compostas ou complexas.

Divindades elementais puras: são aquelas cujas vibrações mentais e irradiações energéticas fluem em padrão único e só se fixam em elementos puros, tais como: o oxigênio, o hidrogênio, o hélio, o carbono, o ferro, o ouro, a prata, o manganês ou outros dos elementos químicos da tabela periódica.

Divindades elementais mistas: são aquelas cujas vibrações mentais e irradiações energéticas fluem através das moléculas formadas a partir das ligações atômicas, tais como: moléculas de água, de dióxido de carbono; de cloreto de sódio, de etileno, de carbonato de cálcio e muitas outras formadas a partir das ligações atômicas.

Há também as divindades puras dos quatro elementos básicos formadores da natureza:
- Divindades ígneas: associadas ao elemento fo go.
- Divindades eólicas: associadas ao elemento ar .
- Divindades aquáticas: associadas ao elemento água.
- Divindades telúricas: associadas ao elemento ter ra.

Além dessas divindades puras ou associadas aos quatro elementos básicos formadores da natureza, ainda temos divindades que são associadas à própria natureza planetária, tais como:
- Divindades associadas aos v egetais.
- Divindades associadas aos minerais.
- Divindades associadas aos cristais.
- Divindades associadas ao tempo e ao clima.

As Divindades Energéticas e as Mentais

Existem dois "tipos" de divindades no universo divino que regem tudo que Deus criou:
– As divindades energéticas ou elementais.
– As divindades religiosas ou conscienciais.

As divindades energéticas, como já havíamos comentado no capítulo anterior, atuam em todos os níveis da criação (desde o micro até o macrocósmico) como energizadores dos seres e dos "meios" onde eles vivem.

Temos tantas divindades energéticas ou naturais quantos forem os elementos formadores dos meios e das "espécies" de seres que neles vivem.

Assim, temos, resumidamente, estas classes de divindades:

Divindades Puras
– Divindades do Fogo (puras)
– Divindades do Ar (puras)
– Divindades da Terra (puras)
– Divindades da Água (puras)
– Divindades dos Vegetais (puras)
– Divindades dos Minerais (puras)
– Divindades dos Cristais (puras)

Divindades Mistas do Fogo

	(1º elemento)	(2º elemento)
– Divindades Mistas	Ígneo	Eólicas
– Divindades Mistas	Ígneo	Telúricas
– Divindades Mistas	Ígneo	Minerais

– Divindades Mistas   Ígneo   Cristalinas
– Divindades Mistas   Ígneo   Vegetais
– Divindades Mistas   Ígneo   Aquáticas

Divindades Mistas do Ar

	(1º elemento)	(2º elemento)
– Divindades Mistas	Eólicas	Aquáticas
– Divindades Mistas	Eólicas	Vegetais
– Divindades Mistas	Eólicas	Minerais
– Divindades Mistas	Eólicas	Cristalinas
– Divindades Mistas	Eólicas	Telúricas
– Divindades Mistas	Eólica	Ígneas

Divindades Mistas da Água

	(1º elemento)	(2º elemento)
– Divindades Mistas	Aquáticas	Telúricas
– Divindades Mistas	Aquáticas	Vegetais
– Divindades Mistas	Aquáticas	Cristalinas
– Divindades Mistas	Aquáticas	Minerais
– Divindades Mistas	Aquáticas	Eólicas
– Divindades Mistas	Aquáticas	Ígneas

Divindades Mistas Vegetais

	(1º elemento)	(2º elemento)
– Divindades Mistas	Vegetais	Aquáticas
– Divindades Mistas	Vegetais	Eólicas
– Divindades Mistas	Vegetais	Telúricas
– Divindades Mistas	Vegetais	Minerais
– Divindades Mistas	Vegetais	Cristalinas
– Divindades Mistas	Vegetais	Ígneas

Divindades Mistas Telúricas

	(1º elemento)	(2º elemento)
– Divindades Mistas	Telúricas	Aquáticas
– Divindades Mistas	Telúricas	Eólicas
– Divindades Mistas	Telúricas	Ígneas
– Divindades Mistas	Telúricas	Vegetais
– Divindades Mistas	Telúricas	Cristalinas
– Divindades Mistas	Telúricas	Minerais

Divindades Mistas Minerais

	(1º elemento)	(2º elemento)
– Divindades Mistas	Minerais	Cristalinas
– Divindades Mistas	Minerais	Ígneas
– Divindades Mistas	Minerais	Telúricas
– Divindades Mistas	Minerais	Vegetais
– Divindades Mistas	Minerais	Aquáticas
– Divindades Mistas	Minerais	Eólicas

Divindades Mistas Cristalinas

	(1º elemento)	(2º elemento)
– Divindades Mistas	Cristalinas	Eólicas
– Divindades Mistas	Cristalinas	Ígneas
– Divindades Mistas	Cristalinas	Aquáticas
– Divindades Mistas	Cristalinas	Telúricas
– Divindades Mistas	Cristalinas	Vegetais
– Divindades Mistas	Cristalinas	Minerais

Essas divindades mistas ou bielementais têm suas irradiações bipolarizadas e tanto irradiam um quanto outro elemento ou os dois ao mesmo tempo.

Em suas irradiações originais (primeiro elemento) elas são ativas e no segundo elemento são passivas, ou seja: elas conservam suas qualidades, atributos e funções originais, mas também assumem as qualidades, atributos e funções dos seus segundos elementos.

Essas atuações unicamente energéticas são realizadas por divindades da natureza e eles as realizam por vibrações "elementais".

Assim é com a divindade bielemental eólico-aquático, e com todos os outros Tronos bielementais que mantêm suas funções e as realizam no campo dos seus segundos elementos.

Só até aqui e em nível unicamente energético, o número de divindades naturais é grande. Então, imaginem se somarmos a essas divindades bielementais as trielementais, as tetraelementais, as pentaelementais, as hexaelementais, as heptaelementais, etc.

E cada uma dessas divindades energéticas possui sua hierarquia formada por seres de natureza divina!

Daí, deduz-se que o universo divino é gigantesco. Também o número de divindades (em si mesmas mistérios de Deus) e o número de seres divinos manifestadores dessas Divindades-Mistérios é enorme.

Os Tronos de Deus

Os Tronos de Deus são as divindades responsáveis pela evolução dos seres, aos quais regem religiosamente, sempre segundo as "feições" humanas que lhes têm sido dadas pelos sacerdotes das muitas religiões já semeadas na face da Terra.

Os Tronos transcendem nossas concepções humanas acerca deles porque são em si mistérios de Deus, sendo que cada um é uma das qualidades d'Ele e atuam em campos específicos da vida dos seres.

Uns são Tronos da Fé, outros são Tronos do Amor, outros são Tronos da Justiça, outros são Tronos da Lei, etc.

Então, temos as hierarquias dos Tronos de Deus, cada uma responsável por um aspecto da criação e por um sentido da vida.

Temos sete hierarquias religiosas muito bem definidas ou sete linhas de ação e reação.

Essas sete irradiações divinas correspondem ao Setenário Sagrado que rege nosso planeta e suas muitas dimensões da vida aqui existentes, todas elas habitadas por bilhões de seres naturais, não encarnantes, que seguem uma evolução vertical e que nunca são "adormecidos" e não têm interrupção na aprendizagem, como acontece conosco, os espíritos encarnantes.

Os muitos seres excepcionais que encarnam e fundam religiões aqui no plano material são espíritos que vieram diretamente das hierarquias divinas dos Tronos de Deus, que os enviam à dimensão humana para abrir novas religiões que mudam os nossos conceitos acerca d'Ele e tornam-se vias evolutivas para milhões de espíritos ainda paralisados pelas amarras terrenas, adquiridas quando viveram com intensidade as coisas do mundo material.

Alguns desses seres especiais precisam encarnar algumas vezes até que consigam tornar-se atratores naturais de espíritos. Já outros o conseguem em suas primeiras encarnações.

Mas tudo isso é desconhecido e muitos se acham grandes conhecedores de Deus e dos Seus mistérios e vão logo dando suas opiniões, criando seus dogmas e impondo a muitos suas doutrinas e suas concepções pessoais sobre Ele, arvorando-se em Seus intérpretes e Seus representantes únicos aqui no plano material.

Essa é uma vaidade vã e um negativismo bem característico de algumas religiões existentes na face da Terra.

Logo, discutir é perda de tempo e não leva a nada além de um desgaste desnecessário.

Deus é maior que tudo o que possamos imaginar e não é propriedade de ninguém e muito menos dessa ou daquela religião.

Nós não nos sentimos donos d'Ele ou de seus mistérios, mas sim nos reconhecemos como Seus filhos e beneficiários dos Seus mistérios. Por isso, e justamente por isso, temos facilidade em comentar Seus mistérios e Suas divindades e dar uma interpretação abrangente e universalista sobre elas e sobre Ele, nosso Di vino Criador.

Os Tronos de Deus

Deus é em Si o Todo!

Mas o todo é formado por muitas partes.

Cada parte é um aspecto da criação e Deus está em todas elas ao mesmo tempo porque é Onipresente. A onipresença de Deus é incontestada e todas as religiões organizadas a têm como dogma.

O Panteísmo tem sua origem nesse fato, verdadeiro, e fundamenta sua crença de que, se Deus é onipresente e está em tudo e em todos ao mesmo tempo, e porque Ele não tem uma forma, mas está em todas ao mesmo tempo, então pode-se cultuá-Lo por meio daquela com que melhor se afinizar.

Isso é verdadeiro, ainda que nunca devamos nos esquecer de que uma parte não é o todo e sim só uma de suas partes.

Um "deus" do fogo não é Deus, mas uma forma de cultuá-Lo por meio de uma de suas partes, que é o elemento Fogo.

Um "deus" da água não é Deus..., é uma de suas partes, que é o elemento Água.

Um "deus" da terra não é Deus..., é uma de suas partes, que é o elemento Terra.

Um "deus" do ar não é Deus..., é uma de suas partes, que é o elemento Ar.

Um "deus" dos minerais não é Deus..., é uma de suas partes, que é o elemento Mineral.

Um "deus" dos vegetais, não é Deus..., é uma de suas partes, que são os Vegetais.
Um "deus" dos cristais não é Deus..., mas é uma de suas partes, que são os Cristais.
Um "deus" do tempo não é Deus..., é uma de suas partes, que é o Tempo.
Um "deus" dos animais; dos répteis; das aves; das montanhas; dos mares; dos rios; dos lagos; das cachoeiras; dos cemitérios; da chuva; dos ventos; do sol; dos raios; etc., etc. e etc., não são Deus e sim algumas de suas muitas partes.
Deus, nosso Divino Criador, é em si tudo e todos e está em tudo e todos, assim como todos estão n'Ele.
Isso já não se discute mais nos dias atuais e todos concordam que Ele é o princípio de tudo, e todos provêm d'Ele.
Já não se questiona a Unidade e o Princípio, no entanto todos reconhecem que há uma miríade de seres divinos espalhados pela criação e que ou são os regentes de uma de suas partes ou são guardiões dos seus mistérios sagrados.
Ninguém duvida da existência dos Anjos, pois estão descritos na Bíblia, assim como os Tronos, os Arcanjos, os Serafins, etc.
Ninguém duvida da existência dos Devas porque estão descritos nos livros sagrados hinduístas.
Ninguém duvida da existência dos Orixás porque estão descritos nos livros sagrados e na tradição oral nigeriana.
E assim com todas as atuais religiões!
Mas muitos duvidam da existência das cosmogonias e teogonias antigas, tais como a egípcia; grega; babilônica ou caldeia; nórdica; caucasiana; mongólica; romana; cartaginesa; havaiana; polinésia; indígenas americanas (índios americanos e canadenses, astecas, maias, incas, índios tupis-guaranis), africanas em geral (muitas), etc.
Algumas religiões atuais atribuem a si o domínio da verdade e é pura perda de tempo argumentar que o tempo todo Deus tem amparado a todos por meio de suas muitas divindades, não importando para Ele como isso vem acontecendo no decorrer dos tempos e das muitas culturas e religiões já desaparecidas.
Muitos denominam as religiões e culturas antigas de atrasadas, arcaicas, pagãs, selvagens, primitivas, etc., e nomeiam-se evoluídos, salvos, eleitos, privilegiados, escolhidos, etc.
Tudo nesse campo, tão concreto e tão abstrato ao mesmo tempo, obedece aos que estão comandando a humanidade e não adianta discutir quem está certo ou errado. Mas devemos discutir o que nos

influencia realmente e quem conduz a nós e à nossa evolução a partir do lado invisível da criação e como podemos acessá-Lo e direcionar Seus poderes em nosso auxílio e benefício.

Os Tronos são seres divinos assentados nos muitos níveis vibratórios da criação e têm como funções divinas dar sustentação aos meios e amparar os seres nos seus muitos estágios evolutivos.

Existem Tronos para todas as funções divinas sustentadoras dos meios e dos seres.

Logo, os Tronos exercem funções e os nomeamos por elas.

O homem que constrói casa é um construtor.

Só que, para construir uma casa, seu construtor precisa ter uma equipe de profissionais especializados, tais como o pedreiro, o carpinteiro, o serralheiro, o eletricista, o encanador, o pintor, etc., e cada um deles tem seus auxiliares, especializados ou não.

Cada um desses profissionais contribui com sua parcela de trabalho para que uma casa esteja pronta para ser habitada.

Com os Tronos acontece a mesma coisa e o Trono Construtor dos meios destinados aos seres é uma emanação onisciente, onipotente e onipresente de Deus.

Um Trono é um poder. Logo, Trono e poder são sinônimos.

O Trono Construtor é uma manifestação de Deus e o temos como o responsável pela construção dos meios nos quais os seres vivem e evoluem continuamente.

Portanto, para cada grau evolutivo vencido pelo ser, um novo e mais complexo tem de estar pronto para acolhê-lo, ampará-lo e estimular suas faculdades mentais, senão ele não teria para onde ir após chegar ao fim de um ciclo evolucionista.

O Trono construtor, por ser onisciente, sabe do que o ser precisa para continuar evoluindo.

Por ser onipotente e todo poder, constrói um novo meio para os seres continuarem evoluindo.

Por ser um poder onipresente, basta ele querer para que um novo meio surja no vazio infinito e comece a acolher seres prontos para habitá-lo e, nele, prosseguirem evoluindo.

Seu pensamento cria o meio. E, assim que o meio é criado, sua hierarquia (ou equipe construtora) entra em ação e um faz surgir o solo; outro faz surgir nascentes, rios, lagos e oceanos; outro faz surgir os vegetais; outro "decora" o novo meio, fazendo surgir montes ou montanhas; outro faz surgir vales ou ravinas, etc.

E cada um desses seus auxiliares tem sua equipe ou hierarquia para auxiliá-lo na construção da sua parte no novo meio.

Como estamos falando de seres divinos, tudo acontece como em um "passe de mágica", fazendo surgir do "nada" e ao seu tempo tudo de que um meio precisa para acolher e abrigar os seres. Esse "passe de mágica" pode durar muito tempo!

E, quando o meio está pronto, o Trono Construtor deixa um auxiliar direto, também chamado de Trono Construtor, tomando conta do novo meio, como o chefe de um condomínio!

Então começa a ocupação do novo meio e vários outros Tronos, também oniscientes, onipotentes e onipresentes, entram em ação e enviam membros de suas hierarquias ao novo meio para zelarem, em todos os aspectos, pelos seres e suas novas evoluções.

Um cuidará das passagens de ligação do novo meio com os anteriores e com os que surgirem posteriormente. Este vem da hierarquia do Trono das Passagens.

Outro cuidará do ir e vir (da evolução) dos espíritos que o habitarão. Este vem da hierarquia do Trono dos Caminhos.

Outro cuidará do equilíbrio no relacionamento entre os seres. Este vem da hierarquia do Trono da Justiça.

Outro virá para cuidar do amparo religioso dos seres. Este vem da hierarquia do Trono da Fé.

Outro virá para pôr ordem e conter os impulsos dos mais exaltados. Este vem da hierarquia do Trono da Lei.

Outro virá para cuidar do bem-estar dos seres. Este vem da hierarquia do Trono da Vida.

Outro virá para cuidar dos enfermos. Este vem da hierarquia do Trono Medicinal.

E assim sucessivamente com todas as funções indispensáveis para que um novo meio abrigue os seres já aptos a ocupá-lo e nele prosseguirem em suas evoluções.

Se no novo meio houver animais, para cada espécie virá um Trono responsável por ela.

Sim, cada espécie tem sua divindade protetora!

Todas as espécies vegetais, ainda que englobadas pelo Trono dos Vegetais, têm suas divindades protetoras.

Assim, se há um Trono responsável pelos vegetais no seu todo, há um Trono responsável pelas raízes, outro pelos caules, outro pelas folhas, outro pelas flores, outro pelos frutos, outro pelas sementes e outro pela pigmentação ou cores dos vegetais.

Energia-fator

Como vimos até aqui, nos capítulos anteriores, os Tronos também geram a energia-fator porque têm entre suas funções divinas a de gerar e sustentar os meios, e a de amparar e auxiliar os seres em suas evoluções.

Suas irradiações processam-se por meio das ondas vibratórias geradas pelos seus magnetismos mentais que transportam e irradiam, o tempo todo, energia fatorada que realiza trabalhos específicos.

Os fatores são as menores partículas já identificadas no plano espiritual e cada um realiza sua função-trabalho assim que toca em algo ou em alguém e é absorvido.

Como os fatores são funções divinas na criação e realizam ações, nós os associamos aos verbos, pois estes indicam ações específicas, tais como ordenar, crescer, multiplicar, estacionar, girar, mover, etc.

Sabemos que esta é mais uma forma de nomear, comentar e explicar coisas invisíveis aos nossos olhos humanos.

Pouco a pouco foi surgindo todo um modo de entendermos Deus, associando-O às Suas funções em nossa vida.

Então vimos que Ele não descansou no "sétimo dia", mas atua sobre tudo e todos o tempo todo por meio de seus fatores-energia viva e divina.

Os fatores-energia são tão surpreendentes que, caso lhes dermos ordens mentais, eles nos obedecem e realizam o que foi determinado se nosso pedido for justo e estiver em acordo com suas funções na criação. Se ordenarmos a um fator específico que cresça até um tamanho que possa ser visualizado e desenhado, ele começa a crescer e a tornar-se visível à visão espiritual do seu observador.

Isso é algo que todo clarividente pode visualizar e desenhar, passando para o papel uma "estrutura fatoral".

Energia-fator

Os espíritos ligados aos nossos estudos e pesquisas têm desenhos de milhares de estruturas-fatorais e os estudam a partir delas, descobrindo possibilidades infinitas em cada um deles, revelando-nos que uma função atua em tudo e em todos.

No peso, o grama é sua unidade básica.
Na medida, o centímetro é sua unidade básica.
Na biologia, a célula é sua unidade básica.
Na química, o átomo é sua unidade básica.
Na energia etérea, o fator é sua unidade básica.

As ciências terrenas foram estabelecendo suas unidades básicas, que daí em diante possibilitaram uma expansão e um aprofundamento dos estudos e das pesquisas.

As ciências espirituais também estabeleceram suas unidades básicas.

Na energia, o fator é sua unidade básica e, diferentemente das unidades do plano material, ele é vivo e até obedece às nossas determinações ou ordens mentais.

E tanto isso é verdade que poderá ser comprovado e confirmado por todo clarividente que quiser participar desse campo de estudos e pesquisas.

A seguir, verão alguns fatores a partir da visão de alguns clarividentes que, instruídos por nós no mistério dos fatores, já vêm se servindo deles nos seus trabalhos de magia, beneficiando pessoas com os mais diversos problemas, tanto de ordem espiritual quanto material.

É claro que eles já conhecem a ação de muitos fatores quando ativados e colocados em ação para a realização de trabalhos específicos.

Visualizem agora alguns dos fatores desenhados por eles:

1) Desenho de um fator em uma Tela Plana

2) Desenho simplificado para uso magístico

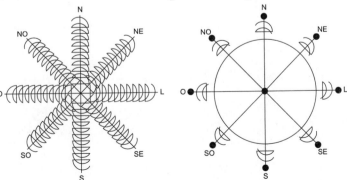

1) Desenho de um fator em uma Tela Plana

2) Desenho simplificado dele para uso magístico

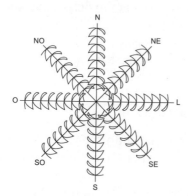
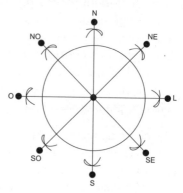

1) Desenho de um fator em uma Tela Plana

2) Desenho simplificado dele para uso magístico

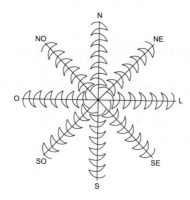
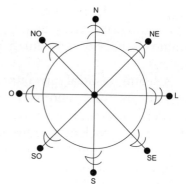

1) Desenho de um fator em uma Tela Plana

2) Desenho simplificado dele para uso magístico

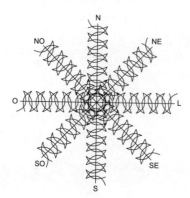
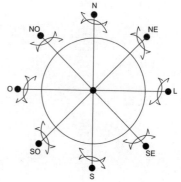

1) Desenho de um fator
em uma Tela Plana

2) Desenho simplificado
dele para uso magístico

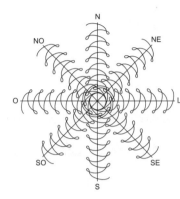
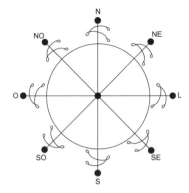

1) Desenho de um fator
em uma Tela Plana

2) Desenho simplificado
dele para uso magístico

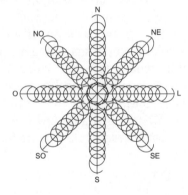
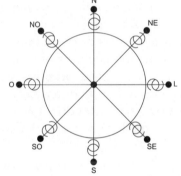

6
Comentário sobre a Hereditariedade Divina dos Seres

Sabemos que as características hereditárias de uma divindade são encontradas em todos os seres humanos, não importando sua cor, raça, religião ou cultura, e também a época em que viveram.

Sabemos também que um fator tem uma parte positiva e outra negativa, e que cada parte tem seu polo macho e seu polo fêmea.

Sabemos que uma onda fatoral divina é tão completa em si que rege todas as coisas originadas em sua qualidade; influi sobre a formação de tudo o que tem nela sua origem; alcança tudo e todos em todos os quadrantes do Universo ou da tela plana demonstradora do lugar ocupado por cada divindade; e está presente na vida de todos os seres.

Sabemos também que a parte positiva de um fator rege sobre a razão e que a parte negativa rege sobre os instintos. Que a parte positiva rege sobre os seres e a parte negativa rege sobre as criaturas, que normalmente chamamos de animais irracionais.

Sabemos que uma onda fatoral é uma "faculdade" criadora do Divino Criador, que gera nela os seres, as criaturas e as espécies que serão regidas por essa Sua ir radiação divina.

Em um animal, em uma folha, em uma raiz, num elemento, em uma substância, etc., nós encontraremos a qualidade que a onda traz em si. E, porque uma onda está em tudo o que Deus cria, então encontraremos sua presença em algum aspecto do que estudarmos.

Se o que estudarmos foi gerado na onda fatoral que dá origem à irradiação ordenadora da Lei Maior, aí nós encontraremos a qualidade dessa onda como a principal característica do objeto do nosso estudo. Já as qualidades das outras ondas, encontraremos como suas qualidades secundárias.

As alternâncias são tantas que é impossível sermos taxativos quanto à natureza de um ser, pois suas reações são previsíveis em um quadro geral, mas são imprevisíveis em um quadro individual, particular e pessoal.

Como exemplo, podemos citar o caso das formigas e das cobras, pois se no geral as formigas cortam as folhas dos vegetais para extraírem delas seus alimentos e as cobras se alimentam de algumas espécies de animais que puderem capturar e engolir, no entanto, cada espécie de formiga aprecia mais uma espécie vegetal e cada espécie de cobra aprecia mais uma espécie de animal, que captura com mais facilidade.

Algumas formigas apreciam folhas cítricas e outras apreciam folhas de leguminosas.

Certos vegetais têm mais cálcio, outros têm mais fósforo, outros têm mais potássio, e isso os torna mais atrativos para uma espécie de formigas, e menos para as outras espécies.

O mesmo se aplica às cobras em relação às suas presas preferidas.

Trazendo esse raciocínio para os seres, vemos tudo se repetir no comportamento humano, pois uma pessoa aprecia mais uma fruta e outra aprecia mais um outro tipo de fruta. Uma pessoa aprecia estudar uma matéria escolar e outra pessoa detesta essa matéria.

Esse raciocínio se aplica a todos os seres, a todas as criaturas e a todas as espécies, pois até entre os micro-organismos vemos isso acontecer. Nos vegetais o mesmo se repete, pois em um solo uns se desenvolvem bem e outros, não; em um clima uns dão muitos frutos e outros, nenhum.

Nas pessoas, vemos umas gostarem das coisas religiosas, outras de esportes, outras da literatura, outras da matemática, etc.

Nos comportamentos, vemos uns gostarem de roupas coloridas e outros gostarem de roupas sóbrias, etc.

No amor, vemos uns (umas) gostarem de pessoas alegres, extrovertidas, apaixonantes, e outros(as) gostarem de pessoas discretas, introvertidas e bem racionais, etc.

Pensando bem sobre o que aqui estamos comentando, concluímos que tudo isso está nas características que herdamos das divindades e distinguem nossa natureza individual, marcando-nose diferenciandonos de todas as outras pessoas que são nossos semelhantes, mas não são nossos iguais.

Essa androgenesia divina, que adquirimos nas ondas fatorais, está na nossa hereditariedade e é a base da astrologia, da numerologia, da cabala, do tarô, da quiromancia, da radiestesia, da magnetologia, da química, da física, etc., porque está na base da criação divina que gerou tudo o que existe, seja animado ou inanimado, e está na base ou origem dos elementos, das energias, das naturezas, do Universo e das divindades de Deus.

É certo que o meio altera alguns aspectos ou características de algo ou de alguém. Mas sua qualidade original e caráter básico, estes sempre aflorarão e se mostrarão ao bom observador.

A Hereditariedade Divina dos Seres

Deus cria e gera tudo, e tudo foi criado e gerado n'Ele, que está na origem de tudo o que existe, seja animado ou inanimado, material ou imaterial, concreto ou abstrato.

Deus tanto gerou o Universo quanto gerou os átomos e, também, os fatores que dão início às suas gerações.

Os fatores de Deus estão na origem de tudo e é a partir deles que a geração divina deve ser estudada e interpretada.

A natureza de Deus é composta pelos seus fatores, aos quais também denominamos de qualidades divinas que, se forem individualizadas, darão origem a naturezas distintas umas das outras e caracterizadoras daquilo que se origina neles, os fatores de Deus.

Com isso entendido, então dizemos:

– Deus gera em Si, e gera de Si.

– Na geração em Si, Ele Se repete e Se multiplica porque em Si Ele gera Suas qualidades divinas, fatoradas e naturalizadas como Suas partes divinas, partes estas que O formam e O tornam o que é: o Divino Criador de tudo e de todos!

– Na geração de Si, Ele Se irradia e vai dando origem a tudo o que existe e a todos os seres, criaturas e espécies, cada qual gerado em uma de Suas qualidades, que fatora Sua geração divina, mas cuja gênese se desdobrará no seu exterior, que é a Natureza ou Seu "corpo exterior".

Sim, o corpo exterior de Deus é o Universo e tudo que o compõe. Já Seu corpo interno é Sua faculdade criadora e geradora, que também está na Sua criação, nos seres, nas criaturas e nas espécies.

Comparemos o macro (Deus) com o micro (células).

No interior de uma célula, estão seu núcleo e seu DNA; já no seu citoplasma, está a própria célula como um todo, ainda que de forma microscópica. No DNA está o código genético do ser e nele, como um todo, estão os meios para sua multiplicação e sua repetição na sua célula-filha.

No tecido epitelial só são geradas células epiteliais. No tecido sanguíneo só são geradas células sanguíneas. No tecido muscular só são geradas células musculares.

Observemos que as gerações não acontecem de forma aleatória e em um tecido não acontecem desvios genéticos, pois no tecido epitelial não são geradas células sanguíneas, e vice-v ersa.

Com isso explicado, então temos, só para comparação, no núcleo celular o "interior" de Deus e no citoplasma temos seu "exterior", que só existe porque antes já existia um DNA que comandou sua geração, seu tamanho e forma.

Um espermatozoide e um óvulo são duas células, uma masculina e outra feminina, cuja fusão ou fecundação desencadeia todo um processo genético, cujo resultado final é um novo ser, todo formado. E, a partir daí, só multiplicará suas células para manter todos os órgãos e tecidos em perfeito funcionamento.

Um ser humano não é como uma célula, que gera outra "em si". Ele gera "de si", pois gera o espermatozoide que leva todo um código genético que multiplicará seu corpo carnal, mas não sua natureza individual. Logo, um homem não pode dizer que está por inteiro no seu filho porque este desenvolverá sua própria natureza.

Já seu espermatozoide, que é uma célula e gera em si, o repetirá em muitos aspectos e algumas de suas características ou traços fisionômicos serão detectados no seu filho, mas sujeitos a alterações porque ele também herdará traços fisionômicos da mãe. Logo, não herdará todos os traços de um ou de outro. E, às vezes, reproduzirá características fisionômicas de seus avós ou bisavós, também presentes na sua herança genética.

Somos espíritos e fomos gerados por Deus e fatorados em uma de suas qualidades, com as quais fomos imantados e as desenvolveremos no Seu exterior ou Sua natureza, que é o meio onde evoluímos continuamente.

Deus gera os seres de Si, fatora-os com uma de suas imanências ou qualidades, magnetiza-os e coloca-os em uma de suas ondas fatorais vivas ou irradiações divinas, onde evoluirão e se desenvolverão até que tenham plena consciência de si mesmos e possam desenvolver suas próprias qualidades divinas. Desde nossa geração as temos em nós, mas ainda adormecidas ou em estado potencial, só precisando que criemos em nós mesmos as condições ideais para que se desdobrem e aflorem por meio dos nossos sentidos.

Então Deus gera os seres em uma de Suas qualidades, que os distinguirá e os "naturalizará" durante suas evoluções.

Até aqui temos:
1. Deus gera em Si suas divindades, como Suas qualidades divinas.
2. Deus gera de Si os seres, as criaturas, as espécies, os elementos, as energias.
3. Deus gera seres ou sementes divinas, e os envia por meio de suas ondas fatorais vivas irradiadas de Si. Nelas os seres são imantados pelos fatores que os distinguirão e serão magnetizados pelas suas qualidades ou suas divindades, das quais herdarão algumas características e outras permanecerão adormecidas, só aflorando com a evolução.
4. Um ser, em sua centelha original, já traz uma herança genética herdada de Deus, imantada por um fator e magnetizado por uma divindade, cuja qualidade divina o ser manifestará em alguns aspectos, mostrando em qual qualidade foi magnetizado, qual a divindade que o sustentará e qual fator o distinguirá, pois está na sua imantação divina.

Com isto em mente, e porque Deus gera tudo em duas partes, uma positiva e outra negativa, uma macho e outra fêmea, uma irradiante e outra absorvente, uma passiva e outra ativa, então, até suas divindades foram geradas aos pares, formando ondas ou irradiações divinas puras, mas bipolarizadas.

Em um dos polos está uma divindade masculina e no outro está uma divindade feminina; uma é de magnetismo positivo e outra é de magnetismo negativo; uma é ativa e a outra, passiva.

E ambas o sustentarão e o guiarão em sua descida até o plano espiritual e o ampararão e o direcionarão em seu retorno ao Divino Criador, já como um espírito hiperconsciente.

Os Fatores de Deus e os Seres

À palavra "fator" atribui-se os seguintes significados:
O que determina ou faz alguma coisa.
Cada um dos termos da multiplicação.
Cada um dos elementos que concorrem para um resultado.
Causa germinal nos caracteres hereditários.

Os Ácidos Nucleicos

Os ácidos nucleicos são substâncias orgânicas bastante complexas que se apresentam nas células com duas importantes funções: coordenar a síntese de todas as proteínas celulares e transmitir informações genéticas de ascendentes a descendentes, em todas as categorias de seres vivos. As unidades estruturais de um ácido nucleico são as mesmas tanto em uma bactéria quanto em um mamífero. O que prova que o mecanismo da hereditariedade é igual em todos os sistemas viventes.

A Energia Divina

A energia divina é a mais sutil e refinada que existe, pois é energia viva, em estado puro e capaz de transmitir de si as qualidades (fatores) só encontradas em Deus, que a emana de Si e, a partir dela, dá início à Sua criação divina, a qual Ele sustenta e expande ao infinito, pois Sua energia viva vai se fundindo, desde seu estado puro ou virginal até seu estado composto ou material, sem nunca perder a qualidade original.

Na fusão da energia viva de Deus, ou da energia divina, está a origem de códigos genéticos específicos e que dão origem a naturezas distintas, que distinguem as divindades e suas filiações ou descendências.

A energia divina pode ser comparada aos ácidos nucleicos que dão origem ao DNA e ao RNA, pois ela dá origem aos fatores de Deus, os quais transmitem as características hereditárias dos seres gerados por Ele, mas fatorados por suas divindades, cada uma geradora natural de uma de Suas qualidade divinas, determinadoras da natureza íntima dos seres. Eis aqui a classificação dos seres:

Religiosos;
Criativos;
Ordenadores;
Conceptivos;
Judiciosos;
Expansores;
Transmutadores.

Se assim são os seres, é porque são qualificados fatorados e magnetizados nas suas origens pelo magnetismo das ondas vivas fatorais das divindades, que têm como atribuição divina a função de gerarem determinadas estruturas energéticas (as estrelas da vida) magnetizadas, que acolherão e abrigarão os seres gerados por Deus e emanados por Ele para o Seu plano fatoral ou seu exterior mais sutil e refinado que, em verdade, é um infinito útero gerador divino, em que os seres recém-emanados têm seu primeiro contato com o mundo exterior.

Ali, nesse útero divino, os seres são como centelhas vivas que pulsam, mas ainda são totalmente inconscientes da própria existência, tal como um feto no útero da mãe.

As divindades não geram seres, pois esse é um atributo exclusivo de Deus. Mas elas têm a função de gerarem estruturas energéticas vivas que (tal como o feto, destina-se a abrigar o espírito) abrigarão os seres emanados por Deus, e que terão nessas estruturas um campo magnético que os protegerá das energias vivas existentes nesse útero gerador divino.

Saibam que, assim que um espermatozoide penetra no interior de um óvulo, este torna-se impermeável aos outros, que logo se diluirão. E assim que ele penetra o óvulo e acontece a fusão, imediatamente é projetada uma onda viva divina que vai alcançar o mental do espírito, que mais adiante será encolhido ao tamanho do corpo e irá animá-lo com uma inteligência viva.

E o mesmo acontece no plano fatoral da criação, pois, assim que a parte masculina de um fator funde-se com sua parte feminina (ou com a parte feminina de um outro fator), imediatamente começa a se formar uma estrutura energética (uma estrela viva) que só então projeta uma onda vibratória viva que penetra no plano interno da criação e liga-se ao "mental" de um ser gerado por Deus e que ainda vive em Seu "interior".

A partir dessa ligação, feita por meio de uma onda viva, todo o processo tem início e tanto a estrela viva começa a desenvolver sua estrutura magnética e energética como o ser original, que ainda vive em Deus, começa a sofrer um adormecimento, até que, quando sua estrela viva da vida estiver formada e bem delineada, ele é puxado para dentro dela, ocupando-a totalmente e animando-a com sua inteligência e qualidade divina original, herdadas de Deus, Seu criador divino.

Assim, se o ser foi gerado por Deus na Sua qualidade da "Fé", ocupará uma estrela viva gerada pelo Trono masculino ou pelo Trono feminino da Fé e será distinguido em sua ancestralidade pelo Trono da Fé, que o magnetizará e o individualizará, dando-lhe todo o amparo necessário para que nada lhe falte enquanto estiver desenvolvendo-se no útero divino, que é o plano fatoral da vida.

E nele, o ser, ainda uma centelha pulsante, permanecerá até que tenha desenvolvido seu campo magnético mental que protegerá sua herança divina herdada de Deus, campo esse que foi magnetizado e formado por um dos seus Tronos fatorais.

Um casal, aqui na Terra, não gera o espírito que ocupará o corpo físico e o animará com sua inteligência, assim como os Tronos fatorais não geram seres, mas tão somente as estruturas energéticas que abrigarão os seres gerados e emanados por Deus.

Mas, assim como o pai e a mãe transmitirão suas características aos seus filhos, o mesmo fazem os Tronos fatorais, pois, ao magnetizá-los em suas estrelas vivas, os qualificam com suas características e os distinguem com suas naturezas divinas imantadoras dos seres, seus filhos, os quais herdarão deles suas qualidades, atributos e atribuições, assim como seus caracteres, naturezas íntimas e modos de ser e de portar-se.

Assim, surgem as filiações divinas ou hereditariedades dos Tronos de Deus.

Temos as filiações puras quando os seres são fatorados pelas duas partes de um mesmo fator.

Temos as filiações mistas quando os seres são fatorados pela parte masculina de um fator e pela feminina de outro fator.

Nas fatorações puras ou mistas sobressaem as naturezas dos Tronos predominantes, que deram a forma da estrela viva que abrigou o ser emanado por Deus e o magnetizou, distinguindo-o em "ser macho" ou "ser fêmea".

Se foi a parte masculina de um fator que predominou, surgirá uma estrutura energética (um código genético) masculina e quem magnetizará o novo ser, imantando-o com sua qualidade, será um Trono masculino. E vice-versa, se for a parte feminina de um fator.

Nós descreveremos os sete Tronos fatorais de Deus de uma forma indiferenciada, e assim temos:

Trono da Fé.................................. Fator Congregador
Trono do Amor............................. Fator Agregador
Trono do Conhecimento............... Fator Expansor
Trono da Justiça........................... Fator Equilibrador
Trono da Lei................................. Fator Ordenador
Trono da Evolução....................... Fator Transmutador
Trono da Geração......................... Fator Criacionista

Só que esses sete Tronos fatoradores e que dão origem a sete estruturas da inteligência, do pensamento e da vida, se estudados a fundo, mostram-nos que são complexos e são "formados" por Tronos fatorais geradores das partes masculinas e femininas de um fator puro.

As partes de um fator puro são: duas masculinas e duas femininas.

As partes masculinas, uma positiva e outra, negativa; uma é ativa e a outra é passiva; uma é irradiante e a outra é concentrada. E o mesmo acontece com as duas partes femininas.

Positivo: indicamos com o sinal (+)
Negativo: indicamos com o sinal (-)
Passivo: indicamos com o sinal (+)
Ativo: indicamos com o sinal (-)
Masculino: indicamos com o sinal (+)
Feminino: indicamos com o sinal (-)
Irradiante: indicamos com o sinal (+)
Concentrador: indicamos com o sinal (-)
Universal: indicamos com o sinal (+)
Cósmico: indicamos com o sinal (-)

O que importa ser entendido é que só Deus gera os seres, tanto os dotados de uma inteligência superior quanto os dotados de uma inteligência instintiva (as criaturas ou animais selvagens).

Até onde podemos revelar, dizemos isto:

As partes masculinas e femininas positivas destinam-se à fatoração dos seres superiores (espíritos).

As partes masculinas e femininas negativas destinam-se aos seres inferiores (as criaturas ou animais dotados só de instintos).

Os animais são dotados dos instintos de sobrevivência, de defesa, de multiplicação das suas espécies, de convivência dentro da mesma espécie, etc. Mas são totalmente dependentes da natureza e só sobrevivem em nichos, climas e regiões específicas.

Já as espécies superiores ou os "espíritos" são dotados de discernimento e adaptabilidade, sobrevivendo mesmo nos meios naturais mais adversos possíveis. Além disso, possuem todos os instintos das espécies inferiores.

Com isso explicado, então, podemos resumir assim as funções dos fatores divinos:

"Os fatores divinos são estruturas que determinam as formas, as naturezas, as qualidades e as características de tudo o que Deus criou, sejam os seres vivos ou os meios onde vivem."

Os fatores determinam tudo e, se estudarmos uma pessoa, uma planta, um animal, uma pedra gemológica, um fruto, uma semente, etc., encontraremos qual ou quais fatores participaram de sua genética.

A partir do momento em que temos seus modelos e sabemos como identificá-los, podemos descobrir de qual Trono uma pessoa "descende", a qual deles pertence determinada erva ou pedra, etc.

Sim, porque tudo no nosso planeta, em suas muitas dimensões, é regido a partir de sete estruturas básicas fatorais.

Nós temos sete estruturas de formação ou sete códigos genéticos divinos que determinam a forma e a natureza de tudo o que existe. E possíveis variantes são só a fusão de fatores diferentes, mas sempre possíveis de ser identificados.

Estas são as sete estruturas fatorais:

Cristalina ou congregadora;
Mineral ou agregadora;
Vegetal ou expansora;
Ígnea ou equilibradora;

Eólica ou ordenadora;
Telúrica ou evolutiva;
Aquática ou geradora.

Essas sete estruturas fatoriais estão na base da própria formação do nosso planeta, assim como estão na dos sete sentidos dos seres, que são:

Sentido da fé ou da religiosidade;
Sentido do amor ou da concepção;
Sentido do conhecimento ou do raciocínio;
Sentido da justiça ou da razão;
Sentido da lei ou da moral;
Sentido da evolução ou do saber;
Sentido da geração ou da criatividade.

Essas sete estruturas de formação, se aplicadas às sociedades, são encontradas nas estruturas religiosas, judiciárias, militares, universitárias, artísticas, etc. Basta conhecê-las e saber identificá-las.

As sete estruturas ou sete códigos genéticos divinos formadores de tudo o que aqui existe não são complicadas, mas tão somente complexas. Portanto, é preciso desenvolver a percepção para identificá-las nos seus aspectos principais, visíveis nas suas formas básicas ou modelos identificadores de suas características fundamentais.

Assimilando esses modelos identificadores, tudo começa a ser visível, identificável e associado pelo processo analógico ou pela própria simbologia, pois todos os modelos são "estrelas da vida" ou estruturas de crescimentos.

As Funções de um Fator e sua Forma

Amigos leitores, vocês já viram que um fator tem sua função e é uma forma ou estrutura energética que é, em si, um símbolo complexo.

As formas geométricas que vocês viram em um capítulo anterior estão ampliadas porque, na verdade, são invisíveis nos seus estados naturais.

Apenas, por serem vivos e dotados de uma "inteligência", expandiram-se diante da visão dos clarividentes para que pudessem ser desenhados.

Pois bem, os fatores têm funções puras e só eles fazem o que fazem.

Um fator "multiplicador", só ele multiplica.
Um fator "divisor", só ele divide.
Um fator "adicionador", só ele adiciona.
Um fator "subtrator", só ele subtrai.

Observem que recorremos às quatro operações básicas da aritmética para exemplificar ações fatoriais.

Então, se só o fator multiplicador multiplica, no entanto, multiplicar é genérico e tanto pode multiplicar pães quanto peixes.

Só que pães não são peixes e vice-versa!

Portanto, para multiplicar pães ele, a partir de sua forma original, desenvolve de si mesmo nova forma para que só multiplique pães.

E, para multiplicar peixes, a partir de sua forma original, ele desenvolve de si mesmo uma nova forma para realizar essa ação multiplicadora.

Nesses dois exemplos, o fator é o mesmo, mas, como os propósitos (pães e peixes) são diferentes, sua estrutura original transmuta-se para duas novas formas geométricas que conservam algumas semelhanças com a forma original.

O homem, para multiplicar pães, precisa de farinha de trigo, fermento, sal ou açúcar, água, etc., e de um for no.

Para multiplicar peixes, o homem precisa de algumas matrizes, de um tanque ou lago, de alguns nutrientes específicos, etc.

Para cada ação também tem de haver uma pessoa especializada no seu campo de trabalho, senão serão postos a perder os pães e os peixes.

No caso do nosso fator em questão, ele tem sua especialização original, que é multiplicar. E ele traz em si uma capacidade intrínseca de transmutar-se para poder multiplicar-se segundo a ação ou o trabalho que tem de realizar.

Só há um fator multiplicador original e ele é capaz de multiplicar tudo, desde que entendam que, para ações diferentes, se mostrará com uma forma também diferente da que possui como fator multiplicador original.

Se ele multiplica tudo e cada coisa faz com que ele assuma uma forma específica, então o fator multiplicador possui tantas formas que é impossível quantificá-las.

Mas Deus, em Sua infinita sabedoria, pensou em tudo e, no caso do fator multiplicador, gerou de Si uma divindade original geradora do fator multiplicador.

Essa Divindade de Deus é indissociada d'Ele e a classificamos como Sua qualidade ou Seu mistério multiplicador.

A essa qualidade ou mistério multiplicador de Deus damos o nome de Trono Multiplicador.

O fator multiplicador está na base da criação e está em todos os lugares, não existindo um milionésimo quadrado de centímetro que não tenha milhões de fatores multiplicadores em sua área.

Lembrem-se de que um milionésimo quadrado de centímetro ainda é uma área "mensurável", enquanto um fator é imensurável porque é a menor partícula da criação e tudo começa a existir a partir dele.

Há uma base "fechada" de fatores multiplicadores que estão em todos os lugares e na origem de tudo e de todos, dando-lhes as condições necessárias para que possam multiplicar-se ou serem multiplicadores de outros fatores.

Eis aí uma explicação simplificada da qualidade multiplicadora de Deus.

Deus multiplica-se no seu Trono Multiplicador, individualiza-Se nessa Sua qualidade multiplicadora e gera de Si uma de Suas divindades: o Trono Multiplicador!

O Trono Original Multiplicador é Deus em Si como qualidade original multiplicadora e é um poder manifestado e assentado na base de Sua Criação (tudo e todos).

O Trono Multiplicador é Deus manifestado, está na base da criação e está em tudo e em todos.

Portanto, o Trono Multiplicador é uma divindade de Deus e é, em si, essa qualidade multiplicadora d'Ele!

Esse Trono não é um ser em si, mas um poder: o poder multiplicador.

Logo, é em si uma Divindade-Mistério de Deus, pois tem na criação a função de gerar de si o tempo todo e por toda a eternidade essa sua qualidade-função, que é o fator multiplicador.

O Trono Multiplicador é Deus em ação, multiplicando continuamente tudo e todos.

Logo, ele é uma ação; é um fator divino; é um Verbo Divino.

O Trono Multiplicador é em si um mistério divino e é o Verbo de Deus realizando sua função na criação: multiplicar!

A partir dessa explicação, a "Palavra de Deus" assume uma fundamentação divina, deixa de ser um recurso semântico de proselitistas religiosos e torna-se um "Verbo Criador".

O que não está escrito no Livro Sagrado está "inscrito" em tudo e em todos, pois trazemos essa qualidade ou fator multiplicador em nós e somos capazes de nos multiplicarmos nos nossos descendentes.

Uma planta também traz em si esse fator.

Uma rocha também traz em si esse fator, pois a partir de uma "célula" ou um pedaço minúsculo dela é possível multiplicá-la. Que digam como é os fabricantes de pedras preciosas artificiais!

Logo, um Trono de Deus é um poder assentado na base da criação, está em todos os lugares, em tudo e em todos.

Só é Divindade de Deus quem preenche esses requisitos básicos, pois geram de si e são os geradores do "fator-energia" que os distingue como tal: uma Divindade!

E, muito importante: realiza sua função o tempo todo e está em tudo e em todos.

Só assim "alguém" pode ser classificado como "Divindade de Deus".

O Trono Multiplicador é a Divindade de Deus, multiplicador de tudo e de todos porque é em si a base multiplicadora da criação.

O fator multiplicador original tem sua forma específica, que é esta:

Agora, se essa é a forma original do fator multiplicador, no entanto, para multiplicar os pães (o trigo), ele assume uma nova estrutura e ela é parecidíssima com uma espiga de grãos de trigo.

Para multiplicar os peixes, assume uma forma parecida com uma espinha de peixe.

Reparem como há uma semelhança entre uma espiga de grãos de trigo e uma espinha de peixe.

Esse fator-energia "assume" uma forma diferente em cada "coisa" que multiplica.

No corpo humano, ele pode ser visualizado em nossas costelas. Talvez seja por isso que os autores da Bíblia escreveram que Deus criou a mulher a partir de uma "costela" do homem.

Poderemos visualizar sua presença em muitas coisas, mesmo que não em todas, porque nem sempre estão visíveis aos nossos olhos humanos.

Mas que o fator multiplicador está em tudo e em todos, disso não tenham dúvida.

O Deus do mar "Netuno" é uma personificação ou "humanização" dessa Divindade-Mistério de Deus.

Seu símbolo sagrado (um tridente) é parte do fator multiplicador, e não um símbolo "infernal" como o descreveram os cristãos de então que, não satisfeitos com a tomada do poder religioso, ainda demonizaram os ícones religiosos dos povos que conquistaram à custa de armas ou de uma suposta posse de Deus.

A bem da verdade, muitos ainda desconhecem o real significado do "Verbo Divino" ou da "Palavra de Deus" (os verbos realizadores de ações).

Saibam que a forma original do fator multiplicador nos mostra linhas ascendentes e descendentes.

As linhas ascendentes apontam para o alto, para a luz, para a vida, amparando sua multiplicação.

As linhas descendentes apontam para baixo, para as trevas, para a morte, suprimindo, recolhendo e punindo todos os que atentarem contra a vida.

O alto e o embaixo, trazidos para o meio, ficam à direita e à esquerda.

Portanto, quando um "espírito da esquerda" iniciado no mistério multiplicador estiver segurando sua "arma simbólica" (de símbolo ou fator) com a mão direita, estará sustentando a multiplicação do bem no seu campo de ação e atuação.

E, quando estiver segurando-a com a mão esquerda, estará punindo quem atentar contra a multiplicação natural das coisas.

Tudo é muito simples quando se conhece a simbologia e a função de um fator na criação.

Estavam certos os gregos antigos quando iam à beira-mar para oferendarem o deus dos mares, Poseidon, com seu tridente.

Estavam e estão errados os seguidores de religiões que atribuíram e ainda atribuem ao "tridente" uma função maligna.

Só deve temer sua ação punidora quem atenta contra a multiplicação natural das coisas.

Tridentes supressores para retirarem deles suas capacidades negativas de atribuírem aos outros o desequilíbrio que trazem em si, ora!

Muitos que escreveram sobre os símbolos jamais souberam que o fator multiplicador tem essa forma original e que assume outras parecidas quando está multiplicando as coisas criadas por Deus.

O fator original multiplicador, em sua forma mostrada aqui, tem por função multiplicar tudo e todos. Mas, ao multiplicar os pães, fica parecido com uma espiga de trigo e ao multiplicar os peixes fica parecido a uma espinha.

Mas, e ao multiplicar o amor?

Como é sua forma?

É esta:

Seus Signos:

Que são diferentes dos signos multiplicadores originais, que são estes:

Signo Multiplicador Geral ou Original

Signo Anulador das Multiplicações Nocivas à Criação

Signo Multiplicador do Amor (da Gestação Natural)

Signo Anulador das Multiplicações Nocivas ao Amor (à Gestação Natural)

Teologicamente e simbolicamente estão justificados a existência e o uso do famoso e temido "tridente".

Divindades de Deus, Seres Divinos, Seres Naturais e Seres Espirituais

No capítulo anterior comentamos o que classificamos como uma divindade de Deus, seu fator, sua forma, seu símbolo de poder, sua forma original e geral e sua forma quando atuando como fator multiplicador do amor.

Justificamos por que o Trono Multiplicador é uma Divindade de Deus e comentamos que o temido (por quem?) deus dos mares, Poseidon, é uma "personificação ou humanização" sua para que possa ser cultuado religiosamente como um multiplicador da vida.

Oferendavam-no para que tivessem uma boa viagem ou uma farta pesca, etc.

Logo, pediam amparo para ter sucesso em suas ações sustentadoras da vida, não?

Mas seu símbolo de poder (o tridente) não foi exclusividade dos gregos antigos porque o vemos em quase todas as religiões mais antigas e em algumas das novas. Até onde conseguimos pesquisar, não encontramos comentários sobre o poder multiplicador desse símbolo e sim vimos sua ostentação dissociada de suas funções e sua associação a algo temível.

Mas isso se deve à ação dos seres responsáveis pela sustentação da multiplicação das espécies e pela punição dos que atentam contra a vida.

Foi a partir do uso para punir os responsáveis por crimes terríveis que o tridente se tornou temido e associado a seres implacáveis no exercício de suas funções mantenedoras da vida e punidoras dos que atentam contra ela.

Para que entendam os símbolos sagrados e as ações dos seus usuários é preciso nos alongarmos em nossos comentários e adentrarmos na genealogia divina e na espiritual.

Começaremos dizendo o seguinte:

A.

Deus é em Si o gerador de tudo e de todos.

Ele gera em Si seus mistérios e os manifesta a partir de Si, criando as bases do mundo exterior ou manifestado (seu lado visível).

Seu lado invisível (aos nossos olhos) é Ele em Si.

Seu lado visível é Sua manifestação.

Tudo provém do lado invisível e tudo só se mostra no lado visível.

B.

Deus, ao manifestar um mistério, torna-o uma de Suas funções originais mantenedoras da criação.

Cada função se torna uma base e as identificamos pelo seu nome.

Esses nomes são verbos, que são sinônimos de ações.

Cada ação original, por ser uma base sustentadora da criação, tem uma regência divina estável e permanente; imutável e eterna; onipotente, onisciente, oniquerente e onipresente dentro dela, pois essa base é Deus manifestado criando as condições necessárias para que a vida floresça e flua em todo o seu esplendor no seu lado visível.

Essas manifestações ou bases são regidas por mentais divinos ligados diretamente a Ele e são Seus mistérios.

A esses mistérios damos o nome de Tronos, pois Trono é o poder manifestado e assentado em uma faixa vibratória específica.

Os Tronos são os regentes dos mistérios originais de Deus.

Todo mistério original tem seu Trono regente. Logo, há tantos Tronos quantos são os mistérios originais.

Cada Trono original, por ser um mental divino e por ser uma base sustentadora do lado visível da criação, também tem o "tamanho" dela e por meio de suas vibrações mentais interage com tudo e com todos ao mesmo tempo.

Cada Trono tem sua faixa de atuação e atua mediante suas ondas vibratórias mentais, estando ligado a tudo e a todos o tempo todo.

Cada uma dessas bases é em si uma dimensão ou realidade de Deus.

Deus tem para cada uma dessas Suas bases, dimensões ou realidades um berçário original do qual Se serve para acomodar seres originais, ainda inconscientes sobre si, mas já individualizados, aos quais denominamos como consciências em evolução.

Esses berçários são como úteros e são chamados de Matrizes Geradoras ou Mães da Vida.

Continuamente, Deus envia para dentro dessas matrizes geradoras fluxos de consciências adormecidas que permanecem dentro delas por determinado período, em um processo de maturação.

Quando um fluxo divino maturou, sua Matriz gestadora abre-se e começa a expelir pequenos "ovos" formados por uma energia gelatinosa.

Dentro desses ovos estão as consciências adormecidas que pouco a pouco vão se expandindo e tornando-se semitransparentes e luminosas.

Se alguém quiser saber como é o início da vida no lado visível e espiritual da criação, aí tem uma descrição sintetizada.

E, como o ser original foi gestado e maturado dentro da Matriz Gestadora de toda uma realidade, que é um mistério de Deus em si, então esse ser original também foi imantado pelo mistério que o acolheu e, no futuro, quando alcançar uma conscientização plena sobre si, manifestará como um dom pessoal algumas das qualidades ou funções do seu mistério gestador, amparador e sustentador "por dentro" de sua evolução, pois jamais o ser em questão deixará de receber essa influência.

Logo, como tudo e todos ainda em estado original estão dentro de uma realidade que é em si uma base da criação e foram gestados nela, então tudo e todos, cada coisa e cada ser, estão ligados a um Trono Original.

Como um Trono tem sua função original, no caso a de multiplicar, todos os seres originais gestados na sua matriz terão essa função (a de multiplicar). Mas multiplicar o quê?

Aí entra a diversidade, pois uma função original (multiplicadora) tem de multiplicar tudo e todos.

Logo uns desses seres originais multiplicadores terão como dom ou mistério original o de multiplicar o amor, outros multiplicarão a fé, outros multiplicarão o conhecimento, etc.

As radiações mentais desses seres sairão em ondas análogas às do seu Trono gestador mais a de sua função.
No nosso exemplo, as radiações mentais dos seres multiplicadores do amor serão iguais às do símbolo multiplicador do amor que mostramos graficamente no capítulo anterior
Será essa radiação mental que, no futuro, qualificará um ser multiplicador porque seu símbolo mental é imutável e eterno, é vivo e está ligado verticalmente ao seu Trono sustentador e amparador, assim como estará ligado à sua matriz gestadora.
E, mesmo que em sua evolução o ser venha a receber novas influências de outros mistérios, estes não alterarão o símbolo original, mas acrescentarão a ele novas funções, abrindo novos campos de atuação para que possa evoluir continuamente.
Com a evolução e a abertura da consciência, o ser outrora original vai assumindo uma "feição" ou individualização própria, mas sempre conservará em seu íntimo sua originalidade ou origem e nunca deixará de ser um multiplicador, onde quer que venha a estar.

C.

As Matrizes Gestadoras de seres espirituais, já descrevemos. Agora, há as matrizes gestadoras de seres de natureza divina que, ao contrário dos seres espirituais, não são enviados em fluxos para dentro delas por Deus e sim são gerados por Ele e em Si dentro delas e são expelidos aos pares (macho e fêmea) assim que todo um fluxo é maturado e expelido.
Esses pares de seres divinos saem como dois jatos de energia que vão se plasmando em suas formas divinas. E, em poucos segundos, já estão completos, trazem em si a onisciência, a onipotência e a onipresença, mas sua ação será limitada a todos os seres-consciências adormecidos pelos quais zelarão daí em diante, porque serão a presença viva de Deus em suas vidas.
Esses pares de seres divinos guardam uma correspondência direta e divina com Deus, com Suas bases sustentadoras e com Suas matrizes geradoras.
Eles são indissociados de Deus, das Suas bases e das Suas matrizes.
Eles são, em si, Deus manifestado por individualização.
Deus não é macho ou fêmea. Ele é ambos em Si mesmo.

Já os seres divinos são Deus manifestado em formas masculina e feminina.

Nesse ponto entra a ação do Fator Divisor, pois sua função, mesmo em Deus, é dividir as coisas segundo suas naturezas e funções na criação, nos meios e na vida dos seres.

Nas bases ou realidades originais surgem os seres divinos, que são os responsáveis diretos pelo amparo "exterior" dos seres.

A sustentação e o amparo interior do ser é dado por Deus, seu Trono original, e pela sua Matriz Gestadora.

A sustentação e o amparo exterior é dado por esse par de seres divinos.

Como um fluxo de seres-consciências é formado por bilhões de seres, nós os denominamos de "ondas vivas".

Cada espécie de seres se multiplica por ondas vivas e em números astronômicos, pois são bilhões (ou mais) de cada vez.

E, dentro de um único fluxo, vêm consciências-seres com funções individuais ou pessoais.

Não sabemos ao certo quantas funções Deus exerce ao mesmo tempo. Apenas sabemos que Ele e xerce todas.

Logo, em um único fluxo vêm individualizadas todas elas. Cada uma em um ser, membro de uma única onda viva.

E, mesmo que todos tenham o mesmo símbolo original dentro do seu mental, ainda assim haverá um detalhe que distinguirá um de todos seus outros irmãos de onda viva.

Um símbolo é um código e, porque há um original e divino, ele estará nos seres espirituais com alguma nuança que distinguirá um dos demais.

A esse símbolo damos o nome de Código Genético Divino, pois é formado por uma cadeia de fatores divinos, tal como acontece com o código genético ou genoma humano, do qual não há dois iguais.

Os geneticistas desenharam o genoma humano com duas fitas helicoidais ligadas entre si em pontos específicos.

O genoma divino de uma mesma espécie de seres é o mesmo para todos, mas a distribuição dos fatores obedece à individualização do ser, tal como fazem os genes no genoma humano.

Denominamos os códigos divinos de "símbolos sagrados" e, se em um ser torna-o multiplicador, quando esse símbolo for riscado e ativado magisticamente, então terá a função de multiplicar.

O Verbo Divino

Deus nos fala de várias maneiras!
Ora está nos falando e ensinando por meio dos sentimentos nobres e virtuosos, ora está nos ensinando mediante as belíssimas formas encontradas em abundância na natureza terrestre.
Também nos fala por intermédio das estrelas e dos demais corpos celestes que "circulam" no Universo.
Fala-nos por meio dos elementos e dos seres que deles se servem.
Fala-nos mediante os sons e as cores!
Enfim, Deus está falando conosco o tempo todo por meio de sua criação. Mas, se é assim, no entanto há uma forma de ouvi-Lo e compreendê-Lo que é insuperável: é através do Verbo Divino ou do Seu pensamento criador, no qual tudo o que Ele pensa começa a existir.
Faça-se a luz! E a luz se fez e daí em diante começou a iluminar tudo e todos que, na escuridão da Sua ausência, seriam invisíveis.
Crie-se a água! E a água começou a existir.
Crie-se a terra! E a terra começou a existir.
E assim por diante com tudo o que Ele criou e que conhecemos como Sua criação.
A matéria, como todos sabem, só existe porque os átomos se ligam e criam moléculas, que se aglutinam e criam as substâncias, que chamamos de matéria.
Terra é matéria, em estado sólido.
Água é matéria, em estado líquido.
Ar é matéria, em estado gasoso.
Fogo é matéria, em estado energético.

Também sabemos que os átomos são formados por prótons, nêutrons e elétrons, que por sua vez são formados por partículas subatômicas.

E estas são formadas por partículas ainda menores, que são compostas por outras ainda menores, fato esse que tem levado pessoas com um saber e inteligência privilegiados a dedicarem suas vidas ao estudo e a pesquisas no inesgotável campo da Física e da Química.

Assim como existe uma ciência dos átomos e suas ligações que formam a matéria, também existe um conhecimento ou uma ciência dos símbolos sagrados.

Escrita Mágica Divina

Como já comentamos, os símbolos são códigos genéticos divinos e formados por fatores de Deus.

Só que nós só podemos desenhar um símbolo sagrado em uma tela plana tridimensional. Mas eles se mostram no astral como uma forma completa em si mesma e não uma figura "chapada". Ele é multidimensional.

Na verdade, de qualquer posição que olhemos para eles, vemos a mesma forma.

É como se, a cada grau que nos deslocamos à sua volta, víssemos a mesma coisa.

O importante é que saibam que todo símbolo surge de uma onda vibratória e que ela é sua alimentadora. E que, do símbolo, saem novas ondas iguais, mas seguindo em novas direções, e que cada uma delas irá multiplicar-se, formando uma cadeia infinita.

Essas cadeias ou telas universais já existem e realizam continuamente suas funções na criação.

Para entendermos a base da "escrita mágica sagrada" temos de isolar de uma cadeia ou tela vibratória um pedaço da sua onda formadora e, a partir dela, retirar seus signos, pois um mesmo, mas em posição diferente, estará realizando sua função original em outro campo.

Um mesmo signo, mas em posição diferente, realiza um trabalho diferente. Essas "nuanças" dentro da escrita mágica são importantíssimas e não observá-las implica em generalizar o que é específico.

Temos primeiro que saber a função original de um fator e a posição em que ele a realiza, para só então estudar todos os outros trabalhos que essa função realiza.

Tomemos como exemplo o fator procriador, cuja função na criação é procriar.

A função de criar ou criadora é exclusiva de Deus.

Ele manifestou a função de procriar por meio do seu Trono Procriador, que é em si esse Seu poder divino exteriorizado na criação e que tem por função dar sustentação à procriação, em seu sentido amplo, geral e irrestrito, pois todas as espécies criadas por Deus "procriam-se".

Então há um poder procriador manifestado e que tem por função regular as procriações, estabelecidas para cada espécie, sua forma e o tempo necessário para procriar.

Um grão de feijão, após ser semeado no solo fértil, levará sempre um mesmo período de tempo para se multiplicar em novos grãos de feijão.

Um grão de milho tem seu tempo.

Um grão de arroz tem seu tempo.

E assim sucessivamente com todos os grãos.

O mesmo acontece com os mamíferos, com os répteis, com os insetos, etc. A função do Trono da Procriação é controlar o tempo de procriação de cada espécie criada por Deus.

Esse Trono realiza sua função reguladora das procriações por meio de uma onda vibratória original, que transporta e irradia o fator procriador.

Se a função dessa onda e do fator procriador é dar às espécies a capacidade de procriarem, no entanto, para cada uma ela assume uma forma específica e só dela, ainda que guarde uma semelhança com a original. O fator procriador é sempre o mesmo, mas, dependendo da posição e do modelo das ondas vibratórias que o transportam, o tempo de procriação é estabelecido e permanece inalterado.

Como cada espécie tem seu tempo para procriar e é algo ou uma forma de vida em si, então o fator procriador original fez surgir telas vibratórias universais sustentadoras de cada uma delas, todas ligadas à tela original ou "tela vibratória mãe".

A quantidade de telas vibratórias universais procriadoras é tão grande que é impossível quantificá-las com precisão, porque nós não sabemos quantas espécies existem na criação de Deus.

Mas, para facilitar um pouco a ordenação desse mistério, chegamos a alguns modelos padrões por intermédio dos elementos formadores dos meios em que os seres vivem e evoluem.

Fogo, Água, Terra e Ar são elementos básicos e foi possível isolar suas telas vibratórias.

Então, primeiro mostraremos uma parte da tela vibratória procriacionista original:

Aí estão as variações das telas, das ondas, dos símbolos e dos signos procriacionistas elementais, que são variações do original.

Em cada tela a onda original se mostra com uma forma específica, ainda que todas guardem semelhança com a original.

Observem as ondas verticais:

Observem as ondas oblíquas:

Observem os símbolos:

Observem os signos duplos:

Observem os signos simples:

De cada uma dessas oito telas vibratórias saem muitos outros signos mágicos simples, duplos e complexos.

Tudo se resume a saber o desenho original formado pela sua onda vibratória, também original, assim como seu desenho quando entra nos "elementos".

Cada onda original "entra" em todos os elementos e, como há uma onda original para cada fator, ação e função existente na criação, imaginem por um instante a infinita quantidade de signos e símbolos mágicos formadores da, agora compreensível, escrita mágica sagrada.

Muito já se escreveu sobre a simbologia e os alfabetos sagrados.

Muito já se discutiu sobre simbologia.

Muito já se especulou e imaginou sobre a simbologia.

Mas jamais a abordaram como uma ciência divina e alcançaram o nível de explicação e de entendimento que aqui você está tendo.

Então, porque é ciência, observe a imensa simbologia e signário que uma única onda vibratória forma para que, aí sim, tenham uma real noção do quanto muitos já especularam sem possuir as verdadeiras chaves da simbologia, pois a interpretaram a partir do que conheciam ou somente acreditavam conhecer.

Os Espíritos e as Energias

Estudando o corpo energético dos espíritos humanos, dos seres naturais e das muitas formas de vidas criadas por Deus, deparamo-nos com um repetimento em todas as formas de vida já estudadas: a necessidade de uma contínua "alimentação energética" para todas elas!

A afirmação "espíritos não precisam de alimentos"; "espíritos não comem"; e outras mais não condizem com a verdade pois, ainda que vivam na contraparte etérica ou espiritual do plano material e nela as leis "físicas" e de subsistência ou de sobrevivência sejam outras, no entanto todas as "formas de vidas" criadas por Deus tanto "se alimentam" quanto são alimentadas por Ele, nosso Divino Criador.

Uma vez que o "meio" não é igual, ainda que tenha muitas semelhanças, então os "alimentos" são diferentes e a "alimentação" se processa em acordo com o meio onde vivem os espíritos e demais formas de vidas "espirituais".

Se no plano material todas as formas de vida aqui existentes precisam de algum tipo de alimentação para viverem, no entanto seus "espíritos" também precisam ser alimentados energeticamente.

Enquanto uma pessoa come determinados alimentos para se manter forte e saudável, seu espírito absorve continuamente energias elementais espalhadas no plano espiritual, denominadas energias etéreas ou etéricas (de éter) que formam o que os hindus denominaram de prana ou "energia prânica".

A captação da energia prânica faz-se pelos chacras ou vórtices energéticos existentes no corpo espiritual.

Os chacras são semelhantes, mas não são iguais, e cada um capta a energia elemental natural em um padrão energético diferente, sendo que em um predomina o padrão mineral; em outro predomina o padrão aquático, etc.

Essa captação é contínua e de acordo com o "giro" de cada chacra, que são vórtices captadores de energias prânicas, energias essas, emitidas também pelos átomos isolados ou combinados nas cadeias moleculares formadoras da matéria.

O corpo espiritual é um corpo energético e precisa ser alimentado continuamente senão ele começa a enfraquecer e torna-se acinzentado e apagado, não emitindo suas radiações naturais, denominadas "aura".

Pois bem!

Tudo isso é do conhecimento das pessoas "espiritualistas" que já têm uma gama de informações e conhecimento sobre o corpo energético ou espiritual, também chamado por muitos de "perispírito".

Mas, se há o "perispírito", dentro dele está o espírito propriamente dito e que é um corpo energético plasmático que se amolda ao corpo biológico e o reveste tanto por fora quanto por dentro, mostrando-se uma cópia fiel, mas etérica.

Essa cópia etérica tanto influencia o corpo biológico quanto é influenciada por ele e ambos realizam continuamente uma "osmose" energética elemental, sendo que o que está mais energizado transmite sua sobrecarga para o que está menos energizado.

As posições trocam continuamente visando a manter um equilíbrio energético entre ambos.

"Mecanismos" existentes no corpo espiritual realizam essas alternâncias entre captação e emissão "intracorpórea", que independe da nossa vontade e conhecimento.

Estudando o corpo energético dos espíritos humanos, os espíritos pesquisadores que os estudaram descobriram coisas importantes, a maioria irrevelável aos habitantes do lado material.

Mas algumas informações podem ser transmitidas sem maiores problemas.

1ª) O espírito humano liga-se aos seus afins através de "cordões" energéticos, ligações essas que acontecem através dos chacras e de alguns "órgãos" espirituais.

2ª) O espírito humano não é só um "corpo energético" semelhante ao corpo biológico, e sim é um mistério em si mesmo extremamente complexo formados por vários mistérios, com cada um responsável por uma função dentro do todo, que é o ser em si mesmo.

3ª) No seu conjunto, o corpo energético é uma usina de transformação energética que é capaz de absorver simultaneamente as sete energias elementais e transmutá-las para que "alimentem" seus sentidos espirituais.

4ª) Simultaneamente, também absorve energias fatorais, essenciais, elementais e celestiais dos outros planos da vida através das irradiações divinas que "atravessam" seus sete corpos internos.

5ª) O corpo energético ou espiritual também recebe energias de vários tipos de "fontes vivas" geradoras de energias, sendo que a absorção é realizada através de "cordões energéticos", alguns de calibre finíssimo e outros de calibre grosso.

6ª) Muitos dos chacras espalhados pelo corpo energético estão ligados a essas "fontes vivas" geradoras de energias, que são muito sensíveis e reagem imediatamente se a pessoa ou o espírito ligado a elas se negativar íntima e mentalmente.

As ligações energéticas positivas se desligam e daí a pouco cordões energéticos negativos começam a ligar-se ao espírito da pessoa, passando a alimentar seu corpo energético com energias no mesmo padrão vibratório dos seus sentimentos íntimos e do seu grau magnético mental.

As ligações energéticas negativas não se desligam automaticamente porque as "fontes vivas" negativas são absorvedoras das energias emitidas pelo "órgão" do espírito ao qual elas se ligaram.

As "fontes vivas" positivas são doadoras de energias benéficas para o nosso corpo energético e são estimuladoras e alimentadoras de funções positivas.

As "fontes vivas" negativas são esgotadoras das energias emitidas pelos espíritos ou pessoas com desequilíbrios mentais, conscienciais, emocionais ou com enfermidades físicas que estão afetando o corpo energético ou espiritual.

As ações energizadoras ou esgotadoras das fontes vivas independem de nossa vontade e são desencadeadas naturalmente em benefício de pessoas e espíritos em equilíbrio ou em desequilíbrio.

O Mistério dos Cordões Energéticos

Os cordões energéticos são ligações eletromagnéticas que se estabelecem em nível espiritual, tanto entre pessoas e espíritos como entre espíritos e pessoas, espíritos e espíritos e entre pessoas e pessoas.

O surgimento dos cordões depende dos sentimentos vibrados e do magnetismo de quem os receber.

Sim, porque os cordões são ondas magnéticas projetadas por quem está vibrando intensamente um sentimento, seja ele positivo ou negativo.

Nossos chacras são polos eletromagnéticos captadores e emissores de energias, e é por eles que enviamos ou recebemos as ondas vibratórias que dão origem aos cordões energéticos.

Todo sentimento que alimentamos com intensidade fortalece nosso magnetismo mental, e ativa algum ou vários dos nossos chacras, polarizando-os, já que são neutros.

Essa polarização pode ser positiva ou negativa: se o sentimento é positivo ou virtuoso, a polarização será positiva, mas se o sentimento for negativo ou viciado, aí a polarização será negativa.

O sentimento torna o magnetismo mental em positivo ou negativo. Em função disso, são ativadas as fontes geradoras de energias existentes no corpo energético dos seres, que tanto gerarão energias positivas como poderão gerar energias negativas. Tudo depende da intensidade com que ele é vibrado.

Assim, se alguém vibrar intensamente o sentimento de fé e direcioná-lo para uma divindade, imediatamente projetará uma onda vibratória até sua "estrela viva", que aceitará a ligação e um cordão surgirá, ligando o fiel à divindade de sua fé. Esse cordão sairá do chacra coronal.

Se, além do sentimento de fé, a pessoa vibrar um sentimento de amor, aí será o chacra cardíaco que projetará uma onda vibratória até a divindade de sua fé. Porém, essa onda enviada à divindade não sairá do peito, mas subirá seu eixo magnético equilibrador e sairá pela coroa (chacra coronal), projetando-se até a estrela viva da divindade, que também a absorverá, estabelecendo mais um cordão energético que tanto transportará as energias de amor geradas pela pessoa quanto a inundará com as vibrações sustentadoras desse sentimento positivo, que a divindade irá lhe devolver, visando a fortalecê-lo ainda mais em seu íntimo.

Esse processo de ligação entre os fiéis e suas divindades acontece por meio do eixo magnético e do chacra coronário porque elas estão assentadas em níveis vibratórios mais elevados que o nosso, que é da crosta terrestre. Por isso, a saída das ondas é vertical e elas sobem para o alto, desaparecendo de nossa visão espiritual, pois assim que saem da nossa coroa já entram em outra faixa vibratória (a das divindades), invisível para nós.

Quando as ligações se estabelecem com os polos negativos das divindades, os cordões tanto podem sair da coroa e descer, já por fora do corpo da pessoa, como podem descer pelo eixo magnético e sair pelo chacra básico.

Toda divindade, seja ela ativa ou passiva, positiva ou negativa, irradiante ou absorvente, possui seus polos positivos e negativos.

Os polos positivos são amparadores e estimuladores do virtuosismo, e os negativos são punidores e bloqueadores das faculdades mentais negativadas dos seres.

Assim, se alguém está dando um mau uso a alguma de suas faculdades regidas pela sua divindade, esse mau uso projetará uma onda até o polo magnético negativo dela, que a absorverá e logo ativará um dos aspectos negativos, punidor e bloqueador da faculdade em questão.

Então o retorno energético visará a punir a pessoa e bloquear sua faculdade desvirtuada, desestimulando-a de dar um uso condenável a ela.

pessoas que dão mau uso às faculdades da Fé tornam-se descrentes, e acabam afastando-se do universo religioso ou fanatizando-se;

pessoas que dão mau uso às faculdades do Conhecimento tornam-se esquecidos, dispersivos, etc.;

pessoas que dão mau uso às faculdades do Amor tornam-se arredias;

pessoas que dão mau uso às faculdades da Geração tornam-se vazias;

pessoas que dão mau uso às faculdades da Lei tornam-se intratáveis;

pessoas que dão mau uso às faculdades da Justiça tornam-se intolerantes;

pessoas que dão mau uso às faculdades Evolutivas tornam-se apáticas.

Esses desequilíbrios mentais ocorrem porque pessoas deram mau uso às suas faculdades, ligaram-se a algum polo magnético negativo e ativaram alguns dos aspectos negativos de uma ou de várias divindades. Por esses cordões de ligação absorvem um fluxo contínuo de energias paralisadoras do mau uso e bloqueadoras da faculdade em questão.

Já o inverso ocorre quando a ligação é estabelecida com o polo positivo das divindades: se a onda vibratória envia-lhes as energias geradas pelo sentimento positivo, o refluxo vibratório enviado pela divindade estimulará ainda mais esse sentimento virtuoso, como abrirá um pouco mais a faculdade mental relacionada com tal sentimento positivo.

Todo sentimento ativa fontes espirituais geradoras de energias espalhadas pelo corpo energético (espiritual) das pessoas ou dos espíritos.

Se são sentimentos virtuosos, as fontes, que já geram naturalmente, passam a gerar muito mais energias e as enviam ao mental e ao emocional, assim como doam a quem receber de "frente" as vibrações irradiadas pela pessoa virtuosa. E quem as absorver se sentirá bem.

Por outro lado, o inverso acontece com quem alimenta sentimentos negativos, que recebe as vibrações de quem os está irradiando e logo se sente mal ou incomodado.

Isso é algo de fácil comprovação, portanto é científico.

Saibam que, em princípio, as ligações devolvem às pessoas ou aos espíritos só ondas vibratórias estimuladoras ou paralisadoras, mas, se os sentimentos se exacerbarem, as divindades passam a enviar ondas energizadoras das faculdades virtuosas ou ondas esgotadoras das energias geradas a partir das faculdades desvirtuadas.

E, se nem assim a pessoa ou o espírito estabilizar-se, então projeta ondas que alcançam criaturas (espécies inferiores), caso esteja gerando energias negativas, doando-lhes seu excesso de energias.

Com isso, quem está gerando em excesso energias positivas torna-se doador para seus semelhantes carentes delas, e quem está gerando energias negativas em excesso começa a ser esgotado pelas criaturas com as quais se liga automaticamente.

Até aqui descrevemos os cordões que surgem naturalmente e a partir dos sentimentos íntimos.

Mas há outros tipos de cordões que são ativados conscientemente por seres dotados de magnetismos mentais poderosos.

Geralmente são os responsáveis pela aplicação individual dos aspectos negativos das divindades.

Sempre que projetamos uma onda vibratória negativa que alcança seus polos magnéticos negativos, atraímos a atenção desses seres magneticamente poderosos, que não só puxam para si a onda que projetamos, como também por meio delas começam a absorver nossas energias "humanas", descarregando em nós suas energias cósmicas, altamente nocivas aos nossos corpos carnal e espiritual.

Geralmente esses seres servem aos Senhores Tronos Cósmicos guardiões dos polos negativos das divindades, mas acontece de serem deslocados para a dimensão espiritual em seu lado negativo, onde acabam retidos, pois foram atraídos por magias negativas.

Como o magnetismo humano é muito atrator e as energias humanas são balsâmicas para eles, onde tiver alguém gerando-as em excesso, projetam cordões até o chacra cujo magnetismo seja análogo ao deles, e passam a absorvê-las, assim como passam a descarregar na pessoa as energias que geram, mas que não irradiam naturalmente por causa do magnetismo das faixas vibratórias negativas da dimensão humana.

Esses seres cósmicos naturais são capazes de projetar dezenas, centenas ou milhares de cordões, cada um ligado a uma pessoa ou espírito, fato este que não ocorre com os espíritos comuns.

Sim, os espíritos comuns não conseguem projetar mais que um cordão para cada sentido, ainda que deem liga magnética a quantos cordões lhes forem projetados.

Já espíritos que trazem em si faculdades mentais magnetizadoras (porque já foram seres naturais irradiadores de alguma qualidade das divindades às quais serviam antes de se espiritualizarem) são capazes de projetar ou de absorver muitos cordões, por meio dos quais tanto se livram das energias que geram quanto absorvem as que precisam para se equilibrar magneticamente em um meio energético adverso.

Mas há um terceiro tipo de cordão energético projetado a partir de magias negativas que, quando ativadas, projetam ondas transportadoras de energias enfermiças, irritadoras, apatizadoras, etc.

Toda magia é feita com determinados elementos materiais, os quais os espíritos senhores de processos mágicos extraem a parte etérea, a potencializam e depois a ativam, projetando a partir dela uma onda transportadora da energia elemental potencializada, e que irá inundar o corpo energético da pessoa alvo da magia negativa, enfraquecendo-a ou despertando sintomas de doenças no campo físico que, por estarem localizadas no corpo energético ou espiritual, não são identificadas pela medicina.

Muitas pessoas consultam os médicos. Estes, não encontrando doenças físicas, receitam medicamentos inócuos ou tacham-nas de hipocondríacas, já que não aceitam ou desconhecem a existência de doenças no espírito, originadas pela absorção de energias negativas nocivas por pessoas vítimas de magias negras ou de obsessores e inimigos espirituais.

Com isso, temos alguns tipos de cordões bem distintos, que tanto podem energizar ou desenergizar, estimular ou paralisar, curar ou adoecer, magnetizar ou desmagnetizar, etc. Vamos a alguns tipos de cordões:

Cordões divinos: surgem a partir da vibração íntima de sentimentos virtuosos e ligam mentalmente as pessoas às suas divindades. Se deixarem de vibrar os sentimentos virtuosos, os cordões se rompem naturalmente;

Cordões cósmicos: surgem a partir da vibração íntima de sentimentos viciados; ligam mentalmente as pessoas aos pólos magnéticos negativos das divindades e só se rompem caso se deixe de alimentar e vibrar tais sentimentos negativos;

Cordões naturais: surgem para direcionar as energias geradas em excesso pelas pessoas. Podem ser positivos ou negativos;

Cordões magnéticos: surgem a partir de vibrações magnéticas mentais e ligam seres ou espíritos magneticamente poderosos a outras pessoas ou espíritos.

Cordões energéticos projetados por meio de magias visam a vitalizar ou desenergizar pessoas e até espíritos presos em cadeias mágicas astralinas;

Cordões divinos, cósmicos e os naturais surgem a partir da vibração íntima de sentimentos virtuosos, sentimentos viciados e geração excessiva de energias pelas pessoas, e desaparecem assim que os sentimentos deixam de ser vibrados ou a geração energética se estabilize;

Os cordões magnéticos podem ser anulados pela Lei Maior e pela Justiça Divina, se evocadas religiosamente por intermédio das divindades aplicadoras delas na vida dos seres;

Os cordões energéticos projetados por meio de magias podem ser rompidos por magias positivas, ou por intermédio de evocação mágica das divindades.

Os tipos de ondas vibratórias que dão origem e sustentação aos cordões, pois é através delas que as energias fluem, são classificados assim:

Ondas magnéticas energizadoras e desenergizadoras;
Ondas energéticas magnetizadoras e desmagnetizadoras;
Ondas transportadoras de energias;
Ondas absorvedoras de energias;
Ondas naturais;
Ondas mentais;
Ondas elementais.

O Mistério das Fontes Mentais Geradoras e Ativadoras

Nosso mental é um mistério porque traz dentro de si toda uma herança genética divina análoga à do núcleo celular, composta pelo DNA.

A herança genética divina contida no mental tem no seu "DNA" os recursos necessários à abertura de fontes geradoras de energias muito sutis, cuja finalidade é dar sustentação energética ao ser em si mesmo, assim como aos seus sentimentos mais íntimos.

O "DNA" projeta ondas fatorais específicas que vão dando origem ao corpo energético dos seres.

Esse "DNA" projeta, de dentro do mental, ondas transportadoras de "fatores" que se espalham dando o formato exato do corpo dos seres, de seus aparelhos e órgãos energéticos.

O primeiro corpo de um ser assemelha-se à membrana plasmática de uma célula alongada e o chamamos de corpo elemental básico, no qual o "DNA" mental vai formando os órgãos e os aparelhos do corpo energético dos seres, onde vão sendo abertas fontes geradoras de energias. Então projeta ondas transportadoras de fatores que renovam os órgãos e aparelhos, mantendo-os em perfeito funcionamento.

O mental tem em seu interior muitas fontes que geram energias, sustentando nossas faculdades e, quanto mais as usarmos, mais energias elas gerarão, fornecendo a alimentação básica para que nossa mente sustente suas atividades.

Mas muitas dessas fontes enviam energias a pontos específicos do corpo energético, formando todo um sistema circulatório energético cuja principal função é dar sustentação e estabilidade vibratória ao corpo energético ou organismo espiritual, que por sua vez dá sustentação ao corpo carnal ou órgão físico das pessoas.

Para cada faculdade abre-se uma fonte geradora dessa energia, que sustentará sua atividade.

Quando vibramos sentimentos, estamos consumindo essa energia. Quando raciocinamos, sonhamos, rezamos, falamos, observamos, meditamos, etc., estamos consumindo-a, pois ao fazermos essas coisas precisamos recorrer às nossas faculdades mentais.

No plano físico, sabemos que os olhos são os órgãos da visão, e não ela em si. Também sabemos que a boca é um dos órgãos da fala, e não a fala em si. Que os ouvidos são os órgãos da audição, e não ela em si. Que a língua e suas papilas são os órgãos da gustação. Que o sexo é o órgão da reprodução, e não ela em si, etc., visão, fala, audição, paladar, tato, olfato, sexualidade, etc., são comandados pelo cérebro, sede dos sentidos físicos, cujos órgãos estão conectados a ele.

Já no plano espiritual, os espíritos têm esses órgãos com funções análogas, ainda que os seres vivam em outro padrão vibratório e outra realidade.

Esses órgãos dos sentidos não são os sentidos em si, mas tão somente recursos para que possam ser úteis, tanto no plano físico quanto no espiritual.

Se no corpo físico o cérebro concentra em si o processamento dos impulsos e a identificação de algo que está impressionando algum dos órgãos dos sentidos, no plano espiritual tudo se repete porque o ser continua precisando desses órgãos, ainda que suprafísicos.

Então, quando falamos em sentidos, nos vêm à mente seus órgãos, tais como tato – mãos, olfato – nariz, visão – olhos, etc.

Mas, se falamos nos sentidos da Vida (o ser em si mesmo), aí estamos nos referindo a algo imaterial, já que mente, inteligência, criatividade, raciocínio, percepção, sensibilidade, emoção, etc., não são coisas palpáveis, mas perceptíveis.

Só que, ainda que sejam energéticas e estejam concentradas dentro do mental, que é a fonte dessas coisas abstratas, pois é a sede da mente e do intelecto, no entanto precisam fluir ou irradiar-se para que o ser se exteriorize, ou exteriorize seus sentimentos, pensamentos, emoções, etc.

Para exteriorizar-se, o ser tem seu corpo energético, seu espírito ou seu corpo físico, se encarnado. Para exteriorizar seus sentimentos, o ser tem seus órgãos físicos ou energéticos.

Uma coisa precisa ficar bem clara: a vida não é algo imaterial ou abstrato. Apenas ela só se mostra por meio dos órgãos dos sentidos agrupados na forma de um corpo bem definido para que possamos identificá-la: vida humana, vida vegetal, vida marinha, vida animal, etc.

A vida é múltipla e mostra-se por meio dos seres, das criaturas e das espécies, todos vivos e geradores de tipos específicos de energia que, quando condensadas em uma forma, diferenciam cada ser, cada criatura e cada espécie.

Isso é assim porque cada forma de vida traz em si uma genética divina que, à medida que vai se desdobrando, gera energias que sustentam sua geração e vai lançando ondas ou dutos energéticos dentro do seu corpo, cuja função é a de inundá-lo de energias que deem sustentação à própria forma que ela assumiu.

O mental tem a função de ser a sede e fonte dos sentidos e de gerar a energia que fluirá pelos dutos ou ondas que alcançarão seus órgãos. Mas também conecta esses órgãos aos sentidos abstratos da mente, e que são a Fé, o Amor, o Conhecimento, a Razão, a Direção, o Saber e a Criatividade, que por sua vez se conectam com as sete emanações divinas que dão sentido à vida: Congregação, Agregação, Expansão, Equilíbrio, Ordenação, Evolução e Geração.

A congregação sustenta a Fé;
A agregação sustenta o Amor;
A expansão sustenta o Conhecimento;
O equilíbrio sustenta a Justiça;
A ordenação sustenta a Lei;
A evolução sustenta o Saber;
A geração sustenta a Criatividade.

Como já explicamos em outros comentários, essas são as sete ondas fatorais vivas emanadas por Deus e individualizadas em Suas divindades quando elas se polarizam (releiam o capítulo sobre os fatores de Deus e suas ondas vivas).

Assim, afirmamos que:

Todo ser humano tem seu mental conectado a Deus por meio de um cordão vivo, que é sétuplo ou formado por sete ondas fatorais enfeixadas em uma onda divina, que por sua vez está ligada ao seu código genético divino.

Essa ligação do ser com Deus, por meio de um cordão sétuplo, tem por função alimentar seu mental, de dentro para fora, assim como tem a função de regular o desdobramento energético (corpóreo) que vai acontecendo com o amadurecimento do próprio ser

Esse cordão provindo de Deus regula a vida do ser e abre, dentro do seu mental, sete fontes vivas e geradoras de energias divinas que darão sustentação tanto à sua vida quanto à sua exteriorização.

Essas sete fontes originais localizadas dentro do mental ativam a genética divina do ser, assim como dão sustentação a todo desdobramento (formação do seu corpo), e também dão sustentação à exteriorização das sete emanações energéticas de Deus: fé, amor, intelecto, moral, caráter, sapiência e criatividade, que são os sete sentidos abstratos da Vida, porque não nos é possível visualizar essa energia divina viva que absorvemos de Deus quando vibramos no íntimo nossos sentimentos e damos uso às faculdades relacionadas a eles.

Cada faculdade, que o ser vai abrindo durante sua evolução, está ligada a esse cordão sétuplo. De uma das ondas desse cordão aconteceu a projeção de uma onda viva transportadora da energia divina específica, que supre a fonte energética que alimentará uma dessas faculdades nos seres.

A fonte alimentadora de uma faculdade (imaterial) projetará outra onda que se ligará a algum ou vários órgãos dos sentidos, fazendo com que o corpo energético do ser seja todo cruzado por ondas vivas muito finas, tais como os neurônios, só que estes já são visíveis, pois pertencem ao corpo físico dos seres.

Se no corpo humano cada órgão desempenha uma função, todas comandadas pelo cérebro, no corpo energético o mesmo se repete, mas o comando pertence ao mental, que envia energias aos seus órgãos, nos quais elas brotam das pontas dos cordões, formando fontes irrigadoras dos órgãos dos sentidos.

Junto com essa alimentação energética que dá sustentação ao ser, outra acontece por meio dos chacras, que têm dupla função, pois também absorvem energias do éter universal ou prana.

Quanto mais forte a vibração dos sentimentos íntimos, mais acelerada é a geração de energias e mais intensa é sua irradiação energética ou exteriorização dos seus sentimentos virtuosos.

Se os sentimentos não são virtuosos, as fontes geradoras negativam-se em função do negativismo mental do ser e o tipo de energia que passam a gerar não é positivo. Por isso vão se acumulando no próprio corpo, dentro dos órgãos dos sentidos relacionados com os sentimentos que estão vibrando.

Com isso, os dutos vão sendo obstruídos, até que alcançam as fontes mentais. Então estas se fecham e o corpo energético começa a ser atrofiado ou a deformar-se.

Algo análogo acontece com o desequilíbrio do sistema nervoso e os aparelhos digestivo, circulatório, respiratório, reprodutor etc.

Irritação, ansiedade, tristeza, etc., são sentimentos que desequilibram o sistema nervoso e alteram tanto com o funcionamento dos órgãos do corpo físico quanto com os do corpo energético, cujo desequilíbrio mostra-se por meio da aura e das suas cores classificadas como negativas.

Como a sede da vida está localizada dentro do mental, sua negativação altera a vida de quem está vibrando esses sentimentos, já que eles não só não absorvem a energia divina emanada por Deus como atraem cordões energéticos negativos projetados por polos magnéticos cósmicos espalhados por todas as dimensões da Vida, cuja função é alimentar de fora para dentro quem não consegue alimentar-se em Deus.

O Mistério das Fontes Naturais Geradoras de Energias e das Correntes Eletromagnéticas

Nas dimensões paralelas, ou mesmo no lado espiritual, é muito comum encontrarmos fontes geradoras de energias semelhantes a nascentes ou chafarizes, caso sejam aquáticas; lança-chamas ou vulcões, caso sejam ígneas; névoas ou fumaças coloridas, caso sejam vegetais; iridescentes, caso sejam minerais; nuvens coloridas de poeira, caso sejam telúricas; rodamoinhos ou ciclones, caso sejam eólicas; radiantes, caso sejam cristalinas. Essas fontes são, em verdade, energias transportadas de uma dimensão para outra, ou são fontes que surgem com as projeções de ondas de um plano para outro.

Vocês já ouviram falar dos "chacras planetários", que são gigantescos vórtices energéticos, cuja função consiste em inundar nossa dimensão humana com energias, elementos, essências e fatores recolhidos nos outros planos da Vida, ou de transportar nossa energia "terrena" para as outras dimensões.

Essa troca permanente de energias entre as dimensões paralelas acontece por meio das correntes eletromagnéticas horizontais, que tanto retiram energias da dimensão humana e as transportam para as outras dimensões naturais quanto retiram delas e trazem-nas para a nossa.

Quando estão absorvendo energias de uma dimensão para transportá-las para as outras, elas são densas e concentradas; quando as estão emitindo, são radiantes, enevoadas, gasosas, etc., dependendo do tipo de energias que estão irradiando.

Essas são as trocas dimensionais. Já as trocas energéticas entre os planos da Vida acontecem de outra forma, pois cada plano localiza-se em um grau magnético dentro da escala magnética universal, e a captação de energias acontece por meio do eixo magnético do nosso planeta, que capta energias de um plano mediante os vórtices planetários e, após internalizá-las, em seu giro contínuo, vai projetando-as para os outros planos ligados a ele, que são: o Plano Celestial, o Plano Natural, o Plano Encantado, o Plano Dual, o Plano Elemental e o Plano Essencial. O Plano Fatoral não participa dessa troca, porque só a realiza com o Plano Essencial.

Então temos que os seis planos da Vida estão interligados entre si por meio do eixo magnético do nosso planeta, que tanto retira deles suas energias quanto os inunda com as dos outros planos, demonstrando mais uma vez que na obra divina nada existe por si só, porque tudo está ligado a tudo, e tanto um plano sustenta os outros quanto é sustentado por eles.

O eixo magnético do nosso planeta em seu lado etérico é formado por um poderoso feixe de ondas eletromagnéticas que fluem no sentido vertical, sendo que parte dele está descendo e parte está subindo, tornando-o eletrizado e dando-lhe dupla polaridade, já que no "alto" ele é positivo e no "embaixo" ele é negativo.

Transportando isso para o magnetismo dos nossos polos mentais, podemos dizer que o Polo Norte é o positivo e o Polo Sul é o negativo. Esse magnetismo dos polos está limitado à nossa dimensão humana em seu lado espiritual, e atende ao equilíbrio do próprio planeta e de seu campo gravitacional. Então temos isso nas correntes eletromagnéticas:

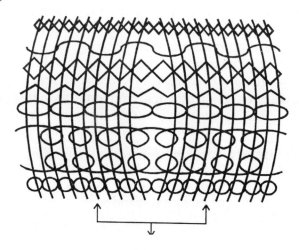

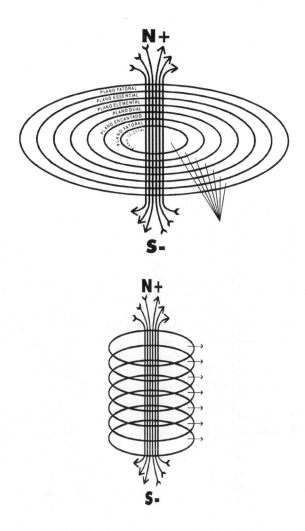

Já as correntes, quando estão absorvendo energias, graficamente são assim:

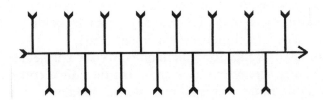

E quando estão irradiando, graficamente são assim:

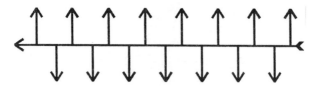

Quanto ao eixo, é assim:

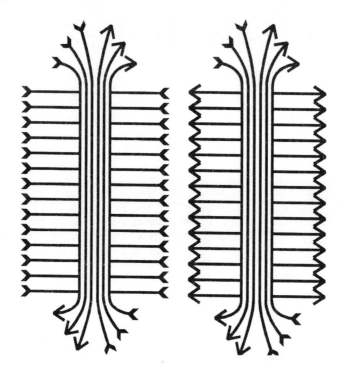

Então notamos que as ondas vibratórias absorvidas ou irradiadas pelas correntes eletromagnéticas, que são horizontais, absorvem e irradiam na vertical. Já o eixo, que é vertical, capta e irradia na horizontal.

Com isso, eixo magnético e correntes eletromagnéticas formam uma quadriculação ou entrecruzamento, não deixando nenhum plano e nenhuma de suas dimensões desenergizadas.

Com isso explicado, saibam que uma onda projetada de um plano para outro, quando o alcança, deixa de fluir e começa a emitir, derramar ou irradiar a energia que está transportando, criando em sua "ponta" uma fonte natural da energia que está absorvendo em um plano e irradiando já em outro plano da Vida.

São como vasos comunicantes, onde o plano mais energizado doa seu excesso a outro e recebe dele seu excedente.

Em cada ponta "final" de uma onda, sempre surge uma fonte natural de energias, energizando tudo à sua volta. Quando alcança o equilíbrio gerador no novo meio, aí seu magnetismo começa a projetar novas fontes. Em verdade, é apenas a abertura ou o "desenfeixamento" das ondas enfeixadas em um fluxo, que só assim conseguem "atravessar" de um plano para outro.

Quanto às dimensões paralelas, dentro de um mesmo plano da Vida, as correntes atravessam todas e vão projetando ondas geradoras em todo o percurso. Essas ondas já são adaptadas ao meio de vida existente em cada uma das dimensões que cruzam, pois só assim não o desestabilizam.

Então está entendido que as correntes não geram fontes localizadas e estáveis, porque isso só acontece com as ondas projetadas de um plano para outro. E onde uma fonte surge, após alcançar seu limite máximo gerador, dali ela abre seu feixe de ondas, que se projetam na direção das correntes eletromagnéticas, que as absorvem e densificam seu fluxo, ora acelerando seu fluir, ora intensificando sua irradiação de energias e projeção de ondas.

Com isso, também fica entendido que as fontes energéticas são alimentadoras das correntes eletromagnéticas, e que é destas que as ondas que atravessam de um plano para outro se originam.

as fontes projetam ondas magnetizadas;
as correntes projetam ondas energéticas.

As ondas magnetizadas são absorvidas pelas correntes, que as eletrizam, as polarizam e permitem que sejam enfeixadas e projetadas verticalmente para o plano da Vida anterior ou ao posterior. No gráfico, mostramos umas projetando-se para cima e outras para baixo, ou seja, umas vão a planos posteriores e outras vão a planos anteriores.

Saibam que, se aqui no plano material, as pessoas procuram fixar-se às margens dos rios, lagos, oceanos, florestas, deltas, vales, oásis, etc., porque são lugares altamente energizados, o mesmo acontece nas dimensões paralelas, onde os seres preferem viver próximos das correntes eletromagnéticas ou das fontes naturais geradoras de energias.

O Mistério das Fontes Vivas Geradoras de Energias

Um dos mistérios mais fascinantes da criação divina, espalhados pelos planos da Vida, é o das fontes vivas geradoras de energias.

Nós classificamos essas fontes vivas geradoras de energias como espécies, pois não são seres (racionais) ou criaturas (instintivas), mas sim espécies sensíveis.

Se as consideramos sensíveis, é porque, quando solicitadas, geram uma enormidade de energias, e quando desestimuladas fecham-se, quase desaparecendo sem nunca deixar de existir.

Às vezes elas geram tanta energia que se densificam e assumem cores e formas, as mais belas e exóticas imagináveis.

Por serem sensitivas, são os estímulos que recebem que determinarão sua vibração, cores e energias que gerarão.

Mas, quando abertas e em estado de "repouso", umas assumem formas triangulares, losangulares, petaladas, estreladas, raiadas, quadriculadas, folheadas, pistiladas (de pistilos), caniculadas, ondeadas, ciliadas, esporaladas (de esporos), escamadas (de escamas), onduladas, rosáceas (de rosas), tubulares, espiraladas, estameadas (de estame), coronais (de coração), umbilicais (de umbigo), tentaculares (de tentáculos), conchoides (de conchas), bivalvulares (de válvulas).

São formas geométricas, flóreas, fractais, etc., mostrando-nos todo um campo onde o Criador exercitou artisticamente sua criatividade divina. Sim, porque, além de serem fontes vivas, são belíssimas obras de arte.

Não há ninguém (seres, espécies ou criaturas) ou nada (energias nos diversos estados) que não esteja ligado por finíssimos cordões energéticos a essas fontes vivas geradoras de energias, que não falam ou pensam, apenas se ligam às coisas por meio de finíssimos cordões e reagem aos estímulos de quem se ligou a elas.

Nas dimensões duais e encantadas, ou seja, no Quarto e Quinto Planos da Vida, elas são tantas que encantam nossos olhos. Desde esses planos da Vida, elas conseguem alcançar-nos aqui, no Sexto Plano da Vida, pois projetam seus cordões energéticos que, após se ligarem conosco, tanto nos enviam como absorvem energias.

Muitas chegam a se deslocar de planos, pois podem acompanhar o fluir das ondas fatorais e das correntes eletromagnéticas.

Inclusive nas dimensões naturais, elas estacionam próximas dessas correntes transportadoras de energias, das quais tanto extraem energias para enviar aos seres, espécies e criaturas ligados a elas como descarregam nelas os excessos que absorvem por meio dos cordões de ligações.

Todos nós, espíritos ou encarnados, plantas ou animais, estamos ligados a fontes vivas geradoras de energias.

As ligações tanto podem estar localizadas nos órgãos do nosso corpo energético quanto nos chacras e tanto nos principais quanto nos secundários.

Saibam que há fontes classificadas como positivas ou negativas, pois umas geram energias que nos estimulam em algum sentido e outras nos apatizam ou envenenam.

Sim, envenenam energeticamente, intoxicando nosso corpo energético e fazendo surgir sintomas de doenças inexistentes.

Assim como as plantas absorvem gás carbônico e exalam oxigênio durante o dia e fazem o inverso à noite, nas dimensões paralelas essas fontes vivas têm uma função análoga, retirando do meio ambiente as energias estranhas a ele e devolvendo-lhe as que são indispensáveis à alimentação energética dos seres que nele vivem.

São verdadeiros filtros ambientais vivos e que se deslocam para onde há maior concentração energética estranha ao meio; ou vivem projetando cordões energéticos para os seres, criaturas e espécies, dos quais retiram energias negativas acumuladas na raiz de seus chacras ou condensadas nos seus órgãos, sempre visando a purificá-los.

Mas também podem energizá-los, caso estejam precisando de energias específicas.

Saibam que há um campo da magia que lida com essas fontes vivas geradoras de energias e que pode ativar as fontes classificadas tanto como positivas como negativas.

Normalmente a magia só potencializa as fontes já ligadas ao corpo energético de uma pessoa, energizando-o ou desenergizando-o. Mas certas magias são fundamentadas nesse campo e são nefastas, porque esse é um campo regido pelos gênios da natureza, que por sua vez são regidos pelos querubins.

Essa magia foi trazida para a Europa por volta do século XIII e deu início a muitos malefícios, pois só sabiam ati vá-la.

As descargas com pólvora, realizadas nos centros de Umbanda, têm o poder de cortar essas ligações nefastas com fontes vivas negativas, porque a explosão rompe os cordões e a energia liberada projeta-se por eles, alcançando as fontes e, causando-lhes "dor", as fecha. Com isso as magias negativas são desativadas imediatamente, deixando em paz quem estava sendo vitimado.

Agora, mistério dos mistérios, eis que muitos já comentaram sobre a existência de "cascões" e "egrégoras" ou espectros que estacionam no campo magnético das pessoas. Então, saibam que essas coisas nocivas são formações energéticas negativas projetadas por pessoas que estão vibrando sentimentos negativos, as quais alcançam seus desafetos, plasmando-se e alimentando-se de fontes emocionais existentes em quem as projetou.

Enfim, é vasto o campo das fontes vivas geradoras de energias, muitas delas alojadas no corpo emocional de pessoas desequilibradas.

O Mistério das Formas Plasmadas

Quantas pessoas já não se assustaram com a visão de espectros assustadores?

Muitas, não?

Saibam que todo espírito traz a aparência humana que teve em sua última encarnação porque o plasma que reveste seu corpo energético amoldou-se ao seu corpo carnal.

Esse plasma tem a mesma função da pele do corpo carnal, já que o corpo energético não suporta as energias que permeiam tudo o que existe nos mais variados níveis vibratórios das muitas dimensões da vida.

O corpo energético dos espíritos também é formado por "aparelhos" e órgãos energéticos dos sentidos.

Esses órgãos dão sustentação energética às funções mentais dos espíritos e, por isso mesmo, tanto podem atrofiar-se como sobrecarregar-se. Tudo depende do bom ou mau uso que se dê às suas faculdades mentais e também ao tipo de magnetismo mental que desenvolvem.

Sim, se um espírito negativa seu magnetismo, automaticamente deixa de irradiar energias para o meio onde vive e começa a absorver energias nocivas aos órgãos dos seus sentidos, energias estas que vão atrofiando alguns órgãos e vão sobrecarregando outros..., até que levem o ser a uma descarga emocional em que seu magnetismo negativo é esgotado e ele torna-se o que costumam chamar de "espírito sofredor".

Mas há outro tipo de função para o revestimento plasmático.

Essa outra função destina-se a tolher os espíritos cujo negativismo é tão grande que bloqueia suas faculdades e abre suas primitivas fontes instintivas.

Mistérios negativos, análogos ao negativismo do ser e que são responsáveis pelo amparo a criaturas naturais, envolvem o mental do ser negativado pelo ódio, ambição, sensualismo, etc., e amoldam seu plasma de revestimento em uma forma específica afim com alguma criatura regida pelo mistério que o atraiu e o aprisionou.

Isso acontece com muita freqüência nas esferas negativas, e os espíritos aprisionados em formas de criaturas não conseguem libertar-se delas enquanto não forem movidos pelo desejo de se reajustarem.

Esses espíritos que regridem são recolhidos nessas formas por duas razões:

1ª) Porque bloquearam suas faculdades racionais e despertaram seus instintos mais primários, dispensando os órgãos dos sentidos existentes em seus corpos energéticos, aos quais atrofiaram quando deram uso negativo às suas faculdades;

2ª) Porque assim, recolhidos em formas primárias, estão sendo amparados pela Lei, protegidos de ataques vingativos por parte dos seus desafetos e também porque assim preservam seus ovoides, dentro dos quais estão protegidas suas heranças genéticas divinas, às quais desdobrarão novamente quando se voltarem para Deus.

Sim, porque, mesmo recolhidos pela Lei em formas que os tolhem, não deixam de receber continuamente as irradiações do Alto, estimuladoras do despertar virtuoso de suas faculdades, bloqueadas pelos próprios vícios arraigados em seus íntimos.

Essas irradiações proveem das divindades e alcançam seus mentais, estimulando a conscientização dos seres quanto aos seus estados, assim como os pacificam, aquietam e lembram-nos da existência de Deus.

Há um terceiro tipo de formas plasmadas que atende aos interesses de espíritos astutíssimos, os quais se ocultam atrás delas para não se revelarem ou para não serem descobertos por seus inimigos, inimigos estes conquistados quando ainda viviam no corpo carnal e dos quais se ocultam por medo ou vergonha.

Essas formas lembram animais conhecidos ou aberrações imaginárias, com as quais assustam seus desafetos visando a afastá-los ou desequilibrá-los emocionalmente.

Também é comum clarividentes verem formas que guardam semelhanças com corpos humanos, mas só até certo ponto, porque não são espíritos humanos.

Se temos insistido na existência de dimensões paralelas à humana é porque elas realmente existem e destinam-se à evolução de seres, cujas formas até guardam semelhanças com o corpo humano, mas na verdade são formas autênticas de seres naturais, muitos tão inteligentes quanto os espíritos, e outros nem tanto. Mas todos são nossos irmãos perante Deus, pois todos são criações d'Ele, ainda que vivam e evoluam em dimensões paralelas à nossa. E, assim como nelas há muitos espíritos atuando em benefício de seus habitantes, na nossa dimensão humana muitos desses irmãos naturais também estão atuando em nosso benefício.

Muitos desses seres naturais são descritos como "anjos", gênios, silfos, devas, etc., enquanto outros são descritos como seres peludos, escamosos, lodosos, etc., ou são vistos como portadores de chifres, patas, rabos, garras ou são lucíferes, reptícios, etc., mas, na verdade, são apenas seres um pouco diferentes de nós, os espíritos "humanos".

Enfim, são seres com formas próprias e imutáveis, mas que muitos videntes descrevem como sendo espíritos plasmados em formas angelicais ou infernais. Mas a verdade é bem outra. Que o tempo a revele a quem tiver olhos para ver e ouvidos para ouvir.

6
Comentário Final sobre as Energias Vivas e Divinas

Como vimos até aqui em nossos comentários, a energia viva e divina emanada por Deus é em si um magnífico mistério divino do qual depende a criação, tudo que nela existe e todos que nela vivem e evoluem.

Desde a menor partícula da matéria já identificada pela ciência terrena até o maior corpo celeste, todos dependem dela.

Desde as formas de vida unicelulares até os organismos mais complexos, todos dependem dela.

Desde o mais singelo sorriso até o mais complicado cálculo matemático, todos dependem dela.

Desde o mais puro sentimento de fé, até a geração de uma nova vida na matéria, todos dependem dela.

Ela é tão simples de ser compreendida como emanação divina e tão complexa e realizadora que tanto o mais sublime pensamento quanto a mais rústica forma de vida dependem dela.

E, junto com ela ou através dela vieram com seus fatores todos os códigos genéticos, todas as formas possíveis e tantas possibilidades criadoras que hoje, bilhões (?) de anos após o início da criação, ela permanece inesgotável em possibilidades criadoras-geradoras e realizadoras.

Ela continua dando origem a novas formas de vida e a novos meios onde elas viverão.

Ela continua emanando fatores e continua gerando novas estrelas e constelações.

A energia viva e divina é Deus em ação através dos seus recursos energéticos inesgotáveis e divinos.

Muitas são as formas de Ele atuar na sua criação e tem na sua energia viva e divina um dos principais, se essa não for a principal das formas de atuação.

Podemos idealizar Deus de muitas formas, tal como já fizeram muitos pensadores que o interpretaram segundo seus entendimentos, mas, com certeza, a melhor forma de idealizá-Lo, pensá-Lo e entendê-Lo é como nosso Divino Criador, gerador de tudo e de todos!

Observem isto:

Temos energias criadoras, geradoras, estimuladoras, multiplicadoras, etc., e todas são formadas pelos fatores divinos emanados por Deus, com cada um trazendo em si "propriedades" muito bem definidas, fato esse que os distingue em meio a muitos milhares ou talvez milhões de fatores diferentes, com cada um possuindo suas propriedades intrínsecas, todas geradas por Deus.

Muitas teorias acerca de Deus e de sua criação já foram desenvolvidas no decorrer dos milênios e todos, desde o "homem das cavernas" até os atuais teólogos, aventam hipóteses ou conjeturam sobre Ele, o nosso Divino Criador.

Aqui, nós não conjeturamos ou aventamos nenhuma hipótese sobre como Ele deve ser e como age sobre nós.

Limitamo-nos a aceitar Sua existência e encontrar e comprovar Sua onipresença através das energias vivas e divinas emanadas por Ele, detectáveis já no primeiro plano da vida e comprovadas aqui na matéria, onde cada átomo possui propriedades intrínsecas e, reunidos em um único elemento ou associados entre si são capazes de gerar tudo o que de sólido, liquido ou gasoso existe nesse "nosso" universo infinito e imensurável.

Que creia na "obra do acaso" quem quiser, porque nós cremos na onisciência, na onipotência e na onipresença d'Ele por trás de um átomo ou de uma galáxia; por trás de uma forma de vida unicelular ou de um ser humano.

Essa nossa crença não se baseia em nenhuma teoria ou hipótese, e sim em tudo que já foi descoberto estudando as energias vivas e divinas nos seus mais diversos estados e padrões vibratórios.

Afinal, se somos seres racionais (e somos!) então temos o dever de abordar, pesquisar, aprender, estudar e ensinar Deus também de uma forma racional.

Deus nos proibiu de "conhecê-Lo" através das suas energias vivas e divinas?

Não, respondemos nós!

Algo nos proíbe ou nos impede de estudá-Lo e apreendê-Lo através de Suas emanações energéticas alimentadoras, sustentadoras e expandidoras dos nossos mais nobres, elevados e virtuosos sentimentos de fé, amor, respeito, reverência e adoração por Ele?

– Não. Nada nos impede ou nos proíbe.

E, se algum impedimento houver (e sempre os há!), no entanto eles encontram-se em nós mesmos por causa de nossas limitações.

Afinal, somos "criações" do único ilimitado em si mesmo porque, Ele sim, é nosso Di vino Criador!